Prática Trabalhista

Método
de estudo
OAB

André Luiz **Paes de Almeida**

Prática Trabalhista

9ª edição | revista e reformulada

GEN | EDITORA MÉTODO

Impresso no Brasil – *Printed in Brazil*

EDITORA FORENSE LTDA.
Uma editora integrante do GEN | Grupo Editorial Nacional
Rua Conselheiro Nébias, 1384 – Campos Elíseos – 01203-904 – São Paulo – SP
Tel.: (11) 5080-0770 / (21) 3543-0770
faleconosco@grupogen.com.br / www.grupogen.com.br

- Capa: Danilo Oliveira

- A obra *Prática Trabalhista* passou a integrar a Série Método de Estudo OAB a partir da 9ª edição.

- Fechamento desta edição: 18.08.2016

- CIP – Brasil. Catalogação na fonte.
Sindicato Nacional dos Editores de Livros, RJ.

Almeida, André Luiz Paes de

(Série método de estudo) Prática trabalhista / André Luiz Paes de Almeida – 9. ed. rev. e reform. – Rio de Janeiro : Forense; São Paulo : MÉTODO, 2017.

Inclui bibliografia
ISBN 978-85-309-6982-0

1. Direito do trabalho - Brasil. I. Título.

16-36868 CDU: 349.2(81)

Agradecimentos

Agradeço, de todo coração, à melhor equipe de 2ª fase do mundo, que, mais do que equipe, são amigos, e sem os quais este trabalho não seria possível.

André Luiz Paes de Almeida

Apresentação da Série

O Grupo Editorial Nacional – Editora Método tem o prazer de apresentar a Série Método de Estudo OAB, dando continuidade à sua tradição na preparação de candidatos ao Exame de Ordem.

Utilizando os mais modernos recursos didáticos, os livros de Prática da Série fornecem ao leitor as ferramentas necessárias para a identificação e elaboração das peças práticas exigidas na prova prático-profissional da OAB.

Todo o conteúdo foi elaborado por autores com ampla experiência no ensino para provas da OAB e está atualizado com as mais recentes tendências do Exame de Ordem.

O livro de *Prática Trabalhista* da Série Método de Estudo OAB oferece:

Doutrina

De forma didática e objetiva, a **doutrina** relativa ao tema estudado proporciona o embasamento necessário para a resolução das questões do Exame da OAB.

ATENÇÃO

Destaques para informações importantes que apontam as tendências e particularidades da matéria na prova da OAB.

Modelos

Modelos de peças práticas que auxiliam na elaboração e fundamentação das peças exigidas no Exame e comentários às peças de exames anteriores.

Questões discursivas

Questões discursivas já cobradas na 2ª fase da OAB sobre os temas estudados são acompanhadas das respostas e dos critérios de avaliação.

O Grupo Editorial Nacional – Editora Método oferece ao público mais uma Série inovadora, projetada e desenvolvida para tornar a preparação para a OAB ainda mais efetiva.

Nota do Autor

A presente obra tem a finalidade de auxiliar bacharéis de Direito nos exames da Ordem dos Advogados do Brasil, podendo ser utilizada como base de estudo para a sua segunda fase, quando será de extrema utilidade para o candidato que optou pela matéria trabalhista. Para isso, conta com linguagem clara, objetiva e de fácil assimilação, proporcionando consulta segura e simples.

Contém enunciados de questões da OAB 2ª Fase dos Exames da FGV, com o intuito de propiciar estudo completo, preparando, assim, o examinando para a elaboração de peças nessa fase do exame.

Também é destinada aos acadêmicos de Direito, assegurando-lhes as primeiras linhas sobre as peças trabalhistas, com manuseio sem complexidade, tendendo a esclarecer as dúvidas mais frequentes em sala de aula.

Ainda será de grande valia na vida profissional dos advogados militantes na esfera trabalhista, proporcionando-lhes modelos de peças para consulta imediata e respostas a problemas da prática trabalhista.

Sumário

Parte I

Doutrina

Tempo médio de estudo: **95 min.**

1 Evolução Histórica

Com a Revolução Industrial, a partir do momento em que se passou a utilizar máquinas na produção, começaram a surgir os conflitos trabalhistas.

Houve diminuição de mão de obra e também de salário, de modo que os operários passaram a se reunir para requerer novas condições de trabalho. E começaram a paralisar a produção, dando origem às primeiras greves.

O Estado não se envolvia, até então, nas relações de emprego, denotando claramente que o direito do trabalho era um ramo exclusivamente do direito privado. Empregadores e empregados pactuavam suas condições e elas deveriam ser mantidas.

Ocorre que, sendo os empregados a parte menos favorecida (hipossuficiente), os empregadores impunham suas condições e aqueles eram praticamente obrigados a se submeter às ordens.

Então, o Estado, verificando o aumento excessivo do número de greves, percebeu que, obviamente, com a paralisação da produção, a arrecadação estatal de impostos começou a diminuir. Foi a partir daí que seu envolvimento nas relações de emprego passou a acontecer.

Num primeiro momento, o Estado ordenava um acordo. Designava-se um representante estatal para participar das reuniões. Depois, em vez do mediador, passou a indicar um árbitro.

Nascia, assim, o direito do trabalho e, consequentemente, seu mecanismo processual.

Em 2 de maio de 1939, o Decreto-lei 1.237 estabeleceu, pela primeira vez, a organização da Justiça do Trabalho.

No dia 1º de maio de 1943, no governo de Getúlio Vargas, foi aprovada a Consolidação das Leis do Trabalho – CLT (Decreto-lei 5.452), um conjunto híbrido de leis destinadas a regular as relações de emprego.

A integração da Justiça do Trabalho ao Poder Judiciário só veio a ocorrer com a Constituição Federal de 1946, em seu art. 94.

2 Princípios

2.1 CELERIDADE

O processo do trabalho tem como característica a rapidez, já que não envolve direitos patrimoniais e, sim, direitos sociais, questões advindas de salário, que é o único meio de sobrevivência do trabalhador e sua família.

Isso só não ocorre com mais facilidade pela pletora de recursos que estudaremos.

Essa característica está intimamente ligada às outras, ou seja, para que o processo do trabalho seja célere, ele deve seguir também os demais princípios.

Mais recentemente insculpiu-se no texto constitucional uma nova garantia fundamental consubstanciada na razoável duração do processo, garantia esta que vem ao encontro do princípio da celeridade processual trabalhista, como se extrai do art. 5º, inciso LXXVIII, da Constituição Federal.

2.2 INFORMALIDADE

O processo trabalhista é bem menos formal que os demais ramos do direito.

Existem regras, porém são mais informais para tornar o processo mais célere.

Em prol da informalidade, temos a própria petição inicial trabalhista que, segundo o art. 840, § 1º, da CLT, deverá apontar apenas um breve resumo dos fatos de onde possam decorrer os pedidos, no que atualmente vem sendo complementada pelo art. 319 do CPC por força do art. 769 da CLT.

2.3 ORALIDADE

Caracteriza-se pela prevalência da palavra oral sobre a escrita, diferentemente do que ocorre no processo civil.

O processo do trabalho é eminentemente oral e sua petição inicial poderá assim ser formulada (art. 840 da CLT – desde que devidamente reduzida a termo), assim como a contestação (art. 847 da CLT – no prazo de 20 [vinte] minutos), entre outros.

2.4 CONCENTRAÇÃO

Todos os atos são realizados em audiência una, inclusive a sentença (na prática, os juízes dividem em três essa audiência, mas a CLT prerroga a audiência una). Por essa razão, a presença das partes é obrigatória, o que não ocorre no processo civil.

2.5 *JUS POSTULANDI*

O art. 103 do CPC dispõe que as partes, para ingressar em juízo, deverão, necessariamente, ser representadas por advogado, fato este trazido igualmente pela nossa atual Carta Maior em seu art. 133, que destaca: "O advogado é indispensável à administração da justiça (...)".

No processo do trabalho, contudo, com a intenção de facilitar ao trabalhador requerer seus direitos, foi adotado o *jus postulandi,* trazido pelo art. 791, *caput,* da CLT. Apesar de ser mais apropriado ao reclamante, que, em geral, é aquele que tem menores condições de arcar com honorários advocatícios, a Consolidação trabalhista, respeitando a igualdade processual, destaca também que o reclamado pode se utilizar desse princípio.

Houve muita polêmica sobre a inconstitucionalidade do *jus postulandi* ante o texto constitucional, mas o TST é claro ao admiti-lo, mesmo porque no processo civil existem os Juizados Especiais, em que o requerente tem o *jus postulandi*. Da mesma forma, o direito de impetrar *habeas corpus* pelo próprio preso também existe. Sendo assim, não poderia o *jus postulandi* extinguir-se só na Justiça do Trabalho.

ATENÇÃO!

Atualmente, a Súmula 425 do TST estabelece que o *jus postulandi* se limita às esferas regionais, não podendo ser utilizado no Tribunal Superior.

2.6 CONCILIAÇÃO

Sob pena de nulidade, a tentativa de conciliação é indispensável no processo trabalhista.

Vários dispositivos celetistas dispõem sobre o tema, entre eles os arts. 846, 850, além do art. 764, *caput*, cujo teor é ainda mais claro: "Os dissídios individuais ou coletivos submetidos à apreciação da Justiça do Trabalho serão sempre sujeitos a conciliação".

Atualmente, fomenta-se, inclusive, o acordo em fase de execução, mesmo após o trânsito em julgado da sentença, como se extrai da OJ 376 da SDI-1 do TST.

3 Aplicação Subsidiária e Supletiva do Código de Processo Civil

A Consolidação das Leis do Trabalho tem muitas omissões, por isso seu art. 769 prevê a aplicação subsidiária do Código de Processo Civil quando for compatível com as normas do processo do trabalho. O Código de Processo Civil, em seu artigo 15, prevê expressamente a aplicação subsidiária e supletiva no processo do trabalho.

Temos, então, dois requisitos para a aplicação do Código de Processo Civil:

a) omissão;

b) compatibilidade com os princípios do processo do trabalho.

Aplicação subsidiária e supletiva do Código de Processo Civil

Importante observar que, por força do art. 889 da CLT, em se tratando de omissão que se verifique na fase executiva, também aí poderá haver uso do CPC, após a busca de alguma norma compatível com o processo do trabalho (ex.: Lei 6.830/1980 – Lei de Execução Fiscal).

4 Organização da Justiça do Trabalho

A Justiça do Trabalho compõe-se da seguinte maneira:

4.1 VARAS DO TRABALHO

Fixadas como órgãos julgadores de primeiro grau, foram instituídas pela EC 24/99. Antigamente, tínhamos as Juntas de Conciliação e Julgamento, que eram assim compostas: (a) juiz togado: aquele que é concursado, necessariamente bacharel em direito e aprovado no concurso de provas e títulos; (b) juízes classistas: representantes de empregados e empregadores. Esses últimos não necessitavam de absolutamente nenhum conhecimento técnico. Eram indicados por sindicatos de classe e nomeados pelo presidente do tribunal regional responsável ou pelo Presidente da República, quando compunham os TRTs e o TST. A EC 24/99 extinguiu a representação classista nos nossos tribunais no término *de seus mandatos.*

Sendo assim, o candidato, após prestar concurso, será nomeado juiz do trabalho substituto, que auxilia os juízes titulares e os substitui nas suas férias e em eventuais impedimentos, sendo promovido a titular por merecimento ou antiguidade, após o estágio probatório.

No processo do trabalho o juiz substituto poderá, mesmo sem ter apreciado a instrução, julgar a lide.

4.2 TRIBUNAL REGIONAL DO TRABALHO

Os tribunais regionais do trabalho no Brasil são assim divididos:

a) 1ª Região: Rio de Janeiro;

b) 2ª Região: São Paulo (São Paulo, atualmente, é o único estado brasileiro que possui dois tribunais regionais, pois ainda conta com o TRT da 15ª Região, fixado na cidade de Campinas); abrange as seguintes cidades: Arujá, Barueri, Biritiba-Mirim, Caieiras, Cajamar, Carapicuíba, Cotia, Cubatão, Diadema, Embu das Artes, Embu-Guaçu, Ferraz de Vasconcelos, Francisco Morato, Franco da Rocha, Guararema, Guarujá, Guarulhos, Itapecerica da Serra, Itapevi, Itaquaquecetuba, Jandira, Juquitiba, Mairiporã, Mauá, Mogi das Cruzes, Osasco, Pirapora do Bom Jesus, Poá, Praia Grande, Ribeirão Pires, Rio Grande da Serra, Salesópolis, Santa Isabel, Santana do Parnaíba, Santo André, São Bernardo do Campo, São Caetano do Sul, São Vicente, Suzano e Taboão da Serra;

c) 3ª Região: Minas Gerais;

d) 4ª Região: Rio Grande do Sul;

e) 5ª Região: Bahia;

f) 6ª Região: Pernambuco;

g) 7ª Região: Ceará;

h) 8ª Região: Pará e Amapá;

i) 9ª Região: Paraná;

j) 10ª Região: Distrito Federal e Tocantins;

k) 11ª Região: Amazonas e Roraima;

l) 12ª Região: Santa Catarina;

m) 13ª Região: Paraíba;

n) 14ª Região: Rondônia e Acre;

o) 15ª Região: São Paulo (área não abrangida pela 2ª Região);

p) 16ª Região: Maranhão;

q) 17ª Região: Espírito Santo;

r) 18ª Região: Goiás;

s) 19ª Região: Alagoas;

t) 20ª Região: Sergipe;

u) 21ª Região: Rio Grande do Norte;

v) 22ª Região: Piauí;

w) 23ª Região: Mato Grosso;

x) 24ª Região: Mato Grosso do Sul.

Para a instituição de um TRT são necessários, pelo menos, sete juízes.

Os tribunais regionais são compostos, em regra, por turmas e cada uma delas é composta por cinco juízes, dos quais, por meio de sorteio, três fazem parte dos julgamentos processuais: o juiz relator, o revisor e o presidente, que, nos julgamentos de processos, só vota em caso de empate.

4.3 TRIBUNAL SUPERIOR DO TRABALHO

É o órgão máximo da Justiça Laboral. Fixado sempre na Capital Federal, após a EC 45/2004 o TST voltou a ser composto por 27 ministros estando, desde a edição da EC 92/2016, expressamente previsto como órgão do Poder Judiciário.

Isso porque, antigamente, este Tribunal já era composto por 27 ministros, entre os quais dez eram ministros classistas que, com a promulgação da EC 24/99, como já descrito, foram extintos, passando o Tribunal a ser composto por 17 ministros. Com essa emenda, sua composição, então, voltou a ser de 27 ministros, todos togados, que chegaram ao Tribunal Superior por merecimento ou antiguidade (juízes de carreira) ou pelo quinto constitucional.

O Tribunal Superior do Trabalho é composto por três órgãos, dos quais um é administrativo, denominado Pleno do TST.

Os outros dois órgãos são efetivamente julgadores, pelo que se pode dizer que o TST possui duas instâncias distintas dentro do mesmo tribunal. Esses órgãos levam a denominação de Turma, SDI e SDC.

Possui, portanto, competência de 1ª e 2ª instâncias, bem como de instância superior.

5 Dissídios

Falemos então dos dissídios, que entram nessa fase judicial. Dissídio, na acepção original do termo, tem significado de desavença, lide. Assim, podemos dizer que os dissídios se consubstanciam nas ações, demandas trabalhistas. São eles:

5.1 DISSÍDIOS INDIVIDUAIS

Simples: um só reclamante.

Plúrimo: pluralidade de reclamantes (chamado, no processo civil, de litisconsórcio ativo).

Sua diferença básica em relação ao dissídio coletivo não diz respeito ao número de reclamantes, pois, como vimos, o dissídio individual plúrimo contém, necessariamente, mais de um reclamante, mas, sim, diz respeito ao pleito. O pedido no dissídio individual é pessoal, enquanto no coletivo diz respeito a uma categoria.

Tanto no dissídio individual simples como no plúrimo, cada parte, em audiência, poderá ouvir, no procedimento sumaríssimo (até 40 salários mínimos), duas testemunhas, e no ordinário (acima de 40 salários mínimos), três testemunhas.

Especial: descrito no art. 853 da CLT, é o inquérito judicial para afastar o empregado estável por justa causa. Hoje ainda é utilizado, pois mesmo após a CF/1988 ter encerrado a estabilidade decenal, que foi substituída pelo regime do FGTS (o empregado deixou de ter estabilidade por tempo de serviço), temos empregados que têm direito adquirido (obviamente, aqueles que não optaram pelo novo sistema) e dirigentes sindicais, que também têm estabilidade.

Assim, se o empregado estável comete alguma falta grave ensejadora da ruptura contratual por justa causa, não poderá haver demissão imediata. O empregador deverá suspender o empregado e, dentro de trinta dias (prazo decadencial), o inquérito terá que ser proposto para que a Justiça do Trabalho apure a falta grave e, se configurada, é ela que, por sentença, demite o empregado por justa causa. Nesses dissídios, cada parte poderá se fazer valer da oitiva de até seis testemunhas em audiência.

Aqui, as partes não são chamadas de reclamante e reclamado, mas *requerente* e requerido.

ATENÇÃO!

Todos esses dissídios têm competência originária nas varas do Trabalho.

5.2 DISSÍDIOS COLETIVOS

São aqueles que envolvem interesses de uma coletividade (ex.: bancários que pedem redução de jornada e/ou aumento salarial).

Referidos dissídios atuam abstratamente, pois são ações de pessoas indeterminadas, de categorias. Não há necessidade de procuração de cada pessoa. O sindicato é que atua como substituto processual.

São duas as espécies de dissídios coletivos:

a) *de natureza econômica:* o mais comum – é aquele em que a Justiça determina o aumento salarial;

b) *de natureza jurídica:* é o que não firma novas convicções, e, sim, serve somente para interpretar normas coletivas.

Esses dissídios têm competência originária no TRT e TST, dependendo da jurisdição.

6

Competência da Justiça do Trabalho

6.1 COMPETÊNCIA MATERIAL

O art. 114 da CF/1988 foi alterado pela EC 45/2004, que ampliou a competência da Justiça do Trabalho, trazendo para seu âmbito toda a relação de trabalho, já que a CLT só fazia menção ao pequeno empreiteiro, como veremos a seguir.

O art. 652, III, da CLT destaca: "Compete às Varas do Trabalho: *a)* conciliar e julgar: (...) III – os dissídios individuais resultantes de contratos de empreitadas em que o empreiteiro seja operário ou artífice".

Dessa forma, verificamos claramente que o empreiteiro goza de ampla autonomia na direção do negócio, muitas vezes fornecendo os meios, assumindo, inclusive, a responsabilidade pelo trabalho dos outros.

Mais precisamente com relação à EC 45/2004 já destacada, o art. 114 da CF/1988 prevê:

> *Art. 114. Compete à Justiça do Trabalho processar e julgar: I – as ações oriundas da relação de trabalho, abrangidos os entes de direito público externo e da administração pública direta e indireta da União, dos Estados, do Distrito Federal e dos Municípios.*

Conquanto o texto legal destaque claramente que os funcionários públicos estatutários passariam a ser de competência da Justiça do Trabalho, o presidente do STF, à época, Ministro Nelson Jobim, restabeleceu, desde o dia 27 de janeiro de 2005, por liminar, a competência da Justiça Federal para julgar as relações de estatutários. A liminar foi concedida na ADIn 3.395, movida pela AJUFE com efeito *ex tunc* (retroativo): "Suspendo toda e qualquer interpretação dada ao inciso, que inclua na competência da JT a apreciação de causas que sejam instauradas entre o poder público e seus servidores a ele vinculados por típica relação de ordem estatutária ou de caráter jurídico-administrativo".

6.2 ACIDENTE DE TRABALHO

Por 10 votos a 0, os ministros do STF decidiram, no dia 29 de junho de 2005, que a Justiça do Trabalho é competente para julgar ações de dano moral ou material decorrentes de acidente de trabalho, inclusive as oriundas de acidente de trabalho e doenças a ele equiparadas, ainda que propostas pelos dependentes ou sucessores do trabalhador falecido (art. 114, VI, da CF/1988) - CC 7.204-1/MG. Rel. Min. Carlos Ayres Brito. Vide, ainda, Súmula 392 do TST.

No processo, um bancário postulava indenização por danos morais e materiais decorrentes de doença profissional contra certo banco. Inicialmente julgado na justiça comum, o Tribunal de Alçada de Minas Gerais declarou-se incompetente e remeteu os autos para a Justiça do Trabalho. O TRT da 3ª Região admitiu a competência e julgou o mérito da causa, mas a 5ª Turma do TST, em setembro de 2004, declarou-se incompetente e remeteu os autos para o STF, que julgou ser a competência da Justiça Especializada.

6.3 ANOTAÇÃO DA CTPS

Não podemos deixar de esclarecer que existe uma competência da Delegacia Regional do Trabalho (SRTE) quando a relação é admitida pelo empregador.

Se o empregado, no entanto, comparece à Delegacia Regional do Trabalho solicitando o registro que ainda não fora feito, e o empregador comparece e se recusa a registrar, opondo, para tanto, que não há vínculo, a Justiça Laboral deve dirimir o conflito, pelo que deve a SRTE remeter o processo administrativo à Justiça do Trabalho para julgamento da relação de emprego.

6.4 RURAIS

Competência da Justiça do Trabalho.

6.5 DOMÉSTICOS

Da mesma forma, a competência é da Justiça do Trabalho.

6.6 AVULSOS

Competência da Justiça do Trabalho para dirimir conflitos.

6.7 ATLETAS PROFISSIONAIS

Nesse caso, frise-se que, antes, se deve tentar solucionar o conflito na Justiça Desportiva, em todas as instâncias (cf. art. 217, § 1º, da CF/1988 e Código Brasileiro Disciplinar de Futebol, art. 138; Lei 6.354/1976, revogada pela Lei 12.395/2011).

6.8 FGTS

A Justiça do Trabalho é competente para julgar os litígios sobre o fundo de garantia.

6.9 DANO MORAL

No Brasil, encontra-se regulado pelo CC/2002, arts. 186, 187 e 927, como descreve Carrion *(Comentários à CLT)*. França, Suíça, Espanha e Itália sempre o mantiveram como competência da Justiça do Trabalho, caso decorra da relação do trabalho.

Temos que o dano moral sempre deveria ter sido admitido pela Justiça do Trabalho; tanto é que o próprio art. 29, § 4º, sempre trouxe que é vedado ao empregador anotar fatos desabonadores na CTPS do empregado. Ora, o que levaria a anotação de tais fatos?

Claramente ao dano moral.

O próprio STF já havia se manifestado nesse sentido: "Compete à JT o julgamento de ação de indenização, por danos materiais e morais, movida pelo empregado contra seu empregador, fundado em fato decorrente da relação de trabalho, nada importando que o dissídio venha a ser resolvido com base nas normas de direito civil (RTJ 134/96)" (RE 238.737-SP, rel. Sepúlveda Pertence, conforme redação noticiada no Boletim Informativo STF 132/98).

ATENÇÃO!

A EC 45/2004 trouxe o dano moral definitivamente para o âmbito da Justiça do Trabalho, elevando essa vinculação a *status* constitucional, desde que decorra da relação de emprego ou de trabalho (art. 114, VI, da CF/1988).

6.10 INDENIZAÇÃO CIVIL

Inscreve-se na competência material da JT o conflito de interesses entre empregado e empregador cuja origem repousa diretamente no contrato de emprego, ainda que seja indenização civil. Situação em que o empregador demandado, ao designar o reclamante para trabalhar no exterior, assegurou-lhe contratualmente o ressarcimento dos prejuízos advindos do desfazimento do comércio mantido por sua consorte na cidade do Rio de Janeiro (TST, RR 220.843/95.5, rel. Min. João Oreste Dalazem).

Referida competência material, chamada de competência absoluta, deve ser admitida de ofício pelo juiz.

6.11 COMPETÊNCIA TERRITORIAL

Competência territorial é aquela fixada para delimitar a jurisdição; fixa o foro em que a ação deve ser proposta.

ATENÇÃO!

No Código de Processo Civil, a regra é que a ação seja proposta no domicílio do réu (art. 46 do CPC). Isso não ocorre no processo do trabalho, já que o art. 651 da CLT dispõe que a competência do foro para dirimir as questões trabalhistas é o local da prestação de serviços.

Assim, sendo o empregado autor ou réu, a ação deverá ser proposta no local da prestação de serviço, não importando o local da contratação do obreiro.

Conquanto tenhamos isso como regra, os parágrafos do art. 651 da CLT trazem três exceções a respeito do tema.

6.11.1 Viajantes

Nesse caso, será competente o foro da empresa ou de suas filiais (aquela a que o empregado estiver subordinado e preste serviço), ou, na inexistência de concomitância dos requisitos, será competente o domicílio do empregado.

6.11.2 Empregados enviados ao exterior

Postulam perante a legislação do país em que estiverem prestando serviços, mas podem entrar com a ação tanto no Brasil como no local da prestação de serviços (art. 651, § 2º, da CLT).

Exceção do § 3º: *foro optativo* (se houver um empregador que desenvolva atividades em locais diversos e contrate empregado em um local para prestar serviços em outro, qualquer local terá competência para distribuir a ação).

6.11.3 Foro optativo

Se houver um empregador que desenvolva atividades em locais diversos, com a contratação do empregado em um local para prestar serviços em outro, qualquer local terá competência para distribuir a ação, conforme dispõe o art. 651, § 3º, da CLT: "§ 3º Em se tratando de empregador que promova realização de atividades fora do lugar do contrato de trabalho, é assegurado ao empregado apresentar reclamação no foro da celebração do contrato ou no da prestação dos respectivos serviços".

6.11.4 Inexistência do foro de eleição no processo do trabalho

O CC/2002, no art. 78, admite que as partes, nos contratos escritos, especifiquem o domicílio onde exercitam o direito, fato este que não subsiste no processo do trabalho.

6.11.5 Prorrogação da competência

A incompetência relativa (territorial) não pode ser declarada de ofício, tendo que ser requerida pelo interessado no primeiro momento processual de sua manifestação. Sendo assim, se não houver este requerimento, a competência se prorroga, podendo o juiz, que inicialmente seria incompetente, julgar a demanda.

7 Petição Inicial

7.1 CONSIDERAÇÕES SOBRE A PEÇA

A petição inicial é prevista no art. 840 da CLT. No entanto, em razão de algumas omissões para a elaboração da peça e não havendo que se falar em incompatibilidade com os princípios que norteiam o processo do trabalho, aplicamos subsidiariamente o art. 319 do CPC, pelo que dispõe o art. 769 da CLT.

7.2 REQUISITOS DA PETIÇÃO INICIAL

7.2.1 Endereçamento (o Juízo)

Será denominado Juiz do Trabalho, não é Juiz Federal ou sequer Juiz de Direito, e só deve ser colocado o local se o problema trouxer a informação de onde o serviço foi prestado.

ATENÇÃO!

O endereçamento da petição inicial deverá ser assim redigido:

EXCELENTÍSSIMO SENHOR DOUTOR JUIZ DO TRABALHO DA ______ VARA DO TRABALHO DE _____

7.2.2 Qualificação das partes

A qualificação do reclamante deve conter o nome completo, estado civil, nacionalidade, profissão, nome da mãe, data de nascimento, número do RG, CPF/MF, CTPS (número e série) e PIS, bem como o endereço completo com CEP e endereço eletrônico (e-mail).

A qualificação do reclamado deverá conter o nome completo e CPF/MF, em se tratando de pessoa física, ou razão social e CNPJ/MF (se pessoa jurídica), e endereço completo com CEP, já que a nossa citação inicial é feita, em regra, via postal (Súmula 16 do TST).

ATENÇÃO!

A qualificação das partes deverá ser feita da seguinte forma:

A, nacionalidade, estado civil, profissão, nome da mãe, data de nascimento, portador do documento de identidade Registro Geral (RG) n° _____, inscrito no Cadastro de Pessoas Físicas (CPF/MF) sob o n° _____, número e série da CTPS, número do PIS, endereço completo com CEP, endereço eletrônico, por seu advogado que esta subscreve, vem à presença de Vossa Excelência, com fulcro nos arts. 840 da CLT e 319 do CPC, propor a presente RECLAMAÇÃO TRABALHISTA (sempre apontar o rito _____), em face de B, inscrita no Cadastro de Pessoas Jurídicas (CNPJ/MF) sob o n° _____, endereço completo com CEP, pelos motivos de fato e de direito a seguir expostos: (...).

7.2.2.1. Comissão de Conciliação Prévia

A Lei 9.958/2000 trouxe adendos ao art. 625 da CLT e, com o claro intuito de "desafogar" o judiciário trabalhista, estabelece que as empresas e os sindicatos podem instituir a Comissão de Conciliação Prévia. Isso propicia aos trabalhadores e empregadores homologarem um acordo prevenindo litígios trabalhistas.

Assim, os empregados que quiserem promover sua reclamação trabalhista deverão, antes, passar pela CCP, se ela tiver sido instituída. Somente com a negociação frustrada é que o obreiro poderá ingressar com a ação na Justiça do Trabalho.

ATENÇÃO!

Se o enunciado do problema trazido pelo exame da OAB não mencionar nada sobre a CCP (fato este que ocorrerá, em regra), o candidato poderá entender que ela não foi instituída e deverá mencionar tal fato no início da inicial, logo após a qualificação do reclamante e reclamado, acima destacada, nos seguintes termos:

DA COMISSÃO DE CONCILIAÇÃO PRÉVIA

Cumpre ressaltar inicialmente que o STF, por meio das ADIns 2.139-7 e 2.160-5, declarou inconstitucional a obrigatoriedade de passagem do empregado pela Comissão de Conciliação Prévia, motivo pelo qual acessa o autor diretamente a via judiciária, nos termos do art. 625-D, § 3°, da CLT.

7.2.3 Os fatos (causa de pedir)

Iniciamos este tópico sempre com os dados do contrato de trabalho para, em seguida, ingressarmos nos pleitos. Assim, obrigatoriamente deverão constar:

a) data da admissão;

b) data da rescisão (se houver);

c) motivo da rescisão;

d) salário (último);

e) jornada de trabalho;

[Estes são os dados do contrato].

a) outras informações pertinentes ao pedido (causa de pedir).

Portanto, o tópico pertinente aos fatos deve ser redigido nos seguintes moldes, caso o obreiro tenha sido demitido sem justa causa:

DO CONTRATO DE TRABALHO

O reclamante iniciou suas atividades laborativas para a reclamada em ___.___.___ [data], exercendo as funções de _____, trabalhando sempre das _____ às _____ horas, de _____ a _____. Foi demitido sem justa causa em ___.___.___ [data], quando então percebia o salário de R$ _____, por _____. [Vamos destacar, a partir de então, um modelo de um pedido pertinente a horas extras, ressalvando a necessidade de serem requeridos seus reflexos nas verbas contratuais e rescisórias, pois estamos partindo da premissa de uma demissão involuntária]. Isso porque tudo aquilo que integra a remuneração gera estas integrações.

Outro modelo, levando-se em conta a jornada suplementar:

DAS HORAS EXTRAS

O reclamante, como já mencionado no item pertinente ao contrato de trabalho, labora das 8 às 18 horas, com uma hora de intervalo para refeição e descanso, totalizando, assim, 9 horas diárias.

Referida jornada extrapola o limite máximo permitido pelo art. 7°, XIII, da CF, qual seja, de 8 horas diárias, razão pela qual faz jus o autor a 1 hora extra diária, com adicional de 50%, nos exatos termos do art. 59, § 1°, da CLT.

Por serem habituais, requer ainda os reflexos das horas extras nas verbas contratuais (DSR, 13° salário, férias + 1/3 e FGTS), bem como nas rescisórias (aviso prévio, saldo de salário, 13° proporcional, férias proporcionais + 1/3 e multa de 40% sobre o FGTS).

7.2.4 O pedido: aquilo que foi suscitado na causa de pedir

Ainda que tenhamos concluído nosso parágrafo na causa de pedir já fazendo um pedido, devemos repeti-lo, em seguida, pois tudo aquilo que foi objeto dos fatos deve estar conexo com o pedido.

Por isso, aproveitando o item das horas extras demonstrado anteriormente, destacamos como fazer o pedido:

DO PEDIDO

Pelo exposto, pleiteia:

a) 1 hora extra diária com adicional de 50% _____ a apurar;

b) reflexo das horas extras nas verbas contratuais já descritas _____ a apurar;

c) reflexo das horas extras nas verbas rescisórias já descritas _____ a apurar.

7.2.5 Provas (art. 319 do CPC)

Aplicando-se, pela primeira vez, subsidiariamente o Código de Processo Civil, temos que nos ater ao protesto por provar da seguinte maneira:

DAS PROVAS

Protesta provar o alegado por todos os meios de provas admitidos em direito, especialmente pelo depoimento pessoal do reclamado, oitiva de testemunhas, sem prejuízo de outras provas eventualmente cabíveis.

7.2.6 Citação (art. 319 do CPC)

Mais uma vez aplicando subsidiariamente o CPC, em virtude de a citação ser feita inicialmente pela Justiça Laboral pelo correio (Súmula 16 do TST), a denominação correta a ser utilizada é *notificação*, pois não há fé pública, fato este que só ocorreria se a citação fosse feita pelo Oficial de Justiça.

Esse tópico ficará desta forma:

DA NOTIFICAÇÃO

Requer, por fim, a notificação da reclamada para que conteste os itens supra-arguidos, sob pena de serem admitidos como verdadeiros, o que, por certo, ao final restará comprovado, com a consequente decretação da total procedência da ação, nos termos expostos.

7.2.7 Valor da causa (art. 319, V, do CPC)

Indispensável para a apuração do rito processual a ser seguido na demanda:

DO VALOR DA CAUSA

Dá-se à causa o valor de R$ _____.

7.2.8 Fechamento

No fechamento da petição inicial deve constar:

Nesses termos, Pede deferimento.

Local e data.

Nome e assinatura do advogado.

OAB nº _____

8 Tutela Provisória

8.1 TUTELA PROVISÓRIA

Com a vigência do Código de Processo Civil, houve alteração no vertente tema. Existia muita diferença entre tutela antecipada e cautelar. Se vocês se recordam o artigo 796 e seguintes tratavam das medidas cautelares e o 273 do CPC falava da tutela antecipada.

É importante lembrar que existiam dois institutos completamente diferentes: tutela antecipada e as medidas cautelares; com requisitos também diferentes. Por exemplo, na tutela tínhamos a necessidade da prova inequívoca e na cautelar a fumaça do bom direito. Ambas tinham a ideia básica da urgência, da emergência.

Não as temos, desde a vigência do CPC, como formas distintas. No Livro V do CPC, encontramos a TUTELA PROVISÓRIA.

O art. 294 aduz:

LIVRO V
DA TUTELA PROVISÓRIA

TÍTULO I
DISPOSIÇÕES GERAIS

Art. 294. A tutela provisória pode fundamentar-se em urgência ou evidência. Parágrafo único. A tutela provisória de urgência, cautelar ou antecipada, pode ser concedida em caráter antecedente ou incidental.

Vamos entender as mudanças.

Não temos, na atual conjuntura processual, as figuras de tutela antecipada e medida cautelar. Tudo isso passou a ser chamado de tutela provisória. Esta se divide em duas, uma chamada de tutela de urgência e a outra de tutela de evidência. Veja o quadro abaixo:

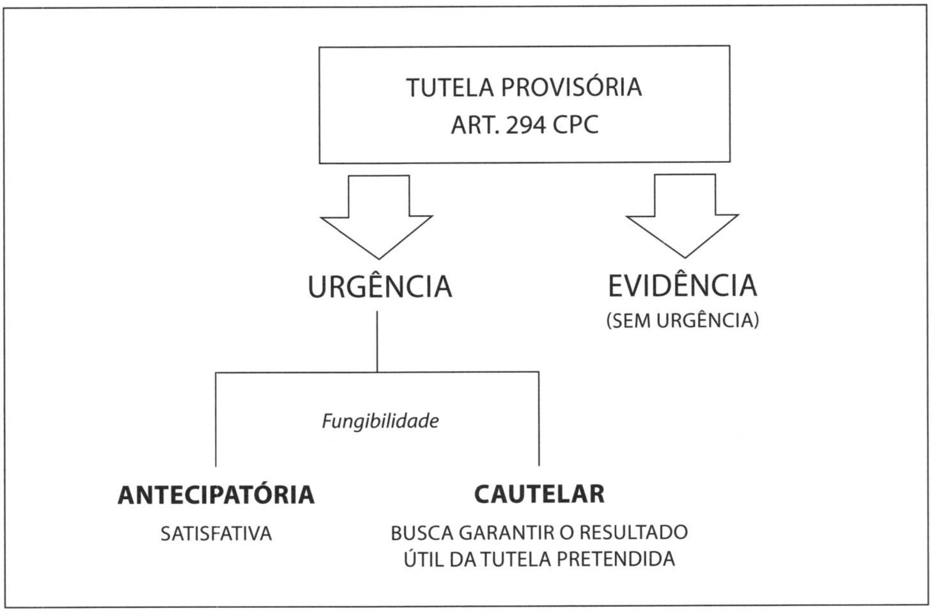

Sobre a **Tutela de Evidência** ainda não temos posicionamento na Justiça do Trabalho, e, em tese, não vemos cabimento no Direito Processual do Trabalho. A tutela de urgência, sem dúvidas, tem seu cabimento.

A **Tutela Provisória de Urgência** pode ser **antecipatória** ou **cautelar**, como vimos no quadro. A antecipada tem o cunho de satisfazer o próprio pedido, ou seja, é de cunho satisfativo, enquanto a cautelar pode ser antecedente ou incidental. Antes, esta última era preparatória ou incidental. Como a *preparatória* não existe mais, ela é, hodiernamente, antecedente ou incidental. Antecedente ou incidental do processo principal.

Veja. O requisito para a concessão da tutela de urgência é a verificação, no caso concreto, dos elementos que evidenciem a ***probabilidade do direito*** e o **perigo de dano** ou o ***risco ao resultado útil do processo.***

Note como o legislador apresentou esses e outros requisitos:

TÍTULO II
DA TUTELA DE URGÊNCIA

CAPÍTULO I
DISPOSIÇÕES GERAIS

> Art. 300. A tutela de urgência será concedida quando houver elementos que evidenciem a probabilidade do direito e o perigo de dano ou o risco ao resultado útil do processo.
>
> § 1º Para a concessão da tutela de urgência, o juiz pode, conforme o caso, exigir caução real ou fidejussória idônea para ressarcir os danos que a outra parte possa vir a sofrer, podendo a caução ser dispensada se a parte economicamente hipossuficiente não puder oferecê-la.
>
> § 2º A tutela de urgência pode ser concedida liminarmente ou após justificação prévia.
>
> § 3º A tutela de urgência de natureza antecipada não será concedida quando houver perigo de irreversibilidade dos efeitos da decisão.

O Código de Processo Civil antigo apresentava um rol de cautelares, o atual é diferente, pois apresenta as cautelares de maneira exemplificativa. Veja abaixo a disposição do CPC:

> Art. 301. A tutela de urgência de natureza cautelar pode ser efetivada mediante arresto, sequestro, arrolamento de bens, registro de protesto contra alienação de bem e *qualquer outra medida idônea para asseguração do direito.* (destacamos)

Para a prova da OAB e exames na seara processual trabalhista, nós devemos nos preocupar mais com a tutela provisória antecipatória e a cautelar, porque ambas possuem cabimento indiscutível.

Não se discute mais sobre a aplicabilidade ou não da fungibilidade entre uma tutela antecipatória ou cautelar, nem mesmo entre uma ou outra cautelar. Por exemplo, se houver pedido de arresto e o correto for sequestro, embora exista clara diferença entre ambos os institutos, o magistrado deverá aplicar a fungibilidade. O aluno deve se lembrar de que o arresto busca atingir qualquer bem, o sequestro busca atingir diretamente o bem que se litiga.

Outro ponto que merece destaque é a mudança de nomenclatura, mas basicamente os mesmos requisitos da antecipatória estão presentes na cautelar.

Na prática, quando se pleiteia a tutela provisória de natureza cautelar, pode-se pleitear o arresto dos bens do devedor.

Imagine que um empregado entra com ação postulando horas extras e descobre que seu antigo empregador, contra o qual litiga em processo trabalhista, está dilapidando os bens da empresa para se furtar de uma possível execução. Diante da situação exposta, ingressa-se com tutela provisória de urgência de natureza cautelar com pedido de arresto dos bens do empregador. Assim, como antigamente havia a medida cautelar, observamos que, de fato, a nomenclatura foi mudada.

Veja o que o CPC dispõe sobre a tutela antecipada requerida em caráter antecedente:

CAPÍTULO II

DO PROCEDIMENTO DA TUTELA ANTECIPADA REQUERIDA EM CARÁTER ANTECEDENTE

Art. 303. Nos casos em que a urgência for contemporânea à propositura da ação, a petição inicial pode limitar-se ao requerimento da tutela antecipada e à indicação do pedido de tutela final, com a exposição da lide, do direito que se busca realizar e do perigo de dano ou do risco ao resultado útil do processo.

Atente-se para o prazo de 15 dias ou outro maior que pode ser concedido pelo Juiz para o aditamento da inicial:

§ 1º Concedida a tutela antecipada a que se refere o *caput* deste artigo:

I – o autor deverá aditar a petição inicial, com a complementação de sua argumentação, a juntada de novos documentos e a confirmação do pedido de tutela final, em 15 (quinze) dias ou em outro prazo maior que o juiz fixar;

II – o réu será citado e intimado para a audiência de conciliação ou de mediação na forma do art. 334;

III – não havendo autocomposição, o prazo para contestação será contado na forma do art. 335.

§ 2º Não realizado o aditamento a que se refere o inciso I do § 1º deste artigo, o processo será extinto sem resolução do mérito.

§ 3º O aditamento a que se refere o inciso I do § 1º deste artigo dar-se-á nos mesmos autos, sem incidência de novas custas processuais.

§ 4º Na petição inicial a que se refere o *caput* deste artigo, o autor terá de indicar o valor da causa, que deve levar em consideração o pedido de tutela final.

§ 5º O autor indicará na petição inicial, ainda, que pretende valer-se do benefício previsto no *caput* deste artigo.

§ 6º Caso entenda que não há elementos para a concessão de tutela antecipada, o órgão jurisdicional determinará a emenda da petição inicial em até 5 (cinco) dias, sob pena de ser indeferida e de o processo ser extinto sem resolução de mérito.

Surge o instituto da estabilidade da decisão que conceder a tutela antecipada caso não haja interposição do recurso, note:

Art. 304. A tutela antecipada, concedida nos termos do art. 303, torna-se estável se da decisão que a conceder não for interposto o respectivo recurso.

§ 1º No caso previsto no *caput*, o processo será extinto.

§ 2º Qualquer das partes poderá demandar a outra com o intuito de rever, reformar ou invalidar a tutela antecipada estabilizada nos termos do *caput*.

§ 3º A tutela antecipada conservará seus efeitos enquanto não revista, reformada ou invalidada por decisão de mérito proferida na ação de que trata o § 2º.

§ 4º Qualquer das partes poderá requerer o desarquivamento dos autos em que foi concedida a medida, para instruir a petição inicial da ação a que se refere o § 2º, prevento o juízo em que a tutela antecipada foi concedida.

§ 5º O direito de rever, reformar ou invalidar a tutela antecipada, previsto no § 2º deste artigo, extingue-se após 2 (dois) anos, contados da ciência da decisão que extinguiu o processo, nos termos do § 1º.

§ 6º A decisão que concede a tutela não fará coisa julgada, mas a estabilidade dos respectivos efeitos só será afastada por decisão que a revir, reformar ou invalidar, proferida em ação ajuizada por uma das partes, nos termos do § 2º deste artigo.

Note, contudo, o procedimento da tutela provisória de urgência cautelar requerida em caráter antecedente:

CAPÍTULO III

DO PROCEDIMENTO DA TUTELA CAUTELAR
REQUERIDA EM CARÁTER ANTECEDENTE

Art. 305. A petição inicial da ação que visa à prestação de tutela cautelar em caráter antecedente indicará a lide e seu fundamento, a exposição sumária do direito que se objetiva assegurar e o perigo de dano ou o risco ao resultado útil do processo.

Parágrafo único. Caso entenda que o pedido a que se refere o *caput* tem natureza antecipada, o juiz observará o disposto no art. 303.

Art. 306. O réu será citado para, no prazo de 5 (cinco) dias, contestar o pedido e indicar as provas que pretende produzir.

Art. 307. Não sendo contestado o pedido, os fatos alegados pelo autor presumir-se-ão aceitos pelo réu como ocorridos, caso em que o juiz decidirá dentro de 5 (cinco) dias.

Parágrafo único. Contestado o pedido no prazo legal, observar-se-á o procedimento comum.

Observe que o prazo para que o pedido principal seja efetuado é de 30 dias. Não haverá novo processo, e sim um pedido principal a ser formulado, havendo inclusive possibilidade de aditamento da causa de pedir:

> Art. 308. Efetivada a tutela cautelar, o pedido principal terá de ser formulado pelo autor no prazo de 30 (trinta) dias, caso em que será apresentado nos mesmos autos em que deduzido o pedido de tutela cautelar, não dependendo do adiantamento de novas custas processuais.
>
> § 1º O pedido principal pode ser formulado conjuntamente com o pedido de tutela cautelar.
>
> § 2º A causa de pedir poderá ser aditada no momento de formulação do pedido principal.
>
> § 3º Apresentado o pedido principal, as partes serão intimadas para a audiência de conciliação ou de mediação, na forma do art. 334, por seus advogados ou pessoalmente, sem necessidade de nova citação do réu.
>
> § 4º Não havendo autocomposição, o prazo para contestação será contado na forma do art. 335.

Se o autor da tutela cautelar não apresentar pedido principal no prazo de 30 dias, os efeitos da cautelar cessarão. Outras são as hipóteses legais, veja:

> Art. 309. Cessa a eficácia da tutela concedida em caráter antecedente, se:
>
> I – o autor não deduzir o pedido principal no prazo legal;
>
> II – não for efetivada dentro de 30 (trinta) dias;
>
> III – o juiz julgar improcedente o pedido principal formulado pelo autor ou extinguir o processo sem resolução de mérito.
>
> Parágrafo único. Se por qualquer motivo cessar a eficácia da tutela cautelar, é vedado à parte renovar o pedido, salvo sob novo fundamento.
>
> Art. 310. O indeferimento da tutela cautelar não obsta a que a parte formule o pedido principal, nem influi no julgamento desse, salvo se o motivo do indeferimento for o reconhecimento de decadência ou de prescrição.

Caso a cautelar seja indeferida por razão de decadência ou prescrição, não poderá ser formulado pedido principal estando a parte obstada do referido pleito, reforçando a ideia de que o Juiz pode conhecer de ofício a prescrição e a decadência por serem matéria de ordem pública.

Assim, se houver transferência – mudança de Município – abusiva (art. 659, IX da CLT), ingressa com reclamação trabalhista, postulando tutela provisória antecedente para evitá-la. Outro ponto muito relevante é que o pedido de reintegração de empregado estável (art. 659, X da CLT) será sempre por tutela provisória antecipada.

9 Audiência

Presença obrigatória das partes, em face do princípio da conciliação, que denota a indispensabilidade da tentativa de conciliação no processo do trabalho. Tal requisito se extrai da leitura de vários dispositivos da CLT, dentre os quais destacamos o art. 764: "Os dissídios individuais ou coletivos submetidos à apreciação da Justiça do Trabalho serão sempre sujeitos à conciliação".

A audiência, pela CLT, é una, fato este intimamente ligado ao princípio da concentração já estudado. Ocorre que os juízes muitas vezes, pela falta de tempo, dividem-na em até três audiências:

Inicial – na qual ocorre a tentativa de conciliação e, sendo esta infrutífera, o reclamado entrega sua contestação;

Instrução – na qual é feito o colhimento de todas as provas (técnicas, depoimentos pessoais, oitiva de testemunhas etc.), e nova tentativa de conciliação ao final; e

Julgamento – quando o juiz prolata sua sentença.

ATENÇÃO!

As partes devem, obrigatoriamente, comparecer à audiência, salvo na audiência de julgamento, pois, nesse caso, tecnicamente falando, não há cogitar de uma audiência propriamente dita, pois quando o juiz a designa, basta que o interessado se dirija à secretaria da vara para retirar sua sentença.

Importante lembrar que ambas as partes podem ser substituídas em audiência, como descrevem os dispositivos legais a seguir citados:

> *Art. 843. Na audiência de julgamento deverão estar presentes o reclamante e o reclamado, independentemente do comparecimento de seus representantes salvo, nos casos de Reclamatórias Plúrimas ou Ações de Cumprimento, quando os empregados poderão fazer-se representar pelo Sindicato de sua categoria. § 1º É facultado ao empregador fazer-se substituir pelo gerente, ou qualquer outro preposto que tenha conhecimento do fato, e cujas declarações obrigarão o proponente. § 2º Se por doença ou qualquer outro motivo poderoso [ponderoso], devidamente comprovado, não for possível ao empregado comparecer pessoalmente, poderá fazer-se representar por outro empregado que pertença à mesma profissão, ou pelo seu sindicato.*

Importante ressalvar que, de acordo com o entendimento majoritário do Tribunal Superior do Trabalho, o preposto deve ser empregado da reclamada para representá-la de maneira correta, salvo nos casos de reclamatória de empregado doméstico.

> *Súmula 377 – PREPOSTO. EXIGÊNCIA DA CONDIÇÃO DE EMPREGADO (Conversão da Orientação Jurisprudencial 99 da SDI-1 – Res. 129/2005,* DJ *20.04.2005. Nova redação – Res. 146/2008,* DJ *02/05/2008). Exceto quanto à reclamação de empregado doméstico, ou contra micro ou pequeno empresário, o preposto deve ser necessariamente empregado do reclamado. Inteligência do art. 843, § 1º, da CLT e do art. 54 da Lei Complementar 123, de 14 de dezembro de 2006. (ex-OJ 99 – Inserida em 30.05.1997)*

Abaixo, passamos a expor as penalidades em que as partes incorrem em caso de ausência nas demais audiências:

a) *Reclamante ausente* – art. 844 da CLT – arquivamento. O ato pelo qual o juiz põe fim a esse processo é denominado sentença, porém, sem exame de mérito.

Assim, apesar de o reclamante poder interpor recurso, é mais viável que entre com uma outra ação. Isso pode ser feito no dia seguinte ao arquivamento, desde que as custas estejam pagas ou dela o reclamante esteja isento, em razão de ser beneficiário da justiça gratuita.

> *Art. 844. O não comparecimento do reclamante à audiência importa o arquivamento da reclamação, e o não comparecimento do reclamado importa revelia, além de confissão quanto à matéria de fato. Parágrafo único. Ocorrendo, entretanto, motivo relevante, poderá o presidente suspender o julgamento, designando nova audiência.*

Se move a segunda reclamação e não comparece, pode entrar com a terceira?

Sim, no entanto, o reclamante sofre a penalidade de ficar seis meses inerte entre a segunda e a propositura da terceira reclamação:

> *Art. 731. Aquele que, tendo apresentado ao distribuidor reclamação verbal, não se apresentar, no prazo estabelecido no parágrafo único do art. 786, à Junta ou Juízo para fazê-lo tomar por termo, incorrerá na pena de perda, pelo prazo de 6 (seis) meses, do direito de reclamar perante a Justiça do Trabalho.*
>
> *Art. 732. Na mesma pena do artigo anterior incorrerá o reclamante que, por 2 (duas) vezes seguidas, der causa ao arquivamento de que trata o art. 844.*

Se promover a terceira e não comparecer, será caso de perempção, não podendo, portanto, promover outra ação.

A ausência do Reclamante na audiência de prosseguimento não gera arquivamento; a penalidade neste caso é a pena de confissão quanto à matéria de fato.

Só se aplica a pena de confissão quanto à matéria de fato se na audiência anterior a parte sair ciente da data da nova audiência.

b) *Reclamada ausente* – art. 844 da CLT (revelia e pena de confissão quanto à matéria de fato).

10 Conciliação

Como já dissemos, a tentativa de conciliação no processo do trabalho é obrigatória (art. 114 da CF/1988). O art. 764, *caput,* da CLT também dispõe nesse sentido.

Isso porque um acordo sempre deve ser bom para ambas as partes, enquanto com uma sentença, uma das partes ficará insatisfeita.

ATENÇÃO!

Quais são os momentos processuais da conciliação? Antes da defesa no procedimento ordinário, pois aí então não se estabelece o princípio do contraditório, não se procede à apreciação de provas etc., e antes da sentença. A parte que se viu prejudicada no decorrer da instrução poderá tentar amenizar os efeitos da sentença realizando um acordo.

> *Art. 847. Não havendo acordo, o reclamado terá vinte minutos para aduzir sua defesa, após a leitura da reclamação, quando esta não for dispensada por ambas as partes. [Redação dada pela Lei 9.022, de 05.04.1995]*
>
> *Art. 850. Terminada a instrução, poderão as partes aduzir razões finais, em prazo não excedente de 10 (dez) minutos para cada uma. Em seguida, o juiz ou presidente renovará a proposta de conciliação, e não se realizando esta, será proferida a decisão.*

No processo sumaríssimo, a conciliação pode ser proposta pelo juiz a qualquer momento.

Ocorre nulidade do feito quando não existem as duas tentativas.

Havendo acordo, o juiz homologará por meio da sentença com uma peculiaridade: transita desde logo em julgado, insuscetível de recurso.

Temos a Lei 10.035/2000 que dispõe sobre a necessidade de o INSS ser informado para o recolhimento de verbas previdenciárias, mesmo se houver acordo.

Se o juiz concluir que a conciliação é flagrantemente lesiva ao empregado ou ao empregador, ele pode se recusar a homologá-la.

Se for homologado acordo com vício, nenhuma parte poderá interpor recurso, pois a sentença de acordo transita desde logo em julgado, mas poderá ser proposta ação rescisória (art. 966 do CPC).

A sentença homologatória é título executivo judicial, passível de imediata execução quando não cumprida.

Os juízos, geralmente, impõem multas de 50% a 100%.

11 Recursos

Temos o princípio do duplo grau de jurisdição, ou seja, as questões submetidas deverão ter possibilidade de reanálise por um juízo superior.

11.1 PRESSUPOSTOS DO RECURSO

Subjetivos ou intrínsecos: estão intimamente ligados à parte que pode recorrer, ou seja, quem tem legitimidade para recorrer.

O art. 996 do CPC dispõe: o recurso pode ser interposto pela parte vencida, pelo terceiro prejudicado e pelo Ministério Público como parte ou como fiscal da ordem jurídica.

Mas o terceiro interessado tem legitimidade para recorrer, como no caso do INSS, e o Ministério Público também, quando a lide envolver interesses de incapazes.

Temos ainda o recurso por imperativo legal, o chamado recurso *ex officio, ou remessa necessária,* aquele em que o próprio juiz ordenará a remessa dos autos ao tribunal, haja ou não apelação (art. 496 do CPC).

11.2 PRESSUPOSTOS OBJETIVOS OU EXTRÍNSECOS

Previsão legal ou adequação: para cada momento processual, temos um recurso adequado. Dentro do tema, temos o princípio da fungibilidade, pois se o ato alcançou sua finalidade deverá ser apreciado, de forma harmônica com os princípios da economia, celeridade e informalidade que regem o processo do trabalho (arts. 277 e 282 do CPC).

Tempestividade: deverão ser interpostos dentro do prazo (oito dias para os previstos na CLT); entidades da administração pública direta têm prazo em dobro (Decreto-lei 779/1969):

> *Art. 1º Nos processos perante a Justiça do Trabalho, constituem privilégio da União, dos Estados, do Distrito Federal, dos Municípios e das autarquias ou fundações de direito público federais, estaduais ou municipais que não explorem atividade econômica: I – a presunção relativa de validade dos recibos de quitação ou pedidos de demissão de seus empregados ainda que não homologados nem submetidos à assistência mencionada nos §§ 1º, 2º e 3º do art. 477 da Consolidação das Leis do Trabalho; II – o quádruplo do prazo fixado no art. 841,* in fine, *da Consolidação das Leis do Trabalho; III – o prazo em dobro para recurso; IV – a dispensa de depósito para interposição de recurso; V – o recurso ordinário* ex oficio *das decisões que lhe sejam total ou parcialmente contrárias; VI – o pagamento de custas a final salva quanto à União Federal, que não as pagará.*
>
> *Art. 2º O disposto no artigo anterior aplica-se aos processos em curso mas não acarretará a restituição de depósitos ou custas pagas para efeito de recurso até decisão passada em julgado.*
>
> *Art. 3º Este Decreto-lei entra em vigor na data de sua publicação, revogadas as disposições em contrário.*

Depósito recursal: arcado só pela empresa, com o intuito de evitar recursos meramente protelatórios. Referida quantia é um teto máximo fixado pelo TST em moeda corrente do País, que o empregador deve depositar com o intuito de garantir parcial ou totalmente a condenação, dependendo de seu valor.

Não havendo condenação em pecúnia (ex.: reconhecimento de vínculo), não será necessário o depósito recursal (Súmula 161 do TST).

Custas processuais (art. 789 da CLT): correspondem a 2% da condenação ou do valor dado à causa, lembrando que, se a ação for procedente em parte, só a reclamada arca com as custas processuais:

> *Art. 789. Nos dissídios individuais e nos dissídios coletivos do trabalho, nas ações e procedimentos de competência da Justiça do Trabalho, bem como nas demandas propostas perante a Justiça Estadual, no exercício da jurisdição trabalhista, as custas relativas ao processo de conhecimento incidirão à base de 2% (dois por cento), observado o mínimo de R$ 10,64 (dez reais e sessenta e quatro centavos) e serão calculadas: I – quando houver acordo ou condenação, sobre o respectivo valor; II – quando houver extinção do processo, sem julgamento do mérito, ou julgado totalmente improcedente o pedido, sobre o valor da causa; III – no caso de procedência do pedido formulado em ação declaratória e em ação constitutiva, sobre o valor da causa; IV – quando o valor for indeterminado, sobre o que o juiz fixar. § 1º As custas serão pagas pelo vencido, após o trânsito em julgado da decisão. No caso de recurso, as custas serão pagas e comprovado o recolhimento dentro do prazo recursal. § 2º Não*

sendo líquida a condenação, o juízo arbitrar-lhe-á o valor e fixará o montante das custas processuais. § 3º Sempre que houver acordo, se de outra forma não for convencionado, o pagamento das custas caberá em partes iguais aos litigantes. § 4º Nos dissídios coletivos, as partes vencidas responderão solidariamente pelo pagamento das custas, calculadas sobre o valor arbitrado na decisão, ou pelo Presidente do Tribunal. [Artigo com redação dada pela Lei 10.537, de 27-8-2002]

Art. 789-A. No processo de execução são devidas custas, sempre de responsabilidade do executado e pagas ao final, de conformidade com a seguinte tabela: I – autos de arrematação, de adjudicação e de remição: 5% (cinco por cento) sobre o respectivo valor, até o máximo de R$ 1.915,38 (um mil, novecentos e quinze reais e trinta e oito centavos); II – atos dos oficiais de justiça, por diligência certificada: a) em zona urbana: R$ 11,06 (onze reais e seis centavos); b) em zona rural: R$ 22,13 (vinte e dois reais e treze centavos); III – agravo de instrumento: R$ 44,26 (quarenta e quatro reais e vinte e seis centavos); IV – agravo de petição: R$ 44,26 (quarenta e quatro reais e vinte e seis centavos); V – embargos à execução, embargos de terceiro e embargos à arrematação: R$ 44,26 (quarenta e quatro reais e vinte e seis centavos); VI – recurso de revista: R$ 55,35 (cinquenta e cinco reais e trinta e cinco centavos); VII – impugnação à sentença de liquidação: R$ 55,35 (cinquenta e cinco reais e trinta e cinco centavos); VIII – despesa de armazenagem em depósito judicial – por dia: 0,1% (um décimo por cento) do valor da avaliação; IX – cálculos de liquidação realizados pelo contador do juízo – sobre o valor liquidado: 0,5% (cinco décimos por cento) até o limite de R$ 638,46 (seiscentos e trinta e oito reais e quarenta e seis centavos). [Artigo acrescentado pela Lei 10.537, de 27-8-2002]

Art. 789-B. Os emolumentos serão suportados pelo Requerente, nos peças mediante cópia reprográfica apresentada pelas partes – por folha: R$ 0,55 (cinquenta e cinco centavos de real); II – fotocópia de peças -por folha: R$ 0,28 (vinte e oito centavos de real); III – autenticação de peças – por folha: R$ 0,55 (cinquenta e cinco centavos de real); IV – cartas de sentença, de adjudicação, de remição e de arrematação – por folha: R$ 0,55 (cinquenta e cinco centavos de real); V – certidões – por folha: R$ 5,53 (cinco reais e cinquenta e três centavos). [Artigo acrescentado pela Lei 10.537, de 27-8-2002]

11.3 EFEITOS DO RECURSO

a) *Devolutivo:* particularmente acreditamos que o nome é errado, pois, quando devolvemos algo, entregamos aquilo que já foi dado, o que nesse caso não ocorre, pois o efeito devolutivo do recurso envia ao Tribunal a matéria que foi apreciada em primeira instância para novo exame.

b) *Suspensivo:* suspende a execução.

11.4 EMBARGOS DECLARATÓRIOS (ARTS. 1.022 E SS. DO CPC E 897-A DA CLT)

Art. 897-A. Caberão embargos de declaração da sentença ou acórdão, no prazo de cinco dias, devendo seu julgamento ocorrer na primeira audiência ou sessão subse-

quente a sua apresentação, registrado na certidão, admitido efeito modificativo da decisão nos casos de omissão e contradição no julgado e manifesto equívoco no exame dos pressupostos extrínsecos do recurso. (Incluído pela Lei 9.957, de 2000)

§ 1º Os erros materiais poderão ser corrigidos de ofício ou a requerimento de qualquer das partes. (Redação dada pela Lei 13.015, de 2014)

§ 2º Eventual efeito modificativo dos embargos de declaração somente poderá ocorrer em virtude da correção de vício na decisão embargada e desde que ouvida a parte contrária, no prazo de 5 (cinco) dias. (Incluído pela Lei 13.015, de 2014)

§ 3º Os embargos de declaração interrompem o prazo para interposição de outros recursos, por qualquer das partes, salvo quando intempestivos, irregular a representação da parte ou ausente a sua assinatura.

A sentença tem que ser precisa e conter todos os seus requisitos.

Quando ocorre algum erro material na sentença, o juiz que a proferiu pode, *ex officio*, consertar seu erro.

A Lei 13.015/2014 alterou pouco a semântica dos embargos em questão, somente trazendo para o bojo celetista a interrupção de prazo estabelecida já no art. 1.026 do CPC e destacando a necessidade de intimação da parte contrária no que tange ao efeito modificativo, ou seja, nada mais do que trazendo para um texto legal o que já era previsto na OJ 142 da SDI-1 do TST.

Porém, quando ocorre algum erro na sentença no que diz respeito à obscuridade, omissão ou contradição, o recurso cabível são os embargos declaratórios ou embargos de declaração.

ATENÇÃO!

O prazo para oposição dos embargos declaratórios ou de declaração é de 5 (cinco) dias.

Não há preparo ou custas para esse recurso.

Note-se, portanto, que ele não pode ter como objetivo a reforma da decisão, conquanto isso possa ocorrer como consequência, mas, sim, sanar omissão, obscuridade ou contradição na sentença.

Cabem embargos declaratórios tanto de sentença quanto de acórdão.

O art. 1.026 do CPC dispõe que os embargos interrompem o prazo para recurso.

Os embargos serão opostos perante o mesmo juízo que proferiu a decisão que deu origem aos embargos que o julgará.

No caso do Tribunal, o juiz relator recebe, prepara seu voto e expõe à apreciação da turma.

Será proferida sentença ou acórdão sobre os embargos, que irão lhes dar provimento ou não de suas razões.

Como a CLT não regula integralmente os embargos declaratórios, destacamos, que os dispositivos legais do processo comum acerca do tema estão previstos nos artigos 1.022 ao 1.026 do CPC.

Cabem também referidos embargos quando o juízo de mérito não conhecer do apelo, já que o art. 897-A da CLT destaca o equívoco do juízo nos pressupostos de admissibilidade objetivos do recurso.

11.5 RECURSO ORDINÁRIO (ART. 895 DA CLT)

> *Art. 895.* Cabe recurso ordinário para a instância superior: I – das decisões definitivas das Juntas e Juízos, no prazo de *8 (oito) dias; II – das decisões definitivas dos Tribunais Regionais, em processos de sua competência originária, no prazo de 8 (oito) dias, quer nos dissídios individuais, quer nos dissídios coletivos. § 1º Nas reclamações sujeitas ao procedimento sumaríssimo, o recurso ordinário: [Parágrafo incluído pela Lei 9.957, de 12-1-2000] I – (Vetado). II – será imediatamente distribuído, uma vez recebido no Tribunal, devendo o relator liberá-lo no prazo máximo de dez dias, e a Secretaria do Tribunal ou Turma colocá-lo imediatamente em pauta para julgamento, sem revisor; III – terá parecer oral do representante do Ministério Público presente à sessão de julgamento, se este entender necessário o parecer, com registro na certidão; IV – terá acórdão consistente unicamente na certidão de julgamento, com a indicação suficiente do processo e parte dispositiva, e das razões de decidir do voto prevalente. Se a sentença for confirmada pelos próprios fundamentos, a certidão de julgamento, registrando tal circunstância, servirá de acórdão. § 2º Os Tribunais Regionais, divididos em Turmas, poderão designar Turma para o julgamento dos recursos ordinários interpostos das sentenças prolatadas nas demandas sujeitas ao procedimento sumaríssimo.*

Equivale à apelação no processo civil. É cabível das decisões que põem fim ao processo, quer tenham apreciado o mérito ou não.

No processo do trabalho cabe das decisões das varas e também dos tribunais, quando estes analisarem processos de sua competência originária, salvo quando o TRT julgar HC, pois nesse caso a OJ 156 da SDI-2 do TST destaca o cabimento de novo HC, este para o TST julgar.

ATENÇÃO!

No caso do recurso ordinário (RO), só é recebido no efeito devolutivo e deverá ser interposto no prazo de 8 (oito) dias.

Isso quer dizer que a execução provisória pode ser feita; ela vai até a penhora dos bens que satisfaçam o crédito.

A petição de recurso é endereçada ao juízo que prolatou a sentença, pois este irá verificar se os requisitos de admissibilidade estão cobertos. As razões serão remetidas ao tribunal que julgará o recurso.

11.6 RECURSO DE REVISTA (ART. 896 DA CLT)

> *Art. 896. Cabe Recurso de Revista para Turma do Tribunal Superior do Trabalho das decisões proferidas em grau de recurso ordinário, em dissídio individual, pelos Tribunais Regionais do Trabalho, quando: (Redação dada pela Lei 9.756, de 17.12.1998)*
>
> *a) derem ao mesmo dispositivo de lei federal interpretação diversa da que lhe houver dado outro Tribunal Regional do Trabalho, no seu Pleno ou Turma, ou a Seção de Dissídios Individuais do Tribunal Superior do Trabalho, ou contrariarem súmula de jurisprudência uniforme dessa Corte ou súmula vinculante do Supremo Tribunal Federal; (Redação dada pela Lei 13.015, de 2014)*
>
> *b) derem ao mesmo dispositivo de lei estadual, Convenção Coletiva de Trabalho, Acordo Coletivo, sentença normativa ou regulamento empresarial de observância obrigatória em área territorial que exceda a jurisdição do Tribunal Regional prolator da decisão recorrida, interpretação divergente, na forma da alínea a; (Redação dada pela Lei 9.756, de 17.12.1998)*
>
> *c) proferidas com violação literal de disposição de lei federal ou afronta direta e literal à Constituição Federal. (Redação dada pela Lei 9.756, de 17.12.1998)*
>
> *§ 1º O recurso de revista, dotado de efeito apenas devolutivo, será interposto perante o Presidente do Tribunal Regional do Trabalho, que, por decisão fundamentada, poderá recebê-lo ou denegá-lo. (Redação dada pela Lei 13.015, de 2014)*
>
> *§ 1º-A. Sob pena de não conhecimento, é ônus da parte: (Incluído pela Lei 13.015, de 2014)*
>
> *I – indicar o trecho da decisão recorrida que consubstancia o prequestionamento da controvérsia objeto do recurso de revista; (Incluído pela Lei 13.015, de 2014)*
>
> *II – indicar, de forma explícita e fundamentada, contrariedade a dispositivo de lei, súmula ou orientação jurisprudencial do Tribunal Superior do Trabalho que conflite com a decisão regional; (Incluído pela Lei 13.015, de 2014)*
>
> *III – expor as razões do pedido de reforma, impugnando todos os fundamentos jurídicos da decisão recorrida, inclusive mediante demonstração analítica de cada dispositivo de lei, da Constituição Federal, de súmula ou orientação jurisprudencial cuja contrariedade aponte. (Incluído pela Lei 13.015, de 2014)*
>
> *§ 2º Das decisões proferidas pelos Tribunais Regionais do Trabalho ou por suas Turmas, em execução de sentença, inclusive em processo incidente de embargos de terceiro, não caberá Recurso de Revista, salvo na hipótese de ofensa direta e literal de norma da Constituição Federal. (Redação dada pela Lei 9.756, de 17.12.1998)*

§ 3º Os Tribunais Regionais do Trabalho procederão, obrigatoriamente, à uniformização de sua jurisprudência e aplicarão, nas causas da competência da Justiça do Trabalho, no que couber, o incidente de uniformização de jurisprudência previsto nos termos do Capítulo I do Título IX do Livro I da Lei nº 5.869, de 11 de janeiro de 1973 (Código de Processo Civil). (Redação dada pela Lei 13.015, de 2014)

§ 4º Ao constatar, de ofício ou mediante provocação de qualquer das partes ou do Ministério Público do Trabalho, a existência de decisões atuais e conflitantes no âmbito do mesmo Tribunal Regional do Trabalho sobre o tema objeto de recurso de revista, o Tribunal Superior do Trabalho determinará o retorno dos autos à Corte de origem, a fim de que proceda à uniformização da jurisprudência. (Redação dada pela Lei 13.015, de 2014)

§ 5º A providência a que se refere o § 4o deverá ser determinada pelo Presidente do Tribunal Regional do Trabalho, ao emitir juízo de admissibilidade sobre o recurso de revista, ou pelo Ministro Relator, mediante decisões irrecorríveis. (Redação dada pela Lei 13.015, de 2014)

§ 6º Após o julgamento do incidente a que se refere o § 3o, unicamente a súmula regional ou a tese jurídica prevalecente no Tribunal Regional do Trabalho e não conflitante com súmula ou orientação jurisprudencial do Tribunal Superior do Trabalho servirá como paradigma para viabilizar o conhecimento do recurso de revista, por divergência. (Redação dada pela Lei 13.015, de 2014)

§ 7º A divergência apta a ensejar o recurso de revista deve ser atual, não se considerando como tal a ultrapassada por súmula do Tribunal Superior do Trabalho ou do Supremo Tribunal Federal, ou superada por iterativa e notória jurisprudência do Tribunal Superior do Trabalho. (Incluído pela Lei 13.015, de 2014)

§ 8º Quando o recurso fundar-se em dissenso de julgados, incumbe ao recorrente o ônus de produzir prova da divergência jurisprudencial, mediante certidão, cópia ou citação do repositório de jurisprudência, oficial ou credenciado, inclusive em mídia eletrônica, em que houver sido publicada a decisão divergente, ou ainda pela reprodução de julgado disponível na internet, com indicação da respectiva fonte, mencionando, em qualquer caso, as circunstâncias que identifiquem ou assemelhem os casos confrontados. (Incluído pela Lei 13.015, de 2014)

§ 9º Nas causas sujeitas ao procedimento sumaríssimo, somente será admitido recurso de revista por contrariedade a súmula de jurisprudência uniforme do Tribunal Superior do Trabalho ou a súmula vinculante do Supremo Tribunal Federal e por violação direta da Constituição Federal. (Incluído pela Lei 13.015, de 2014)

§ 10. Cabe recurso de revista por violação a lei federal, por divergência jurisprudencial e por ofensa à Constituição Federal nas execuções fiscais e nas controvérsias da fase de execução que envolvam a Certidão Negativa de Débitos Trabalhistas (CNDT), criada pela Lei nº 12.440, de 7 de julho de 2011. (Incluído pela Lei 13.015, de 2014)

§ 11. Quando o recurso tempestivo contiver defeito formal que não se repute grave, o Tribunal Superior do Trabalho poderá desconsiderar o vício ou mandar saná-lo, julgando o mérito.

§ 12. Da decisão denegatória caberá agravo, no prazo de 8 (oito) dias. (Incluído pela Lei 13.015, de 2014)

§ 13. Dada a relevância da matéria, por iniciativa de um dos membros da Seção Especializada em Dissídios Individuais do Tribunal Superior do Trabalho, aprovada pela maioria dos integrantes da Seção, o julgamento a que se refere o § 3º poderá ser afeto ao Tribunal Pleno. (Incluído pela Lei 13.015, de 2014)

Art. 896-A. O Tribunal Superior do Trabalho, no recurso de revista, examinará previamente se a causa oferece transcendência com relação aos reflexos gerais de natureza econômica, política, social ou jurídica. (Incluído pela Medida Provisória 2.226, de 4.9.2001)

Art. 896-B. Aplicam-se ao recurso de revista, no que couber, as normas da Lei no 5.869, de 11 de janeiro de 1973 (Código de Processo Civil), relativas ao julgamento dos recursos extraordinário e especial repetitivos. (Incluído pela Lei 13.015, de 2014)

Art. 896-C. Quando houver multiplicidade de recursos de revista fundados em idêntica questão de direito, a questão poderá ser afetada à Seção Especializada em Dissídios Individuais ou ao Tribunal Pleno, por decisão da maioria simples de seus membros, mediante requerimento de um dos Ministros que compõem a Seção Especializada, considerando a relevância da matéria ou a existência de entendimentos divergentes entre os Ministros dessa Seção ou das Turmas do Tribunal. (Incluído pela Lei 13.015, de 2014)

§ 1º *O Presidente da Turma ou da Seção Especializada, por indicação dos relatores, afetará um ou mais recursos representativos da controvérsia para julgamento pela Seção Especializada em Dissídios Individuais ou pelo Tribunal Pleno, sob o rito dos recursos repetitivos. (Incluído pela Lei 13.015, de 2014)*

§ 2º *O Presidente da Turma ou da Seção Especializada que afetar processo para julgamento sob o rito dos recursos repetitivos deverá expedir comunicação aos demais Presidentes de Turma ou de Seção Especializada, que poderão afetar outros processos sobre a questão para julgamento conjunto, a fim de conferir ao órgão julgador visão global da questão. (Incluído pela Lei 13.015, de 2014)*

§ 3º *O Presidente do Tribunal Superior do Trabalho oficiará os Presidentes dos Tribunais Regionais do Trabalho para que suspendam os recursos interpostos em casos idênticos aos afetados como recursos repetitivos, até o pronunciamento definitivo do Tribunal Superior do Trabalho. (Incluído pela Lei 13.015, de 2014)*

§ 4º *Caberá ao Presidente do Tribunal de origem admitir um ou mais recursos representativos da controvérsia, os quais serão encaminhados ao Tribunal Superior do Trabalho, ficando suspensos os demais recursos de revista até o pronunciamento definitivo do Tribunal Superior do Trabalho. (Incluído pela Lei 13.015, de 2014)*

§ 5º *O relator no Tribunal Superior do Trabalho poderá determinar a suspensão dos recursos de revista ou de embargos que tenham como objeto controvérsia idêntica à do recurso afetado como repetitivo. (Incluído pela Lei 13.015, de 2014)*

§ 6º *O recurso repetitivo será distribuído a um dos Ministros membros da Seção Especializada ou do Tribunal Pleno e a um Ministro revisor. (Incluído pela Lei nº 13.015, de 2014)*

§ 7º O relator poderá solicitar, aos Tribunais Regionais do Trabalho, informações a respeito da controvérsia, a serem prestadas no prazo de 15 (quinze) dias. (Incluído pela Lei 13.015, de 2014)

§ 8º O relator poderá admitir manifestação de pessoa, órgão ou entidade com interesse na controvérsia, inclusive como assistente simples, na forma da Lei nº 5.869, de 11 de janeiro de 1973 (Código de Processo Civil). (Incluído pela Lei 13.015, de 2014)

§ 9º Recebidas as informações e, se for o caso, após cumprido o disposto no § 7º deste artigo, terá vista o Ministério Público pelo prazo de 15 (quinze) dias. (Incluído pela Lei 13.015, de 2014)

§ 10. Transcorrido o prazo para o Ministério Público e remetida cópia do relatório aos demais Ministros, o processo será incluído em pauta na Seção Especializada ou no Tribunal Pleno, devendo ser julgado com preferência sobre os demais feitos. (Incluído pela Lei 13.015, de 2014)

§ 11. Publicado o acórdão do Tribunal Superior do Trabalho, os recursos de revista sobrestados na origem: (Incluído pela Lei 13.015, de 2014)

I – terão seguimento denegado na hipótese de o acórdão recorrido coincidir com a orientação a respeito da matéria no Tribunal Superior do Trabalho; ou (Incluído pela Lei 13.015, de 2014)

II – serão novamente examinados pelo Tribunal de origem na hipótese de o acórdão recorrido divergir da orientação do Tribunal Superior do Trabalho a respeito da matéria. (Incluído pela Lei 13.015, de 2014)

§ 12. Na hipótese prevista no inciso II do § 11 deste artigo, mantida a decisão divergente pelo Tribunal de origem, far-se-á o exame de admissibilidade do recurso de revista. (Incluído pela Lei 13.015, de 2014)

§ 13. Caso a questão afetada e julgada sob o rito dos recursos repetitivos também contenha questão constitucional, a decisão proferida pelo Tribunal Pleno não obstará o conhecimento de eventuais recursos extraordinários sobre a questão constitucional. (Incluído pela Lei 13.015, de 2014)

§ 14. Aos recursos extraordinários interpostos perante o Tribunal Superior do Trabalho será aplicado o procedimento previsto no art. 543-B da Lei nº 5.869, de 11 de janeiro de 1973 (Código de Processo Civil), cabendo ao Presidente do Tribunal Superior do Trabalho selecionar um ou mais recursos representativos da controvérsia e encaminhá-los ao Supremo Tribunal Federal, sobrestando os demais até o pronunciamento definitivo da Corte, na forma do § 1º do art. 543-B da Lei no 5.869, de 11 de janeiro de 1973 (Código de Processo Civil). (Incluído pela Lei 13.015, de 2014)

§ 15. O Presidente do Tribunal Superior do Trabalho poderá oficiar os Tribunais Regionais do Trabalho e os Presidentes das Turmas e da Seção Especializada do Tribunal para que suspendam os processos idênticos aos selecionados como recursos representativos da controvérsia e encaminhados ao Supremo Tribunal Federal, até o seu pronunciamento definitivo. (Incluído pela Lei 13.015, de 2014)

§ 16. A decisão firmada em recurso repetitivo não será aplicada aos casos em que se demonstrar que a situação de fato ou de direito é distinta das presentes no processo julgado sob o rito dos recursos repetitivos. (Incluído pela Lei 13.015, de 2014)

§ 17. Caberá revisão da decisão firmada em julgamento de recursos repetitivos quando se alterar a situação econômica, social ou jurídica, caso em que será respeitada a segurança jurídica das relações firmadas sob a égide da decisão anterior, podendo o Tribunal Superior do Trabalho modular os efeitos da decisão que a tenha alterado. (Incluído pela Lei 13.015, de 2014)

ATENÇÃO!

Esse recurso não tem como objetivo reanalisar questões de fato. Seu objetivo é a uniformização da jurisprudência, ou seja, só se discutem questões de direito.

O que é jurisprudência?

São os julgados dos Tribunais. Porém, são vários julgados no mesmo sentido. Uma decisão isolada não constitui jurisprudência.

A Lei 9.756/1998 esclarece que a divergência jurisprudencial a ser apontada deve ser de tribunal diferente do que proferiu a decisão guerreada.

Cabe recurso de revista, portanto, das decisões divergentes de súmula e jurisprudência.

Cabe também recurso de revista das decisões que conflitam com acordos ou convenções coletivas. Ou, ainda, daquelas que infringirem dispositivo legal constitucional entre outras hipóteses elencadas no art. 896 da CLT.

Para que isso seja comprovado deve ser juntada cópia ou que sejam transcritos os trechos do acórdão violado (confira-se o § 1.º-A do art. 896).

No sumaríssimo, ele só cabe em divergência de súmula ou de violação à CF/1988.

Será cabível, portanto, do acórdão que julgou o recurso ordinário proferido em dissídios individuais pelo TRT.

Deverá ser endereçado ao Presidente do TRT e as razões encaminhadas ao TST.

ATENÇÃO!

O prazo para interposição é de 8 (oito) dias.

A Lei 13.015/2014 trouxe várias inovações sobre o instituto do recurso de revista, admitindo o apelo, a partir de então, também contra divergência de súmula vinculante do STF, algo que até então não existia, bem como denotando a necessidade dos Tribunais Regionais do Trabalho uniformizarem a sua jurisprudência.

Confira-se quanto a demonstração da divergência jurisprudencial, inclusive por meio da juntada de julgado obtido pela internet:

Súmula 337 do TST: Comprovação de divergência jurisprudencial. Recursos de revista e de embargos (redação alterada pelo Tribunal Pleno em sessão realizada em 16.11.2010, em decorrência da inclusão dos itens III e IV) – Res. 173/2010, DEJT *divulgado em 19, 22 e 23.11.2010. I – Para comprovação da divergência justificadora do recurso, é necessário que o recorrente: a) Junte certidão ou cópia autenticada do acórdão paradigma ou cite a fonte oficial ou o repositório autorizado em que foi publicado; e b) Transcreva, nas razões recursais, as ementas e/ou trechos dos acórdãos trazidos à configuração do dissídio, demonstrando o conflito de teses que justifique o conhecimento do recurso, ainda que os acórdãos já se encontrem nos autos ou venham a ser juntados com o recurso. II – A concessão de registro de publicação como repositório autorizado de jurisprudência do TST torna válidas todas as suas edições anteriores. III – A mera indicação da data de publicação, em fonte oficial, de aresto paradigma é inválida para comprovação de divergência jurisprudencial, nos termos do item I, 'a', desta súmula, quando a parte pretende demonstrar o conflito de teses mediante a transcrição de trechos que integram a fundamentação do acórdão divergente, uma vez que só se publicam o dispositivo e a ementa dos acórdãos. IV – É válida para a comprovação da divergência jurisprudencial justificadora do recurso a indicação de aresto extraído de repositório oficial na internet, desde que o recorrente: a) transcreva o trecho divergente; b) aponte o sítio de onde foi extraído; e c) decline o número do processo, o órgão prolator do acórdão e a data da respectiva publicação no Diário Eletrônico da Justiça do Trabalho.*

Quanto ao Recurso de Revista em execução de sentença, confira-se a Súmula 266 do TST:

Súmula 266 do TST: Recurso de Revista. Admissibilidade. Execução de sentença (mantida) – Res. 121/2003, DJ *19, 20 e 21.11.2003. A admissibilidade do recurso de revista interposto de acórdão proferido em agravo de petição, na liquidação de sentença ou em processo incidente na execução, inclusive os embargos de terceiro, depende de demonstração inequívoca de violência direta à Constituição Federal.*

Ressalte-se, por fim, que para a interposição do referido apelo, nada mudará no tocante a elaboração da peça processual.

11.7 AGRAVO DE INSTRUMENTO (ART. 897, *B*, DA CLT)

Art. 897. Cabe agravo, no prazo de 8 (oito) dias: [Artigo com redação dada pela Lei 8.432, 11.06.1992] a) de petição, das decisões do juiz ou presidente, nas execuções; b) de instrumento, dos despachos que denegarem a interposição de recursos. § 1º O agravo de petição só será recebido quando o agravante delimitar, justificadamente, as matérias e os valores impugnados, permitida a execução imediata da parte remanescente *até o final, nos próprios autos ou por carta de sentença. § 2º O agravo de instrumento interposto contra o despacho que não receber agravo de petição não suspende a execução da sentença. § 3º Na hipótese da alínea a deste artigo, o agravo será julgado pelo próprio tribunal, presidido pela autoridade recorrida, salvo se se tratar de decisão de Juiz do Trabalho de 1ª Instância ou de Juiz de Direito, quando o julgamento competirá a uma das Turmas do Tribunal Regional a que estiver subordinado o prolator da sentença, observado o disposto no art. 679, a quem este remeterá as peças necessárias para o exame da matéria controvertida, em autos apartados, ou nos próprios autos, se tiver sido determinada a extração de carta de sentença. [Parágrafo com redação dada pela Lei 10.035, de 25.10.2000] § 4º Na hipótese da alínea b deste artigo, o agravo será julgado pelo Tribunal que seria competente para conhecer o recurso cuja interposição foi denegada. § 5º Sob pena de não conhecimento, as partes promoverão a formação do instrumento do agravo de modo a possibilitar, caso provido, o imediato julgamento do recurso denegado, instruindo a petição de interposição: [Parágrafo incluso pela Lei 9.756, de 17.12.1998] I – obrigatoriamente, com cópias da decisão agravada, da certidão da respectiva intimação, das procurações outorgadas aos advogados do agravante e do agravado, da petição inicial, da contestação, da decisão originária, do depósito recursal referente ao recurso que se pretende destrancar, da comprovação do recolhimento das custas e do depósito recursal a que se refere o § 7º do art. 899 desta Consolidação [Redação dada pela Lei 12.275, de 29.06.2010]; II – facultativamente, com outras peças que o agravante reputar úteis ao deslinde da matéria de mérito controvertida. § 6º O agravado será intimado para oferecer resposta ao agravo e ao recurso principal, instruindo-a com as peças que considerar necessárias ao julgamento de ambos os recursos. § 7º Provido o agravo, a Turma deliberará sobre o julgamento do recurso principal, observando-se, se for o caso, daí em diante, o procedimento relativo a esse recurso.*

Esse recurso tem efeito absolutamente restrito ao processo do trabalho.

Enquanto no processo civil ele vale para todas as decisões interlocutórias, no processo do trabalho vale somente para as decisões que denegarem seguimento a recurso. Ou seja, qualquer que seja o recurso denegado caberá agravo de instrumento.

O agravo de instrumento é recebido pelo juiz que denegou seguimento ao recurso e julgado pela instância imediatamente superior.

Quando o agravo sobe, *juntamente* deverá ser formado o instrumento, que são as peças necessárias para o correto processamento do agravo, já descritas no dispositivo legal supramencionado. Assim, não podem faltar na peça de interposição do agravo: (a) cópia da decisão agravada; (b) intimação; (c) procurações outorgadas às partes; (d) petição inicial; (e) defesa; (f) decisão inicial; (g) comprovação de depósito recursal e custas.

A Lei 9.756/1998, já reproduzida no item pertinente ao recurso de revista, que acrescentou ao art. 897 os §§ 5º, 6º e 7º, dispôs que, juntamente com o agravo, sobem também as peças necessárias à instrução do recurso denegado, visto que, se provido o agravo, o recurso anteriormente denegado será analisado em seguida.

Sendo assim, o agravado terá que *contraminutar* o agravo e, por medida de cautela, contrarrazoar o recurso denegado.

Quando a parte interpõe agravo, o faz porque teve algum recurso denegado, e seu prazo esgota-se em oito dias. A parte contrária terá então o mesmo prazo para *contraminutar* o agravo, que é o nome dado à resposta ao agravo.

Não havia preparo, nem pagamento de custas para esse recurso, mas a atual redação do § 7º do art. 899 da CLT destaca:

> *§ 7º No ato de interposição do agravo de instrumento, o depósito recursal corresponderá a 50% (cinquenta por cento) do valor do depósito do recurso ao qual se pretende destrancar. [Parágrafo acrescentado pela Lei 12.275, de 29.06.2010]*

Com a Lei 13.015/2014 foi incluído o § 8º no mesmo art. 899 da CLT, que prevê:

> *§ 8º Quando o agravo de instrumento tem a finalidade de destrancar recurso de revista que se insurge contra decisão que contraria a jurisprudência uniforme do Tribunal Superior do Trabalho, consubstanciada nas suas súmulas ou em orientação jurisprudencial, não haverá obrigatoriedade de se efetuar o depósito referido no § 7º deste artigo.*

Assim, quando o agravo se destina a destrancar recurso de revista não haverá mais necessidade de se comprovar depósito recursal, desde que a divergência suscitada no apelo seja de jurisprudência do TST, Súmula ou OJ.

11.8 EMBARGOS NO TST

O art. 894 da CLT foi alterado pela Lei 11.496/2007, que já havia sido alterada pela Lei 7.701/1988, suprimindo os embargos infringentes, divergentes e de nulidade. Dessa forma, temos somente um tipo de embargos no TST. Por sua vez, a Lei 13.015/2014 alterou a redação do citado artigo, que agora apresenta a seguinte redação:

> *Art. 894. No Tribunal Superior do Trabalho cabem embargos, no prazo de 8 (oito) dias: (Redação dada pela Lei 11.496, de 2007)*
>
> *I – de decisão não unânime de julgamento que: (Incluído pela Lei 11.496, de 2007)*
>
> *a) conciliar, julgar ou homologar conciliação em dissídios coletivos que excedam a competência territorial dos Tribunais Regionais do Trabalho e estender ou rever as*

sentenças normativas do Tribunal Superior do Trabalho, nos casos previstos em lei; e (Incluído pela Lei 11.496, de 2007)

b) (Vetado)

II – das decisões das Turmas que divergirem entre si ou das decisões proferidas pela Seção de Dissídios Individuais, ou contrárias a súmula ou orientação jurisprudencial do Tribunal Superior do Trabalho ou súmula vinculante do Supremo Tribunal Federal. (Redação dada pela Lei 13.015, de 2014)

Parágrafo único. (Revogado) (Incluído pela Lei 13.015, de 2014)

§ 2º A divergência apta a ensejar os embargos deve ser atual, não se considerando tal a ultrapassada por súmula do Tribunal Superior do Trabalho ou do Supremo Tribunal Federal, ou superada por iterativa e notória jurisprudência do Tribunal Superior do Trabalho. (Incluído pela Lei 13.015, de 2014)

§ 3º O Ministro Relator denegará seguimento aos embargos: (Incluído pela Lei 13.015, de 2014)

I – se a decisão recorrida estiver em consonância com súmula da jurisprudência do Tribunal Superior do Trabalho ou do Supremo Tribunal Federal, ou com iterativa, notória e atual jurisprudência do Tribunal Superior do Trabalho, cumprindo-lhe indicá-la; (Incluído pela Lei 13.015, de 2014)

II – nas hipóteses de intempestividade, deserção, irregularidade de representação ou de ausência de qualquer outro pressuposto extrínseco de admissibilidade. (Incluído pela Lei 13.015, de 2014)

§ 4º Da decisão denegatória dos embargos caberá agravo, no prazo de 8 (oito) dias. *(Incluído pela Lei 13.015, de 2014)*

ATENÇÃO!

É de oito dias o prazo para interpor embargos; contra-arrazoá-los; ou recorrer por meio de agravo da decisão denegatória dos embargos.

A Lei 13.015/2014 igualmente trouxe aos embargos no TST a possibilidade de sua interposição por contrariedade a súmula vinculante do STF, tornando evidente, no atual § 4º do art. 894, que em caso de denegação deste recurso o agravo cabível será o regimental, fato este até então somente previsto no regulamento interno do TST.

11.9 AGRAVO REGIMENTAL

O agravo regimental está previsto no art. 709, § 1º, da CLT e também na Lei 7.701/1988, art. 2º, II, *d* e 3º, III, *c*. Além disso é um recurso previsto na generalidade dos regimentos internos dos tribunais e são os regimentos que esmiúçam a matéria, estabelecendo requisitos gerais, pressupostos, prazos etc.

No âmbito do TST, temos o regimento interno desta Corte (Resolução 1.295, de 2008 e alterações subsequentes) estipulando, por exemplo, o prazo de 8 dias para o agravo regimental, e demais aspectos desse recurso no art. 235.

11.10 RECURSO DE REVISÃO

Também chamado de pedido de revisão, é pouco usado e ocorre quando a inicial não contém valor dado à causa e o juiz o fixar.

Se uma das partes não concordar com esse valor, poderá impugná-lo em audiência. Porém, na eventualidade de o juiz manter o valor fixado, caberá o recurso de revisão.

Criado pela Lei 5.584/1970, será endereçado e encaminhado diretamente ao presidente do TRT.

ATENÇÃO!

Deve ser interposto em 48 horas da decisão do juiz, com cópia da inicial e da ata de audiência, e deverá ser julgado, também, em 48 horas.

11.11 RECURSO EXTRAORDINÁRIO

O Supremo Tribunal Federal é o órgão máximo do Poder Judiciário. É a última instância.

Assim, em todas as ocasiões em que as decisões de outros tribunais contrariarem dispositivo constitucional, caberá recurso extraordinário, previsto no art. 102, III, *a*, *b* e *c* da CF/1988. É a última instância.

Previsto no art. 102, III, *a*, *b* e *c*, da CF/1988.

Devemos lembrar que não se pode suprimir instância, devendo-se subir exatamente os degraus que a lei dispõe para o cabimento dos recursos.

ATENÇÃO!

O prazo é de 15 (quinze) dias, como previsto na CF/1988, e será endereçado ao TST e encaminhado ao STF para julgamento.

Denegado seguimento, cabe agravo, pois esse recurso não será examinado pelo TST, mas sim pelo Supremo.

11.12 RECURSO ADESIVO

Previsto no art. 997 do CPC, ocorre quando a ação for procedente em parte.

A parte vencida propõe o recurso cabível e a outra parte, que também não teve procedência total da ação, interpõe recurso adesivo.

É um recurso subordinado ao principal, ou seja, não pode haver o adesivo sem o recurso principal.

A Súmula 283 do TST assim o admite.

Se o recurso principal for denegado, ou em sua desistência, o adesivo restará prejudicado.

O art. 998 do CPC dispõe que o recorrente, a qualquer momento, sem a anuência do recorrido, poderá desistir do recurso.

Sendo assim, quando se tratar de matéria relevante, deve-se interpor o recurso adequado.

12 Execução

Transitada em julgado a decisão do juiz (sentença definitiva), ou interpondo um recurso cujo efeito seja somente o devolutivo (maioria), tem início a execução, que é o conjunto de atos a tornarem eficaz o julgado.

Para iniciar a execução provisória, é necessária a carta de sentença. Esse tipo de execução só vai até a fase de penhora (quando há a interposição de recurso).

Para que a sentença enseje a execução definitiva, são necessários dois elementos: (a) trânsito em julgado; (b) liquidez.

É preciso então que dessa sentença não caiba mais recurso e que seja líquida, ou seja, que tenha quantia certa, o que é muito difícil no nosso processo.

O procedimento pré-executório está estabelecido no art. 879 da CLT:

> *Art. 879. Sendo ilíquida a sentença exequenda, ordenar-se-á, previamente, a sua liquidação, que poderá ser feita por cálculo, por arbitramento ou por artigos. § 1º Na liquidação, não se poderá modificar, ou inovar, a sentença liquidanda, nem discutir matéria pertinente à causa principal. § 1º-A. A liquidação abrangerá, também, o cálculo das contribuições previdenciárias devidas. [Acrescentado pela Lei 10.035/2000] § 1º-B As partes deverão ser previamente intimadas para a apresentação do cálculo de liquidação, inclusive da contribuição previdenciária incidente. [Acrescentado pela Lei 10.035/2000] § 2º Elaborada a conta e tomada líquida, o juiz poderá abrir às partes prazo sucessivo de 10 (dez) dias para impugnação fundamentada com a indicação dos itens e valores objeto da discordância, sob pena de preclusão. § 3º Elaborada a conta pela parte ou pelos órgãos auxiliares da Justiça do Trabalho, o juiz procederá à intimação da União para manifestação, no*

prazo de 10 (dez) dias, sob pena de preclusão. [Acrescentado pela Lei 10.035/2000 e alterado pela Lei 11.457/2007] § 4º A atualização do crédito devido à Previdência Social observará os critérios estabelecidos na legislação previdenciária. [Acrescentado pela Lei 10.035/2000] § 5º O Ministro de Estado da Fazenda poderá, mediante ato fundamentado, dispensar a manifestação da União quando o valor total das verbas que integram o salário de contribuição, na forma do art. 28 da Lei nº 8.212, de 24 de julho de 1991, ocasionar perda de escala decorrente da atuação do órgão jurídico. [Acrescentado pela Lei 11.457/2007] § 6º Tratando-se de cálculos de liquidação complexos, o juiz poderá nomear perito para a elaboração e fixará, depois da conclusão do trabalho, o valor dos respectivos honorários com observância, entre outros, dos critérios de razoabilidade e proporcionalidade. [Acrescentado pela Lei 12.405/2011]

12.1 EMBARGOS À EXECUÇÃO

Fixado o valor da condenação, só é lícito ao executado impugnar por meios de embargos à execução (art. 884, § 3º, da CLT). Contudo, para que o executado possa se valer dos embargos é necessário que este garanta a execução, ou tenham sido penhorados seus bens.

ATENÇÃO!

O prazo para oposição dos embargos à execução é de 30 (trinta) dias (art. 1º da Lei 9.494/1997), contados da penhora ou da garantia do juízo.

Note que isso não é recurso, mas sim, uma ação do executado em face do exequente, que objetiva impugnar o cálculo julgado.

A matéria a ser discutida nos embargos limita-se àquelas previstas no art. 884, § 1º, da CLT.

Sendo assim, podem ocorrer duas hipóteses na homologação dos cálculos pelo juiz: (a) o executado, inconformado com a sentença, poderá impugná-la nos embargos à execução; (b) o exequente pode também não se conformar com a sentença da liquidação, mas não por meio de embargos, somente podendo fazê-lo mediante impugnação à sentença de liquidação.

Dessa sentença caberá *agravo de petição.*

12.2 AGRAVO DE PETIÇÃO (ART. 897, A, DA CLT)

É o recurso próprio para ser interposto diante das decisões dos juízes nas execuções.

Deve ser interposto em oito dias e pode ser recebido no efeito suspensivo, além do devolutivo. Deve ser interposto na vara e será julgado pelo TRT.

Havendo a penhora pelo juízo, ocorrem as seguintes hipóteses:

12.2.1 Arrematação

É a transferência dos bens penhorados a terceiros mediante pagamento em dinheiro, para ulterior satisfação do exequente.

Será feita por meio de praça ou leilão, que serão marcados em edital e realizados na própria Vara, quando um servidor pronunciará em voz alta os bens. Estes serão vendidos pela melhor oferta do arrematante que, após seu lance aceito, deverá garantir a compra com sinal de pelo menos 20%, completando o preço em 24 horas, sob pena de perda do sinal.

12.2.2 Adjudicação

Distingue-se da arrematação, pois o adquirente dos bens penhorados é o próprio exequente, ou seja, o próprio reclamante fica com os bens.

12.2.3 Remição

A qualquer tempo, mas antes da arrematação, poderá o executado remir seus bens pagando o total do débito com encargos, ou seja, o reclamado paga a dívida, recuperando seus bens.

Se o devedor julgar necessário, poderá opor embargos à arrematação e à adjudicação, demonstrando alguma fraude nesses procedimentos. Desta sentença caberá ainda *agravo de petição.*

Quando a penhora recair sobre bens não pertencentes ao executado caberão *embargos de terceiros.* O prazo desses embargos de terceiro é de cinco dias da arrematação, adjudicação ou remição. São distribuídos por dependência ao juízo do processo e julgados lá mesmo, pois se trata de ação e não de recurso. Podem ser liminarmente acolhidos. O embargado terá dez dias para contestar esses embargos.

ATENÇÃO!

Cabe recurso desses embargos de terceiro? Sim, novamente o *agravo de petição.*

13 Procedimento Sumaríssimo (Lei 9.957/2000)

A Lei 9.957/2000 aditou à CLT a "Seção II-A – Do Procedimento Sumaríssimo" (arts. 852-A a 852-I). Os principais requisitos desse procedimento são:

a) só cabe em dissídios individuais;
b) o valor dado à causa deverá alcançar até 40 salários mínimos;
c) pedido certo e determinado;
d) pedido líquido;
e) testemunhas em número máximo de duas para cada parte;
f) está excluída a citação por edital; e
g) a sentença não precisará conter relatório.

13.1 DO PROCEDIMENTO SUMARÍSSIMO

Art. 852-A. Os dissídios individuais cujo valor não exceda a quarenta vezes o salário mínimo vigente na data do ajuizamento da reclamação ficam submetidos ao procedimento sumaríssimo. Parágrafo único. Estão excluídas do procedimento sumaríssimo as demandas em que é parte a Administração Pública direta, autárquica e fundacional.

Art. 852-B. Nas reclamações enquadradas no procedimento sumaríssimo: I – o pedido deverá ser certo ou determinado e indicará o valor correspondente; II – não se fará citação por edital, incumbindo ao autor a correta indicação do nome e endereço do reclamado; III – a apreciação da reclamação deverá ocorrer no prazo máximo de quinze dias do seu ajuizamento, podendo constar de pauta especial, se necessário, de acordo com o movimento judiciário da Junta de Conciliação e Julgamento. § 1º O não atendimento, pelo reclamante, do disposto nos incisos I e II deste artigo importará no arquivamento da reclamação e condenação ao pagamento de custas sobre o valor da causa. § 2º As partes e advogados comunicarão ao juízo as mudanças de endereço ocorridas no curso do processo, reputando-se eficazes as intimações enviadas ao local anteriormente indicado, na ausência de comunicação.

Art. 852-C. As demandas sujeitas a rito sumaríssimo serão instruídas e julgadas em audiência única, sob a direção de juiz presidente ou substituto, que poderá ser convocado para atuar simultaneamente com o titular.

Art. 852-D. O juiz dirigirá o processo com liberdade para determinar as provas a serem produzidas, considerado o ônus probatório de cada litigante, podendo limitar ou excluir as que considerar excessivas, impertinentes ou protelatórios, bem como para apreciá-las e dar especial valor às regras de *experiência comum ou técnica.*

Art. 852-E. Aberta a sessão, o juiz esclarecerá as partes presentes sobre as vantagens da conciliação e usará os meios adequados de persuasão para a solução conciliatória do litígio, em qualquer fase da audiência.

Art. 852-F. Na ata de audiência serão registrados resumidamente os atos essenciais, as afirmações fundamentais das partes e as informações úteis à solução da causa trazidas pela prova testemunhal.

Art. 852-G. Serão decididos, de plano, todos os incidentes e exceções que possam interferir no prosseguimento da audiência e do processo. As demais questões serão decididas na sentença.

Art. 852-H. Todas as provas serão produzidas na audiência de instrução e julgamento, ainda que não requeridas previamente. § 1º Sobre os documentos apresentados por uma das partes manifestar-se-á imediatamente a parte contrária, sem interrupção da audiência, salvo absoluta impossibilidade, a critério do juiz. § 2º As testemunhas, até o máximo de duas para cada parte, comparecerão à audiência de instrução e julgamento independentemente de intimação. § 3º Só será deferida intimação de testemunha que, comprovadamente convidada, deixar de comparecer. Não comparecendo a testemunha intimada, o juiz poderá determinar sua imediata condução coercitiva. § 4º Somente quando a prova do fato o exigir, ou for legalmente imposta, será deferida prova técnica, incumbindo ao juiz, desde logo, fixar o prazo, o objeto da perícia e nomear perito. § 5º (Vetado.) § 6º As Partes serão intimadas a manifestar-se sobre o laudo, no prazo comum de cinco dias. § 7º Interrompida a audiência, o seu prosseguimento e a solução do processo dar-se-ão no prazo máximo de trinta dias, salvo motivo relevante justificado nos autos pelo juiz da causa.

Art. 852-I. A sentença mencionará os elementos de convicção do juízo, com resumo dos fatos relevantes ocorridos em audiência, dispensado o relatório. § 1º O juízo adotará em cada caso a decisão que reputar mais justa e equânime, atendendo aos fins sociais da lei e as exigências do bem comum. § 2º (Vetado.) § 3º As partes serão intimadas da sentença na própria audiência em que prolatada.

14 Comissões de Conciliação Prévia

A Lei 9.958/2000 acrescentou à CLT o "Título VI-A – Das Comissões de Conciliação Prévia" (arts. 625-A a 625-H).

Art. 625-A. As empresas e os sindicatos podem instituir as Comissões (...).

E o art. 625-D continua:

(...) qualquer demanda de natureza trabalhista será submetida à Comissão (...).

14.1 PROVOCAÇÃO DA COMISSÃO

A demanda pode ser verbal ou escrita. Se verbal, será reduzida a termo.

A reclamação por escrito não se submete aos requisitos do art. 840 da CLT (petição inicial).

A legislação não prevê a presença de advogado, ou seja, o próprio trabalhador pode provocar a comissão *(jus postulandi).*

ATENÇÃO!

Formulada a reclamação, a comissão tem 10 (dez) dias para marcar a sessão.

Se feito o acordo, lavra-se termo que deverá ser assinado pelas partes.

Se o acordo não tiver ressalvas, o empregado nada mais pode reclamar na Justiça do Trabalho; caso tenha, pode reclamar somente em relação às ressalvas.

Não havendo acordo, a comissão fornecerá certidão de tentativa frustrada de conciliação. Frise-se que o STF, por meio das ADIs 2.139-7 e 2.160-5, em medida cautelar, declarou inconstitucional a obrigatoriedade de passagem do empregado pela CCP, razão pela qual poderá ingressar direto com a ação trabalhista, mencionando tal fato preliminarmente na petição inicial.

15

Título Executivo Extrajudicial

Até pouquíssimo tempo, não tínhamos título executivo extrajudicial na Justiça do Trabalho.

Somente podíamos executar a sentença (judicial). Hoje, é possível executar duas espécies de títulos: um deles é a certidão de acordo da comissão de conciliação prévia (CCP), executável nas varas do Trabalho. O outro é o termo de ajuste de conduta (TAC). Ex.: a empresa que polui o meio ambiente firma um acordo com o Ministério Público do Trabalho para eliminar esses agentes. Esse acordo tem multa cominatória executável na Justiça do Trabalho.

Parte II

Modelos De Peças Práticas

1 Petição Inicial

Observação: consulte as considerações sobre a Petição Inicial no Capítulo 7 da Parte I.

1.1 QUESTÃO PRÁTICA 1

"A", empregado de "B", tendo sido admitido em 15.03.1996, não vinha recebendo salários há 3 (três) meses, além de a empresa "B" não ter efetuado o registro em sua CTPS.

Questão: Como advogado de "A", propor reclamação trabalhista. (Em regra, não há ordem para a elaboração dos pedidos, salvo quando houver necessidade de se requerer vínculo empregatício, que é o caso, pois o restante dos pedidos depende do reconhecimento do contrato de emprego).

1.1.1 Modelo esquemático de petição inicial 1

EXCELENTÍSSIMO SENHOR DOUTOR JUIZ DA VARA DO TRABALHO DE _____.

(Espaço de cinco linhas)

"A", nacionalidade, estado civil, profissão, nome da mãe, data de nascimento, portador do documento de identidade Registro Geral (RG) n° _____, inscrito no Cadastro de Pessoas Físicas (CPF) sob o n° _____, número e série da CTPS, número do PIS, endereço completo com CEP, endereço eletrônico, por seu advogado que esta subscreve, vem à presença de Vossa Excelência, com fulcro nos arts. 840 da CLT e 319 do CPC, propor a presente

RECLAMAÇÃO TRABALHISTA

pelo rito ordinário, em face de "B", inscrita no Cadastro Nacional de Pessoas Jurídicas (CNPJ) sob o nº _____, endereço completo com CEP, pelos motivos de fato e de direito a seguir expostos:

DA COMISSÃO DE CONCILIAÇÃO PRÉVIA

Cumpre ressaltar inicialmente que o STF, por meio das ADIs 2139-7 e 2160-5, declarou inconstitucional a obrigatoriedade da passagem do empregado pela Comissão de Conciliação Prévia, motivo pelo qual acessa o autor diretamente a via judiciária, nos termos do art. 625-D, § 3º, da CLT.

DO CONTRATO DE TRABALHO

O reclamante iniciou suas atividades laborativas para a reclamada em 15.03.1996, exercendo as funções de____, trabalhando sempre das _____ às _____horas, de _____ a _____. Percebe atualmente a importância de R$ _____, por _____.

DO RECONHECIMENTO DO VÍNCULO DE EMPREGO

Conquanto sempre tenha laborado com pessoalidade, habitualidade, subordinação e onerosidade, cumprindo, assim, todas as exigências do art. 3º da CLT, jamais obteve, o autor, o registro em sua CTPS, descumprindo assim, o reclamado, a exigência trazida pelo art. 29 do Diploma Legal Consolidado.

Dessa forma, requer o reconhecimento do vínculo de emprego do obreiro, com o consequente pagamento dos depósitos fundiários e previdenciários, na forma da lei.

DA RESCISÃO INDIRETA DO CONTRATO DE TRABALHO

O peticionário sempre cumpriu com todas as exigências e deveres de sua relação de emprego. Mesmo assim, não vem recebendo seus salários há três meses.

Tal fato é extremamente grave, pois essa é a principal obrigação do empregador para com o empregado no contrato de trabalho, visto o caráter eminentemente social do direito do trabalho.

Por isso, com base no art. 483, d, da CLT, bem como do Decreto-Lei 368/68, requer a rescisão do contrato de trabalho, com o consequente pagamento das verbas rescisórias, entre as quais destacamos: aviso prévio indenizado, saldo de salário, incluindo os três meses de salários em atraso, 13º proporcional, férias proporcionais + 1/3 e multa de 40% sobre o FGTS.

DA MULTA DO ART. 467 DA CLT

Em razão de tratar-se claramente de verbas incontroversas, requer também seu pagamento na audiência inaugural, sob pena de ser acrescida de 50% nos termos do dispositivo legal citado.

DO PEDIDO

Pelo exposto, pleiteia:

a) reconhecimento do vínculo empregatício – inestimável;

b) rescisão indireta do contrato de trabalho - inestimável;

c) verbas rescisórias já descritas - a apurar;

d) multa do art. 467 da CLT - a apurar;

e) entrega de guias SD e TRCT - inestimável.

DAS PROVAS

Protesta provar o alegado por todos os meios de provas admitidos em direito, especialmente pelo depoimento pessoal do reclamado, oitiva de testemunhas, sem prejuízo de outras provas eventualmente cabíveis.

DA NOTIFICAÇÃO

Requer, por fim, a notificação da reclamada para que conteste os itens supra arguidos, sob pena de serem admitidos como verdadeiros, o que, por certo, ao final restará comprovado, com a consequente declaração da TOTAL PROCEDÊNCIA DOS PEDIDOS.

DO VALOR DA CAUSA

Dá-se à causa o valor de R$ _____.

Nesses termos,

Pede deferimento.

Local e data.

Nome e assinatura do advogado.

OAB nº _____.

1.2 QUESTÃO PRÁTICA 2

Herbrarium, brasileiro, casado, balconista, portador da CTPS 54621, série 00020-SC, residente na cidade de Camboriú, à Rua Zero, nº 1, Centro, compareceu em seu escritório na cidade de Balneário Camboriú no dia 10 de setembro de 2007 e informou o seguinte:

Laborou para Cricri Comércio Ltda. com endereço à Rua 2, nº 2, Centro, na cidade de Itajaí, sendo admitido em 1º de dezembro de 2000, tendo a sua CTPS anotada em data de 1º de março de 2001, exercendo sempre a função de balconista, percebendo como último salário o valor de R$ 500,00 por mês.

Foi despedido por justa causa em 6 de agosto de 2007. A partir de janeiro de 2004, o autor passou a receber comissões de 3% sobre suas vendas. Essas comissões correspondiam à metade de seu salário, ou seja, estava percebendo no último mês R$ 250,00 de comissões, valor este que jamais foi pago e sua folha de pagamento, ou seja, sempre foi pago de modo informal através de depósito em sua conta corrente. A partir de janeiro de 2005, a empresa construiu um refeitório e fornecia diariamente almoço aos seus empregados, valor que jamais integrou a folha de pagamento do autor. A empresa até hoje não efetuou sua inscrição no PAT. Durante todo o contrato, seu horário era das 8 até as 12 horas e das 12h30 até as 19 horas, sem trabalhar aos sábados. O horário sempre foi registrado no cartão de ponto, jamais assinado qualquer acordo de prorrogação. Jamais recebeu qualquer hora extra. Em 6 de agosto de 2007, após uma festa na empresa que ocorreu no dia 4 de agosto, o autor foi demitido por justa causa em razão de ter ingerido grande quantidade de álcool. No dia 17 de agosto de 2007, recebeu suas verbas rescisórias apenas com saldo salarial. Após receber as verbas rescisórias o obreiro foi até a Caixa Econômica Federal e pegou um extrato, no qual não constavam os depósitos do FGTS do ano de 2001.

Questão: Com base nos dados acima, você, como advogado do sindicato da categoria do empregado, deve apresentar a peça processual competente pelo rito ordinário em favor do ex-empregado, pleiteando todas as verbas não quitadas, com indicação da legislação, súmulas e/ou orientações jurisprudenciais da SDI do TST. No presente caso não existe Comissão de Conciliação Prévia. Cada pedido deverá ter a respectiva fundamentação legal.

1.2.1 Modelo esquemático de petição inicial 2

EXCELENTÍSSIMO SENHOR DOUTOR JUIZ DA ____VARA DO TRABALHO DE ITAJAÍ/SC.

(Espaço de cinco linhas)

HERBRARIUM, brasileiro, casado, balconista, nome da mãe, data de nascimento, portador do documento de identidade Registro Geral (RG) nº ______, inscrito no Cadastro de Pessoas Físicas (CPF) sob o nº _____, nº do PIS, CTPS nº 54621, série 00020-SC, residente na cidade de Camboriú, na rua Zero, nº 1, Centro, CEP, endereço eletrônico, por seu advogado que esta subscreve, vem à presença de Vossa Excelência, com fulcro nos arts. 840 da CLT e 319 do CPC, propor a presente

RECLAMAÇÃO TRABALHISTA

pelo rito ordinário, em face de CRICRI COMÉRCIO LTDA., inscrita no Cadastro Nacional de Pessoas Jurídicas (CNPJ) sob o nº _____, situada na rua 2, nº 2, Centro, Itajaí, CEP, pelos motivos de fato e direito a seguir expostos:

DA COMISSÃO DE CONCILIAÇÃO PRÉVIA

Cumpre ressaltar inicialmente que o STF, por meio das ADIs 2139-7 e 2160-5, declarou inconstitucional a obrigatoriedade da passagem do empregado pela Comissão de Conciliação Prévia, motivo pelo qual acessa o autor diretamente a via judiciária, nos termos do art. 625-D, § 3º, da CLT.

DO CONTRATO DE TRABALHO

O reclamante iniciou suas atividades laborativas na reclamada em 01.12.2000 exercendo sempre as funções de balconista, trabalhando das 8 às 12 horas e das 12h30 às 19 horas, de segunda a sexta. Foi despedido por justa causa em 06.08.2007, quando então percebia o salário de R$ 500,00, juntamente com o valor de R$ 250,00 referente a comissões.

DO VÍNCULO DE EMPREGO INICIAL

Como mencionado, o reclamante foi contratado em 01.12.2000, trabalhando sempre com pessoalidade, habitualidade, subordinação e onerosidade, cumprindo, assim, com todos os requisitos exigidos pelo art. 3° da CLT.

Ainda assim, somente foi registrado no dia 01.03.2001, o que deixa clara a fraude inicial ocorrida no primeiro período do contrato de trabalho.

Dessa forma, faz jus o autor ao reconhecimento do vínculo empregatício e consequente anotação na carteira de trabalho do período acima descrito, devendo igualmente a reclamada recolher o FGTS e INSS pertinentes.

DAS COMISSÕES

A partir de janeiro de 2004, o reclamante passou a receber comissões pelas vendas efetuadas no importe de 3%.

Todavia, ainda que referidas comissões correspondessem exatamente à metade de seu salário, e tenham sido pagas como habitualidade face, inclusive, ao seu inegável caráter salarial, jamais integrou sua folha de pagamento, como determina o § 1° do art. 457 da CLT.

Dessa forma, requer, o peticionário, a integração de suas comissões em seu salário, com os devidos reflexos nas verbas contratuais (13° salário, férias + 1/3 e FGTS), bem como nas rescisórias que abaixo serão requeridas.

DAS HORAS EXTRAS

Como descrito no item pertinente ao contrato de trabalho, o reclamante sempre laborou das 8 às 12 horas e das 12h30 às 19 horas, de segunda a sexta-feira, horário este sempre anotado no cartão de ponto.

Referida carga horária é excessiva por vários pontos:

Primeiro, porque o intervalo intrajornada de uma hora, no mínimo, estabelecido no art. 71 da CLT para os empregados que trabalham acima de seis horas, nunca foi observado, já que o obreiro somente usufruía de 30 minutos.

Por isso, não há como negar ao autor o direito a uma hora extra decorrente da não concessão do intervalo nos termos do art. 71, § 4°, da CLT, bem como da Súmula 437, I, TST que, por serem habituais, devem integrar as verbas contratuais já descritas e as rescisórias abaixo destacadas, nos termos da Súmula 437, II, TST.

Segundo, em razão de que sua jornada de trabalho ultrapassava o limite de oito horas diárias estabelecido no art. 7°, XIII, da CF/1988, pelo que pretende, nos termos do art. 59 da CLT, o pagamento de mais duas horas extras diárias com os devidos reflexos nas verbas contratuais e rescisórias abaixo descritas.

PAT

O reclamante sempre usufruiu de almoço fornecido pela empresa, deixando claro que a reclamada jamais fez sua inscrição no Programa de Alimentação ao Trabalhador, razão pela qual, conforme OJ 133 da SDI-1 do TST, configura remuneração do empregado, o que desde já se requer com seus reflexos nas verbas contratuais e rescisórias já apontadas.

DA JUSTA CAUSA

No dia 04.08.2007 o reclamante, ao participar de uma festa da empresa, ingeriu grande quantidade de álcool e, por isso, no dia 06 de agosto desse ano foi demitido por justa causa.

Tal demissão, porém, não merece prosperar, já que não há como configurar um ato como sendo faltoso havendo anuência do empregador que, repita-se, organizou a festa em que ocorreu a suposta falta grave, não havendo que se falar em aplicação e configuração do art. 482, f, da CLT.

Portanto, requer a reversão da demissão por justa causa, com o consequente pagamento das verbas rescisórias (aviso prévio, 13a proporcional, férias proporcionais + 1/3 e multa de 40% sobre o FGTS), juntamente com a entrega de guias para levantamento dos depósitos fundiários.

DA MULTA DO ART. 477, § 8°, DA CLT

O autor, como já alertado, foi demitido em 06 de agosto de 2007, tendo recebido suas verbas rescisórias somente no dia 17 de agosto, ou seja, após o prazo de 10 dias estabelecido no § 6° do art. 477 da CLT, não observando, assim, o quanto disposto na OJ 162 da SDI-1 do TST, pelo que pleiteia a penalidade prevista no § 8° do dispositivo legal citado.

DO FGTS

Após diligenciar à Caixa Econômica Federal, constatou o demandante, por meio de extrato, que os depósitos fundiários pertinentes ao ano de 2001 não ocorreram, razão pela qual postula sua regularização, lembrando que não há que se falar em prescrição em razão do que dispõe a Súmula 362, II, do TST. Por oportuno, veja-se que como o cancelamento da OJ 301 da SDI-1, entende-se que o ônus da prova quanto à regularidade dos depósitos do FGTS passou a ser do empregador, já que possui evidente aptidão para a produção prova.

DA JUSTIÇA GRATUITA

O reclamante pleiteia, por fim, a concessão das benesses da justiça gratuita já que não tem condições de arcar com as custas e despesas processuais sem o comprometimento de seu sustento e de sua família, pelo que requer os benefícios da justiça gratuita nos termos do art. 790, § 3°, da CLT, OJ 304 da SDI-1 do TST e art. 98 e seguintes do CPC.

DOS HONORÁRIOS ADVOCATÍCIOS

Estando o reclamante assistido por advogado de sindicato de classe e comprovando perceber salário inferior ao dobro do mínimo legal, requer, por fim, honorários advocatícios no importe de 20%, nos termos da Súmula 219 do TST.

DO PEDIDO

Pelo exposto, pleiteia:

a) reconhecimento do vínculo inicial - inestimável;

b) integração das comissões - a apurar;

c) 2 horas extras - a apurar;

d) reflexo das horas extras nas verbas contratuais já descritas - a apurar;

e) reflexo das horas extras nas verbas rescisórias já descritas - a apurar;

f) 1 horas extra diária decorrente da violação dos intervalos - a apurar;

g) reflexos das horas extras nas verbas contratuais já descritas - a apurar;

h) reflexos das horas extras nas verbas rescisórias já descritas - apurar;

i) reflexos do PAT nas verbas contratuais - a apurar;

j) reflexo do PAT nas verbas rescisórias - a apurar;

k) reversão da justa causa e pagamento das verbas rescisórias já descritas - a apurar;

l) entrega das guias termo de rescisão de contrato de trabalho (TRCT - Termo de Rescisão do Contrato de Trabalho) e SD - Seguro Desemprego - inestimável;

m) multa do art. 477 da CLT - a apurar;

n) depósitos do FGTS - a apurar;

o) justiça gratuita - inestimável;

p) honorários advocatícios - a apurar.

DAS PROVAS

Protesta provar o alegado por todos os meios de provas em direito admitidos, especialmente pelo depoimento pessoal da reclamada, oitava de testemunhas, sem prejuízo de outras provas eventualmente cabíveis.

DA NOTIFICAÇÃO

Requer, por fim, a notificação do reclamado para que conteste os itens supra arguidos, sob pena de serem admitidos como verdadeiros, o que, por certo, ao final restará comprovado, com a consequente declaração de TOTAL PROCEDÊNCIA DOS PEDIDOS.

DO VALOR DA CAUSA

Dá-se à presente causa o valor de R$ _____.

Nesses termos,

Pede deferimento.

Local e data.

Advogado - assinatura.

OAB nº _____

1.3 QUESTÃO PRÁTICA 3

Ana foi admitida na empresa Delta, no dia 1º de julho de 2004, para exercer as funções de assistente administrativo, recebendo um salário mensal de R$ 1.200,00. Apesar de todo o zelo profissional que Ana emprega ao desenvolver suas funções, a proprietária da empresa Delta, senhora Maria, em diversas situações acusa-a de ser incapaz, chamando-a de burra e incompetente.

Tais acusações são feitas em alta voz e na presença de outros empregados e de clientes da empresa. Inicialmente, Ana, com receio de perder o emprego, desconsiderou as ofensas, mas elas se intensificaram. Ana já não suporta, mas não quer simplesmente pedir demissão e ceder às pressões feitas por Maria. Ana gozou férias nos meses de agosto de 2005 e agosto de 2006.

Elabore uma reclamação trabalhista abordando os direitos cabíveis a Ana e a melhor forma de rescindir o contrato de trabalho dela.

1.3.1 Modelo esquemático de petição inicial 3

EXCELENTÍSSIMO SENHOR DOUTOR JUIZ DA VARA DO TRABALHO DE _____.

(Espaço de cinco linhas)

Ana, nacionalidade, estado civil, profissão, nome da mão data de nascimento, portador(a) do documento de identidade Registro Geral (RG) nº _____, número do PIS, inscrito no Cadastro de Pessoas Físicas (CPF) sob o nº _____, número e série da CTPS, endereço completo com CEP, endereço eletrônico, por seu advogado que esta subscreve, vem à presença de Vossa Excelência, com fulcro nos arts. 840 da CLT e 319 do CPC, propor a presente

RECLAMAÇÃO TRABALHISTA

pelo rito ordinário, em face de DELTA, inscrita no Cadastro Nacional de Pessoas Jurídicas (CNPJ) sob o nº _____, endereço completo com CEP, pelos motivos de fato e de direito a seguir expostos:

DA COMISSÃO DE CONCILIAÇÃO PRÉVIA

Cumpre ressaltar inicialmente que o STF, por meio das ADIs 2139-7 e 2160-5, declarou inconstitucional a obrigatoriedade da passagem do empregado pela Comissão de Conciliação Prévia, motivo pelo qual acessa o autor diretamente a via judiciária, nos termos do art. 625-D, § 3º da CLT.

DO CONTRATO DE TRABALHO

A reclamante iniciou suas atividades laborativas na reclamada em 1º de julho de 2004, exercendo as funções de assistente administrativo, trabalhando sempre das _____ às _____ horas, de _____ a _____. Percebe atualmente a remuneração de R$ 1.200,00 por mês.

DA RESCISÃO INDIRETA

A peticionária vem sofrendo, por longo período de tempo, agressões verbais que têm ultrapassado qualquer limite de tolerância.

Isso porque a proprietária da reclamada vem proferindo, por reiteradas vezes, "xingamentos" com o claro intuito de humilhar a obreira.

Em diversas oportunidades, a senhora Maria, que, como dito, é proprietária da reclamada, adverte a autora de maneira desproporcional, chamando-a de "burra", "incapaz" e "incompetente".

O art. 483, b, da CLT autoriza a rescisão indireta do contrato de trabalho quando o empregado for tratado com rigor excessivo.

Num primeiro momento, a reclamante relevou as ofensas, procurando preservar sua subsistência, que decorre do seu labor. Ocorre que as ofensas se intensificaram, tornando insuportável a convivência.

A questão também evidencia, e ainda de maneira mais clara, a falta grave contida na alínea "e" do art. 483 da CLT, pois as ofensas descritas configuram o ato lesivo à honra e à boa fama descrito no dispositivo de lei já citado.

Dessa forma, requer-se a rescisão indireta do contrato de trabalho da reclamante, com o pagamento de todas as verbas rescisórias (saldo de salário, aviso prévio, 13° proporcional, férias proporcionais + 1/3 e multa de 40% sobre o FGTS), juntamente com as guias para levantamento dos depósitos fundiários e seguro-desemprego.

DO DANO MORAL

As ofensas fartamente explicitadas ainda caracterizam dano moral, agora de competência pacífica da Justiça do Trabalho, ante o que dispõe o art. 114, VI, da CF/1988 e Súmula 392 do TST e ainda Súmula Vinculante 22 do STF.

O dano em tela caracteriza-se pelo constrangimento público, fato este que ocorria e ainda ocorre no presente caso, pois todas as ofensas aplicadas à reclamante eram realizadas na frente de diversos empregados, o que configura o ato humilhante, requerendo-se, pois, a aplicação dos artigos 186 e 927 do Código Civil, bem como artigos 5°, incisos V e X da CF, aplicáveis à espécie por força do art. 8° da CLT.

Assim, por qualquer lado que se analise a questão, fica claro o constrangimento público ocorrido reiteradas vezes, legitimando assim o presente pleito, cuja indenização decorrente ficará a cargo de Vossa Excelência.

DO PEDIDO

Pelo exposto, pleiteia:

a) rescisão indireta – inestimável;

b) verbas rescisórias já descritas – a apurar;

c) entrega das guias Termo de Rescisão de Contrato de Trabalho - TRCT e Seguro Desemprego - SD - inestimável;

d) dano moral - a apurar.

DAS PROVAS

Protesta provar o alegado por todos os meios de provas em direito admitidos, especialmente pelo depoimento pessoal da reclamada, oitiva de testemunhas, sem prejuízo de outras provas que se fizerem necessárias.

DA NOTIFICAÇÃO

Requer por fim a notificação do reclamado para que conteste os itens supra arguidos, sob pena de serem admitidos como verdadeiros, o que, por certo, ao final restará comprovado, com a consequente decretação da TOTAL PROCEDÊNCIA DOS PEDIDOS.

DO VALOR DA CAUSA

Dá-se à presente causa o valor de R$ _____.

Nesses termos,

Pede deferimento.

Local e data.

Advogado - assinatura.

OAB nº _____.

Os gabaritos das questões práticas a seguir encontram-se ao final desta Parte II.

1.4 QUESTÃO PRÁTICA 4

Marco Locke foi contratado em 01.11.2000 pela empresa Hobbes Máquinas e Equipamentos Industriais Ltda., localizada em Parnaíba/PI, local onde sempre se deu a prestação de serviços, para exercer a função de auxiliar de produção II, com salário de R$ 6.729,33, tendo sido dispensado sem justa causa em 01.11.2011, oportunidade em que recebeu todas as suas verbas rescisórias inclusive aviso prévio de apenas 30 dias e respectiva projeção de 30 dias. Informou que a partir de janeiro de 2005 passou a receber além de seus ganhos, o valor adicional de R$ 500,00 "por fora" não constando tais valores de seus contracheques e nem tampouco servindo de base de cálculo para quaisquer outras parcelas do contrato de trabalho, pois segundo a empresa, essa era a determinação do contador e condição para que se concedesse aumentos para os empregados. Teve descontado de seus salários o valor de R$ 1.550,11 relativos ao custo de um equipamento que teria danificado fortuitamente durante o exercício de suas funções, desconto esse que se deu mesmo sem anuência do empregado, nem qualquer disposição contratual a respeito. Além disso, mensalmente tinha descontado de seus ganhos os valores relativos à contribuição confederativa, mesmo nunca tendo autorizado referido desconto, nem tampouco ter sido filiado a qualquer entidade sindical. Referidos valores montam R$ 5.555,55. A despeito de ter sido contratado para exercer suas funções na jornada compreendida entre 8 e 17 horas, somente encerrava suas funções às 19 horas, nunca tendo recebido qualquer valor a título de horas extras. Face ao grande volume de trabalho, gozava apenas de 30 minutos para intervalo intrajornada. Em 17/02/2010 optou por doar sangue voluntariamente não tendo comparecido ao trabalho neste dia, o que terminou por lhe gerar o desconto de um dia de trabalho, embora tenha comprovadamente informado o motivo da falta à empresa. Em 17.02.2007 ao exercer suas funções, terminou por ser atingido pela máquina que feriu seu braço direito, causando lesões graves tendo permanecido com o braço imobilizado por diversos dias, período no qual não conseguia segurar talheres, copo para beber água, escrever, abotoar camisas, dentre outras atividades das quais ficou privado por um grande período. O evento se deu devido à falta de manutenção da máquina que era imprópria para o uso e que inclusive já havia sido interditada pelos fiscais do trabalho em diligências anteriores, mas que por ordens da empresa, continua a operar. Arcou sozinho com todos os gastos decorrentes do evento danoso, como medicamentos e atendimentos médicos, o que totaliza o montante de R$ 13.333,33. Atualmente Marco Locke está desempregado, não tem condições de arcar com as custas processuais sem o comprometimento do sustento de sua família tendo firmado declaração nesse sentido, nos termos da Lei 7.115/83. Como advogado contratado por Marco Locke, maneje o meio cabível para a busca de seus direitos. Leve em consideração que a empresa acaba de ser comprada pela empresa Engels Equipamentos de Indústrias S/A, empresa essa localizada na cidade de Teresina/PI.

1.5 QUESTÃO PRÁTICA 5

Aldair procurou assistência de profissional da advocacia, relatando que fora contratado, em 01.10.2008, para trabalhar como frentista no Posto Régis e Irmãos, em Camboriú – SC, e imotivadamente demitido, em 26.02.2010, sem prévio aviso. Afirmou estar desempregado desde então. Relatou que recebia remuneração mensal no valor de R$ 650,00, equivalente ao piso da categoria, acrescido do adicional de periculosidade, legalmente previsto. Afirmou ter usufruído férias pelo primeiro período aquisitivo e acusou recebimento de décimos terceiros salários relativos a 2008 e 2009. Salientou o empregado que laborava de segunda a sexta-feira, das 22h00 min às 7h 00 min, com uma hora de intervalo intrajornada. Informou, ainda, o trabalhador que, no dia de seu desligamento, o representante legal da empresa chamara-o, aos berros, de "moleque", sem qualquer motivo, na presença de diversos colegas de trabalho e clientes. Relatou Aldair que tal conduta patronal o constrangera sobremaneira, alegando que, até então, nunca havia passado por tamanha vergonha e humilhação. Pontuou também que as verbas rescisórias não foram pagas, apesar de a CTPS ter sido devidamente anotada no ato de sua admissão e demissão. Informou que o posto fora fechado em 01.03.2010, estando seus proprietários em local incerto e não sabido. Em face dessa situação hipotética, na condição de advogado(a) constituído(a) por Aldair, redija a peça processual cabível à defesa dos interesses de seu cliente, apresentando toda a matéria de fato e de direito pertinente ao caso.

1.6 QUESTÃO PRÁTICA 6

"A" trabalhou na empresa "B" (metalúrgica) em São Paulo - Capital, no período de 12 de janeiro de 1990 a 25 de abril de 1999, quando foi demitido sem justa causa. Desenvolvia a função de motorista, no horário compreendido entre 06:00 e 14:00 horas, sempre com intervalo de 30 minutos para refeição e descanso, de segunda-feira a sexta-feira, e aos sábados, das 6:00 às 10:00 horas. Percebia como último salário a quantia de R$ 5,00 (cinco reais) por hora (Piso da Categoria dos Metalúrgicos), enquanto o Piso da Categoria de Motorista, firmado em acordo coletivo feito entre o Sindicato desta Categoria e a Federação das Indústrias de São Paulo, era de R$ 7,00 (sete reais) por hora. Quando dispensado, percebeu as verbas rescisórias, e homologada foi a quitação pela SRTE.

Questão: Como advogado de "A", promova a medida judicial pertinente, pleiteando os direitos do empregado que entender devidos em razão do horário cumprido e da função exercida (fundamentar o pedido)

1.7 QUESTÃO PRÁTICA 7

"A" trabalhou na empresa "B", no período de 10 de janeiro de 1991 a 30 de abril de 2001, quando foi demitido sem justa causa. Trabalhava nos horários compreendidos entre 06:00 e 14:00 horas, 14:00 e 22:00 horas e ainda entre 22:00 e 06:00 horas, revezando semanalmente, sempre com intervalo de 30 minutos para refeição e descanso. Percebia como último salário a quantia de R$ 5,00 (cinco reais) por hora. Trabalhava na função de caldeireiro, sem nunca ter recebido qualquer equipamento de proteção individual (EPI). Quando dispensado, percebeu as verbas rescisórias, e sua quitação foi homologada na SRTE.

Questão: Como advogado de "A", promova a ação adequada à tutela dos direitos do cliente.

1.8 QUESTÃO PRÁTICA 8

Wilson Duarte, trabalhou para a empresa XYZ Ltda. no período de 8 de novembro de 1990 a 20 de abril de 2004, quando então se aposentou por tempo de serviço, mas continuou laborando na mesma empresa até o dia 04 de fevereiro de 2009, quando então foi despedido sem justa causa. Quando da ocasião de sua rescisão, foi informado de que a multa de 40% sobre o FGTS seria depositada somente do período após a sua aposentadoria, pois esta teria rescindido seu contrato de trabalho.

Questão: Como advogado do empregado, proponha a medida cabível requerendo o que de direito.

1.9 QUESTÃO PRÁTICA 9

"A" trabalhou na empresa "B" (metalúrgica) em São Paulo – Capital, no período de 17 de janeiro de 1990 a 25 de abril de 2001, quando foi demitido sem justa causa. Trabalhava na função de vendedor, no horário compreendido entre 08:00 e 18:00 horas, sempre com intervalo de uma hora para refeição e descanso, de segunda-feira a sábado. Percebia remuneração por comissão sobre vendas, no percentual de 2%, além de um prêmio, por meta atingida, de mais 5% sobre todas as vendas cujo valor era dividido pela equipe de 15 pessoas, perfazendo uma média salarial de R$ 1.450,00. Quando dispensado, nada lhe foi pago, bem como nunca recebeu as horas extras trabalhadas, além do que nas férias e 13º salário não foram considerados os 5% das metas que sempre foram atingidas nos últimos seis anos.

Questão: Como patrono de "A", afore a peça pertinente em prol do patrocinado.

1.10 QUESTÃO PRÁTICA 10

Monteiro Lobato de Almeida trabalhou para a empresa MMM Ltda., na função de ajudante geral, foi admitido em 01/04/2001, percebendo o último salário mensal de R$ 351,00. Laborava das 8 às 17 horas de segunda a sábado, com uma hora de intervalo para refeição e descanso. No local onde o empregado desenvolvia suas funções, os ruídos atingiam 90 dB (noventa decibéis). Em 10 de fevereiro de 2002, sofreu acidente típico do trabalho, permanecendo afastado de suas funções por 18 dias, recebendo auxílio-doença acidentado. Retornando ao trabalho no dia 1a de março de 2002, foi dispensado sem justa causa, sem o recebimento de seus haveres rescisórios até a presente data.

Questão: Como advogado do empregado, atue na defesa de seus interesses.

1.11 QUESTÃO PRÁTICA 11

"A" foi admitido por "B" em 1981 como não optante pelo Fundo de Garantia do Tempo de Serviço. Após completar 13 anos de trabalho, foi demitido sem justa causa.

Questão: Como advogado de "A" apresentar reclamação trabalhista.

1.12 QUESTÃO PRÁTICA 12

"A" foi contratada pela empresa" B" em 01.03.1985 exercendo as funções de telefonista, trabalhando sempre na jornada de 8 horas diárias, inclusive aos sábados. Percebia como último salário a quantia de R$ 450,00 por mês.

Nunca recebeu qualquer hora extraordinária. Em 01.10.1998 a empresa "B" foi vendida para a empresa "C", e esta dispensou a empregada "A" sem justa causa, junto com outros 60 empregados. Até a presente data nada foi pago à empregada.

Questão: Como advogado de "A", acione o meio judicial cabível.

1.13 QUESTÃO PRÁTICA 13

O empregado "A", metalúrgico, residente em São Paulo, trabalha na empresa "B", com sede em Osasco. Admitido no dia 11.08.1995, foi registrado apenas no dia 1º de dezembro do mesmo ano; trabalha de segunda a sábado, das 8 às 18 horas, com 1 hora de intervalo. Está com 4 meses de salários atrasados.

Questão: Como advogado de "A", promova a medida judicial cabível perante o Foro competente, pleiteando o que de direito para o seu cliente.

1.14 QUESTÃO PRÁTICA 14

Manuel da Silva, torneiro mecânico, embora prestasse serviços exclusivamente internos e estivesse em atividade, em média, durante dez horas diárias, no período de segunda-feira a sexta-feira, além de quatro horas aos sábados, foi despedido sem justa causa, após cinco anos de labor, tendo recebido todas as verbas rescisórias a que fazia jus.

Manuel pleiteou junto ao ex-empregador, a empresa XY Ltda., já no ato da homologação da rescisão de contrato de trabalho, pagamento de horas extras trabalhadas, que, segundo ele, jamais lhe foram pagas. A empresa alegou ser indevida tal verba sob o fundamento de que, pela liderança que Manuel exercia junto aos seus colegas de trabalho, as horas extras eram indevidas, ante o que dispõe o art. 62 da CLT.

Questão: Considerando a situação hipotética acima, redija, na condição de advogado de Manuel da Silva, a medida judicial cabível, com a devida justificativa quanto à improcedência da excludente apresentada.

1.15 QUESTÃO PRÁTICA 15

Alfa Beta, empregada da empresa Enetê Ltda. como telefonista, desde 1º de fevereiro de 1998, cumpria carga horária das 9 às 17 horas, de segunda a sexta-feira, com 30 minutos de intervalo para descanso e refeição.

Em 30 de abril de 2002, sob alegação de indisciplina por ter causado danos irreparáveis no equipamento de telefonia ao tentar consertá-lo, contrariando determinação superior, foi demitida sem nada receber, nem mesmo o salário do mês de abril de 2002.

Questão: Como advogado, buscar em juízo os direitos de Alfa Beta.

1.16 QUESTÃO PRÁTICA 16

O empregado Teofrasto, professor, vinha prestando serviços à empregadora Schola Vitae, entidade com curso de segundo grau. A despedida sem justa causa operou-se no curso das férias escolares, ciente a empregadora de que o assalariado era diretor do sindicato de classe, com mandato vencido exatamente no dia da dispensa. Teofrasto cumprira 8 (oito) meses de contrato de trabalho e recusou-se a receber da empresa o aviso prévio, férias e 13º salário, proporcionais e FGTS, com acréscimo legal. Schola Vitae não lhe pagou o salário do período dos exames escolares, apesar de admitir o débito.

Questão: Como advogado de Teofrasto, busque a tutela de todos os seus direitos.

1.17 QUESTÃO PRÁTICA 17

Monteiro Lobato de Almeida trabalhou para a empresa MMM Ltda., na função de carpinteiro, iniciando seu trabalho em 01.04.2007. No ato de sua contratação, a empresa não fixou seu salário, sob o argumento de que um dos sócios estava viajando e a fixação de seu recebimento só poderia se dar na presença dele. Contudo, após quatro meses de trabalho, Monteiro não sabe sequer seu salário.

Questão: Como advogado do empregado, proponha a medida cabível com o intuito da fixação do salário do obreiro.

1.18 QUESTÃO PRÁTICA 18

José, inscrito em eleição para o cargo de diretor do sindicato, é dispensado sem justa causa tão logo comunicada a sua empregadora do fato, recebendo todos os pagamentos previstos em lei, sem exceção de nenhum.

Questão: Apresentar a medida processual adequada para a defesa dos interesses de José.

1.19 QUESTÃO PRÁTICA 19

"Gabriela Nacibe, optante, foi contratada em 01.04.1986 para trabalhar no Banco Mercantil Eu Quero TChu S/A, como escrituraria I, na agência de Parnaíba/PI. Trabalhava de segunda a sexta-feira, das 10:00 às 16:00 horas, gozando de 15 minutos de intervalo para refeição e descanso. Mensalmente recebia R$ 7.111,33 de salário. A norma coletiva da categoria sempre estabeleceu valor fixo mensal de R$ 97,00 a título compensatório para eventuais prejuízos sofridos pelos empregados que, como Gabriela Nacibe, laboravam diariamente com manejo de valores. Essa parcela prevista em norma coletiva não integrava a remuneração para quaisquer fins. Teve descontados dois dias de seu salário em razão de faltas ocasionadas pelo falecimento de sua mãe, em março/2011. Durante o mês de agosto de 2010, foi transferida para outra agência do banco situada naquele mesmo bairro, para substituir o empregado Jesuíno, que entrava em férias, o qual percebia o salário mensal de R$ 10.000,19, tendo permanecido Gabriela Nacibe, contudo, recebendo o mesmo salário percebido do mês anterior à transferência. Após uma pequena crise financeira em seus orçamentos domésticos, deixou de honrar diversos pagamentos de cheques e outros títulos, o que gerou a inserção de seu CPF nos cadastros de proteção ao crédito (SPC/SERASA) sendo que quando referida informação chegou ao conhecimento do banco, em 29/03/2012, terminou por ocasionar sua dispensa por justa causa, em 01/04/2012, tendo recebido apenas saldo salarial e férias vencidas quando de sua dispensa. Como advogado contratado por Gabriela Nacibe, maneje o meio cabível para a defesa de seus interesses, levando em consideração que o Banco Mercantil Eu Quero Tchu S/A acaba de ser adquirido pelo Banco Eu Quero Tcha S/A, com sede em Recife/PE e que a empregada não possui condições de arcar com as custas e despesas processuais sem comprometimento de seu sustento e de sua família, tendo firmado declaração nesse sentido."

1.20 QUESTÃO PRÁTICA 20

Zenga Modas Ltda., CNPJ 1.1.0001/00, com sede na Rua Lopes Quintas, 10 – Maceió – AL, encontra-se na seguinte situação: Joana Firmino, brasileira, casada, costureira, residente na Rua Lopes Andrade, 20 – Maceió – AL – CEP 10.0001-00, foi contratada pela, em 12.09.2008, para exercer a função de costureira, na unidade de Maceió – AL, sendo dispensada sem justa causa em 11.10.2012, mediante aviso prévio indenizado. Naquele dia Joana entregou a CTPS à empresa para efetuar as atualizações de férias, e tal documento ainda se encontra custodiado no setor de recursos humanos.

Joana foi cientificada de que no dia 15.10.2012, às 10:00 h, seria homologada a ruptura e pagas as verbas devidas no sindicato de classe de Joana. Contudo, na data e hora designadas, a empregada não compareceu, recebendo a empresa certidão nesse sentido emitida pelo sindicato.

Procurado por Zenga Modas Ltda. em 17.10.2012, apresente a medida judicial adequada à defesa dos interesses empresariais, sem criar dados ou fatos não informados, ciente de que a empregada fruiu férias dos períodos 2008/2009 e 2009/2010 e de que, no armário dela, foi encontrado um telefone celular de sua propriedade, que se encontra guardado no almoxarifado da empresa.

É desnecessária a indicação de valores.

2 Procedimento Sumaríssimo

Observação: consulte as considerações sobre o Procedimento Sumaríssimo no Capítulo 13 da Parte I.

2.1 QUESTÃO PRÁTICA 1

"A", assistente contábil, residente em Osasco, foi contratado pela empresa "B", para trabalhar na filial localizada no município de Barueri, em 04.02.1999. A contratação se deu em Guarulhos, local onde está situada a matriz da empresa. Foi dispensado no dia 26.02.2000, sob alegação de justa causa, ocasião em que recebia o salário mensal de R$ 600,00. Nada lhe foi pago a título de verbas rescisórias.

Questão: Como advogado de "A", promova a ação cabível observando o procedimento devido e o Juízo competente.

2.1.1 Modelo esquemático de reclamação trabalhista com pedido de tutela provisória

EXCELENTÍSSIMO SENHOR DOUTOR JUIZ DA VARA DO TRABALHO DE BARUERI - SP.

"A", nacionalidade, estado civil, assistente contábil, nome da mãe, data de nascimento, nº do RG, nº do CPF, nº e série da CTPS, nº do PIS, endereço completo com CEP, endereço eletrônico, por seu advogado que esta subscreve, vem à presença de Vossa Excelência, com fulcro nos arts. 852-A da CLT e 319, do CPC, propor a presente

RECLAMAÇÃO TRABALHISTA

pelo rito sumaríssimo, em face de "B", nº do CNPJ, endereço completo com CEP, pelos motivos de fato e de direito a seguir expostos:

DA COMISSÃO DE CONCILIÇÃO PRÉVIA

Cumpre ressaltar inicialmente que o STF, por meio das ADIs 2139-7 e 2160-5, declarou inconstitucional a obrigatoriedade da passagem do empregado pela Comissão de Conciliação Prévia, motivo pelo qual acessa o autor diretamente a via judiciária, nos termos do art. 625-D, § 3°, da CLT.

DO CONTRATO DE TRABALHO

O reclamante iniciou suas atividades laborativas na empresa reclamada em 04.02.1999, exercendo as funções de assistente contábil. Foi dispensado sob a alegação de justa causa em 26.02.2000, quando então recebia o salário de R$ 600,00 por mês.

DA REVERSÃO DA JUSTA CAUSA

Como já mencionado, o peticionário foi dispensado sob a alegação de justa causa em 26.02.2000, sem nada receber.

Ocorre que tal rescisão de forma irregular, uma vez que não fora fundamentado o motivo da dispensa, sendo cediço que o rol do art. 482 da CLT é taxativo acerca dos motivos para configuração de justa causa e, não ocorrendo nenhuma das hipóteses nela contidas, passa a ser ilegal.

Assim sendo, não havendo observância ao Princípio da Taxatividade inerente ao art. 482 Celetista, não há que se falar em motivo relevante para rescisão por justo motivo, pelo que requer sua reversão para dispensa sem justa causa.

DAS VERBAS RESCISÓRIAS

Quando da dispensa operada, não efetuou o empregador o pagamento de quaisquer verbas ao obreiro, sendo certo que, no mínimo, deveriam ter lhe sido pagos o saldo de salário e as férias vencidas e integrais acrescidas de 1/3 constitucional. Porém, dado o requerimento de conversão da dispensa para imotivada, passam a ser devidas todas as verbas rescisórias de dispensa sem justo motivo, a saber: saldo de salário, aviso prévio indenizado, férias integrais acrescidas de 1/3, férias proporcionais acrescidas de 1/3, 13° salário proporcional e multa de 40% sobre os depósitos de FGTS, FGTS sobre as verbas rescisórias, bem como as entregas das guias TRCT, para soerguimento dos valores depositados em conta vinculada do FGTS, bem como guias de Seguro Desemprego, o que desde já se requer.

DA MULTA DO ART. 467 DA CLT

Em razão da falta de pagamento das verbas rescisórias tidas como incontroversas na época própria, quais sejam, saldo de salário e as férias vencidas e integrais acrescidas de 1/3 constitucional, requer seu pagamento em primeira audiência sob pena de serem acrescidas de 50%, tudo conforme preceitua o art. 467 da CLT.

DA MULTA DO ART. 477, § 8°, DA CLT

O autor, como já salientado, foi dispensado em 26.02.2000, sendo que nada recebeu até o presente, em total desacordo com os prazos estabelecidos no § 6° do art. 477, motivo pelo qual requer o pagamento da multa prevista no § 8° de referido artigo, qual seja, 1 salário.

DOS PEDIDOS

Pelo exposto, pleiteia:

a) reversão da Justa Causa ______ inestimável;

b) saldo de salário de 26 dias ______ R$ 520,00;

c) aviso prévio indenizado _______ R$ 600,00;

d) 13° Salário proporcional (3/12 avos - já considerando a projeção do aviso prévio) ______ R$ 150,00;

e) férias integrais _____ R$ 600,00;

f) 1/3 sobre férias integrais _____ R$ 200,00;

g) férias proporcionais (2/12 avos) _____ R$ 100,00;

h) 1/3 sobre férias proporcionais ______ R$ 33,33;

i) FGTS sobre verbas rescisórias _____ R$ 101,60;

j) multa de 40% sobre os depósitos de FGTS _____ R$ 290,24;

k) multa do art. 467 da CLT ______ R$ 660,00;

l) multa do art. 477, § 8a da CLT _____ R$ 600,00;

m) Entrega de Guias TRCT e SD ______ inestimável.

DAS PROVAS

Protesta provar o alegado por todos os meios de provas em direito admitidos, especialmente pelo depoimento pessoal da reclamada, oitiva de testemunhas, sem prejuízo de outras provas que se fizerem necessárias.

DA NOTIFICAÇÃO

Requer, por fim, a notificação do reclamado para que conteste os itens supra arguidos, sob pena de serem admitidos como verdadeiros, o que, por certo, ao final testará comprovado, com a consequente decretação da TOTAL PROCEDÊNCIA DOS PEDIDOS.

DO VALOR DA CAUSA

Dá-se à causa o valor de R$ 3.855,17.

Nesses termos,

Pede deferimento.

Local e data.

Nome e assinatura do advogado.

Número da OAB

3 Tutela Provisória de Urgência

Observação: consulte as considerações sobre Tutela Provisória no Capítulo 8 da Parte I.

3.1 QUESTÃO PRÁTICA 1

O Sindicato dos Motoristas de Goiânia/GO pactuou acordo coletivo com a empresa Invicta Ltda., cuja matriz está situada nesta cidade, no qual consta, na cláusula 9ª, um reajuste salarial no importe de 8% para todos os motoristas da empresa. Ocorre que o empregado Tiburcio Torres, que trabalha na matriz da empresa, não recebeu este reajuste em nenhum momento, como demonstram os recibos de pagamento do empregado que, de fato, não registram o repasse pertinente.

Questão: Como advogado de Tiburcio proponha a medida cabível, levando-se em conta que, além de o fato ser incontroverso, você tem a informação de que a empresa está vendendo todos os seus bens para evitar futura execução.

3.1.1 Modelo esquemático de reclamação trabalhista com pedido de tutela provisória de urgência antecipatória

EXCELENTÍSSIMO SENHOR DOUTOR JUIZ DA _____ VARA DO TRABALHO DE GOIÂNIA.

(Espaço de cinco linhas)

TIBURCIO TORRES, nacionalidade, estado civil, profissão, nome da mãe, data de nascimento, portador do documento de identidade Registro Geral (RG) nº _____, inscrito no Cadastro de Pessoas Físicas (CPF) sob o nº, número e série da CTPS, número do PIS, endereço completo com CEP, endereço eletrônico, por seu advogado que esta subscreve, vem à presença de Vossa Excelência, com fulcro nos arts. 840 da CLT e 294 c/c 319 do CPC, propor a presente

RECLAMAÇÃO TRABALHISTA COM PEDIDO DE TUTELA PROVISÓRIA DE URGÊNCIA ANTECIPATÓRIA

pelo rito ordinário, em face de INVICTA LTDA., inscrita no Cadastro Nacional de Pessoas Jurídicas (CNPJ) sob o nº _____, endereço completo com CEP, pelos motivos de fato e de direito a seguir expostos:

DA COMISSÃO DE CONCILIAÇÃO PRÉVIA

Cumpre ressaltar inicialmente que o STF, por meio das ADIs 2139-7 e 2160-5, declarou inconstitucional a obrigatoriedade da passagem do empregado pela Comissão de Conciliação Prévia, motivo pelo qual acessa o autor diretamente a via judiciária, nos termos do art. 625-D, § 3º, da CLT.

DA TUTELA PROVISÓRIA DE URGÊNCIA ANTECIPATÓRIA

O Sindicato dos Motoristas de Goiânia pactuou um acordo coletivo com a reclamada onde ficou ajustado um reajuste salarial no importe de 8%, como descreve a cláusula 9ª deste instrumento, anexado à presente.

Ocorre que, mesmo exercendo o reclamante as funções de motorista da empresa, jamais obteve o referido reajuste, como facilmente se comprova diante dos recibos de pagamentos do autor, igualmente anexados na ação.

Por isso, clara está a prova inequívoca sobre o repasse do reajuste, pois, estando a norma coletiva em anexo, e descrevendo o reajuste, bem como comprovando o reclamante através de seus holerites que o reajuste não foi repassado, não há como refutar o pleito em tela.

Mas isso não é tudo, pois o reclamante, assim como o presente subscritor, tem conhecimento de que o reclamado está alienando todos os seus bens para se furtar de uma futura execução, o que denota o perigo da demora, cumprindo, assim, todos os requisitos exigidos pelo art. 294 e 300 do CPC.

É este exatamente o caso em tela, pelo que requer a LIMINAR para a devida concessão da tutela provisória de urgência antecipatória, nos termos descritos, repassando ao obreiro os reajustes salariais devidos.

DO PEDIDO

Pelo exposto, pleiteia: concessão de liminar para o repasse dos reajustes salariais.

DAS PROVAS

Protesta provar o alegado por todos os meios de provas admitidos em direito, especialmente pelo depoimento pessoal do reclamado, oitiva de testemunha, sem prejuízo de outras provas eventualmente cabíveis.

DA NOTIFICAÇÃO

Requer, por fim, a notificação da reclamada para que conteste os itens supra arguidos, sob pena de serem admitidos como verdadeiros, o que, por certo, ao final restará comprovado, com a consequente decretação da TOTAL PROCEDÊNCIA DOS PEDIDOS, com a devida concessão da liminar, nos termos expostos.

DO VALOR DA CAUSA

Dá-se à causa o valor de R$ _____.

Nesses termos,

Pede deferimento.

Local e data.

Nome e assinatura do advogado.

OAB nº _____

3.2 QUESTÃO PRÁTICA 2

Em 01.05.2004, Ana Beatriz de Aragão foi contratada pela empresa LANCHONETE MÁRTIRES DO AGRESTE LTDA. para exercer a função de atendente de lanchonete. Laborava de segunda a sexta, com uma hora de intervalo para refeição e descanso, com salário de R$ 899,23. Não gozou as férias do período aquisitivo 2007/2008, mas somente as subsequentes já que, sob alegação da empresa, os trabalhos estavam acumulados naquele período e isso não permitia o gozo de férias por parte dos empregados. Ana sempre foi uma excelente empregada. Nunca registrou qualquer atraso, nunca faltou ao serviço. Jamais foi advertida, seja verbalmente ou por escrito, nem tampouco fora suspensa de suas funções. No último ano, foi inclusive promovida para chefe de departamento, passando a liderar uma equipe de cinco empregados. Há uma semana, Ana descobriu ser portadora do vírus HIV, o que, para sua surpresa, ocasionou sua dispensa apenas dois dias depois que comunicou tal fato ao seu superior hierárquico, mediante atestado, tendo recebido todas as verbas rescisórias a que fazia jus, com exceção das férias 2007/2008. Registre-se que a empresa deixou claro no momento da dispensa que Ana, a despeito de ser uma excelente empregada, não poderia mais continuar prestando seus serviços, já que isso poderia, de alguma forma, prejudicar a imagem da lanchonete junto aos clientes, bem como que faz parte da filosofia da empresa não empregar trabalhadores com este tipo de moléstia. Procurado por Ana, a qual não se conforma com a dispensa discriminatória operada, bem como que esta pretende retornar ao serviço, maneje o meio cabível para a busca de seus direitos.

3.2.1 Modelo esquemático de reclamação trabalhista com pedido de tutela provisória de urgência antecipatória

EXCELENTÍSSIMO SENHOR DOUTOR JUIZ DA _____ VARA DO TRABALHO DE _____

ANA BEATRIZ DE ARAGÃO, nacionalidade, estado civil, atendente, nome da mãe, data de nascimento, n° do RG, n° do CPF, n° e série da CTPS, n° do PIS, endereço completo com CEP, por seu advogado que esta subscreve, vem à presença de Vossa Excelência, com fulcro nos artigos 840 da CLT, 294 e 319, ambos do CPC, propor a presente

RECLAMAÇÃO TRABALHISTA COM PEDIDO DE TUTELA PROVISÓRIA DE URGÊNCIA ANTECIPATÓRIA

pelo rito ordinário, em face de LANCHONETE MÁRTIRES DO AGRESTE LTDA, n° do CNPJ, endereço completo com CEP, pelos motivos de fato e de direito a seguir expostos:

DA COMISSÃO DE CONCILIÇÃO PRÉVIA

Cumpre ressaltar inicialmente que o STF, por meio das ADIs 2139-7 e 2160-5, declarou inconstitucional a obrigatoriedade da passagem do empregado pela Comissão de Conciliação Prévia, motivo pelo qual acessa o autor diretamente a via judiciária, nos termos do art. 625-D, § 3°, da CLT.

CONTRATO DE TRABALHO

A reclamante foi admitida aos serviços da reclamada em 01.05.2004, para exercer as funções de atendente de lanchonete, laborando sempre de segunda a sexta com 1h de intervalo para refeição e descanso, tendo sido dispensada sem justa causa em 15.02.2011, quando então percebia o salário de R$ 899,23 por mês.

DA REINTEGRAÇÃO LIMINAR - DISPENSA DISCRIMINATÓRIA

Conforme já mencionado acima, a reclamante fora dispensada em 15.02.2011, ou seja, apenas 2 dias após ter comunicado o reclamado que era portadora do vírus HIV.

Convém salientar à Vossa Excelência que a obreira sempre exerceu suas funções com o devido zelo, nunca registrando qualquer atraso, nunca tendo faltado ao serviço. Jamais foi advertida, seja verbalmente ou por escrito, nem tampouco fora suspensa de suas funções. No último ano, foi inclusive promovida para chefe de departamento, passando a liderar uma equipe de 5 empregados.

Assim, do modo que se operou a dispensa, evidenciando-se o nítido caráter discriminatório, não merece tal ato prosperar, nos termos da Súmula 443 e OJ 142 da SDI 2, do TST, bem como da Lei 9.029/95 (arts. 1° e 4°, I), devendo a mesma ser reintegrada liminarmente ao serviço, em razão de seu interesse em retornar ao trabalho.

Para tanto, preenchidos estão os requisitos autorizadores para concessão da Tutela Provisória, tal como previsto no art. 294 e 300 do CPC, a saber:

Probabilidade do direito: Atestado médico que comprovou o HIV foi apresentado, e logo após foi dispensada, mesmo que sempre tenha se mostrado uma excelente empregada.

Perigo de dano ou o risco ao resultado útil do processo: Não pode ficar sem o emprego neste momento delicado, pois pode comprometer sua subsistência ou de sua família.

Dessa feita, requer a reintegração liminar da obreira pelos motivos expostos, bem como o ressarcimento integral de todo o período de afastamento, nos termos do art. 4°, I, da Lei 9.029/95.

DANOS MORAIS

Em razão do caráter nitidamente discriminatório pelo qual foi operada a dispensa, houve cabal abalo psíquico na autora, pelo que merece ser reparado com indenização por danos morais.

Nesse sentido, importante mencionar que a Justiça do Trabalho é competente para julgar referido pedido, nos termos do art. 114, VI da CF, Súmula Vinculante 22 do STF e Súmula 392 do TST, devendo ser condenada a reclamada a pagar indenização nos moldes dos artigos 5°, V e X, da CF, 186 e 927 do Código Civil, aplicados a esta Justiça Especializada por força do art. 8°, parágrafo único, da CLT e art. 4°, caput, da Lei 9.029/95, em valor a ser arbitrado por Vossa Excelência, o que desde já se requer.

FÉRIAS VENCIDAS

Não bastasse o já exposto, a reclamada injustificadamente não concedeu tampouco indenizou as férias do período 2007/2008.

Consoante previsto no art. 137 da CLT, o não pagamento das férias à época oportuna, enseja seu pagamento de forma dobrada, e respectivo 1/3 constitucional também na forma dobrada, como deflui da Súmula 450 do TST.

Portanto, desde já requer a condenação da reclamada ao pagamento das férias 2007/2008, de forma dobrada, acrescidas de 1/3 constitucional.

DAS MULTAS

Tratando-se de verba rescisória não paga nos prazos previstos no art. 477, § 6°, mister a incidência da multa prevista no § 8°. Do mesmo modo, por se tratar de verba incontroversa, não havendo seu pagamento em primeira audiência, mister também a incidência da multa prevista no art. 467 da CLT.

DOS PEDIDOS

1. Concessão de liminar para reintegração da obreira, bem como o ressarcimento integral de todo o período de afastamento até a concessão da Tutela Provisória Urgente Antecipatória, nos termos do art. 4°, I, da Lei 9.029/95.

2. Indenização por danos morais ________ a apurar.

3. Férias vencidas dobradas acrescidas de 1/3 do período 2007/2008 _______ a apurar.

4. Multas dos artigos 467 e 477 da CLT.... a apurar.

DAS PROVAS

Protesta provar o alegado por todos os meios de provas em direito admitidos, especialmente pelo depoimento pessoal da reclamada, oitiva de testemunhas, sem prejuízo de outras provas que se fizerem necessárias.

DA NOTIFICAÇÃO

Requer por fim a notificação do reclamado para que conteste os itens supra arguidos, sob pena de serem admitidos como verdadeiros, o que, por certo, ao final restará comprovado, com a consequente decretação da TOTAL PROCEDÊNCIA DOS PEDIDOS.

DO VALOR DA CAUSA

Dá-se à causa o valor de R$ ______

Nesses termos,

Pede deferimento.

Local e data.

Nome e assinatura do advogado

Número da OAB

4 Tutela Provisória Cautelar

4.1 QUESTÃO PRÁTICA 1

Após ser condenado ao pagamento de valores a certo empregado, o empregador, enquanto pendente de julgamento no Tribunal Regional do Trabalho o recurso que apresentou contra a sentença, coloca à venda o imóvel em que se acha estabelecida a empresa, sem reservar outros bens para satisfação da condenação.

Questão: Apresentar, como advogado do empregado, a medida processual adequada.

4.1.1 Modelo esquemático de tutela cautelar requerida em caráter antecedente – arresto

[O art. 299, parágrafo único do CPC destaca que a tutela provisória deverá ser proposta no local onde o processo está tramitando. Assim como o processo, no problema em questão, está no Tribunal Regional do Trabalho, a competência e endereçamento deverão ser também ao TRT].

EXCELENTÍSSIMO SENHOR DOUTOR JUIZ PRESIDENTE DO EGRÉGIO TRIBUNAL REGIONAL DO TRABALHO DA ______ REGIÃO.

(espaço de cinco linhas)

Proc. nº______
Distribuição por dependência.

"EMPREGADO", nacionalidade, estado civil, profissão, nome da mãe, data de nascimento, portador do documento de identidade Registro Geral (RG) nº ______, inscrito no Cadastro de Pessoas Físicas (CPF) sob o nº ______, nº e série da CTPS, nº do PIS, endereço completo com CEP, por seu advogado que esta subscreve, vem à presença de Vossa Excelência, com fulcro no art. 305 do CPC, propor a presente

TUTELA PROVISÓRIA CAUTELAR REQUERIDA EM CARÁTER ANTECEDENTE DE ARRESTO

em face de "EMPREGADOR", inscrita no Cadastro Nacional de Pessoas Jurídicas (CNPJ), sob o n° ______, endereço completo com CEP, pelos motivos de fato e de direito a seguir expostos:

HISTÓRICO PROCESSUAL

O peticionário propôs reclamação trabalhista em face do reclamado no processo principal, no qual obteve a procedência dos pedidos, o que originou o recurso ordinário interposto pelo réu, que se encontra pendente de julgamento perante este Egrégio Tribunal.

DA LIMINAR PRETENDIDA

Ocorre que o reclamado está alienando seus bens, com a nítida intenção de se furtar de uma futura e possível execução, ainda mais porque o reclamante já obteve procedência inicial em seu pleito.

Tal fato demonstra claramente o dolo do empregador em tentar alienar seus bens para, com isso, não ter como pagar a dívida trabalhista oriunda desta reclamação, se mantida a decisão inicial.

Este é exatamente o caso em tela, pelo que necessário se faz a concessão da liminar, para arrestar tantos bens do reclamado quantos bastem à futura e possível execução.

DO PEDIDO

Ante o exposto, pleiteia a concessão da liminar, para o devido arresto dos bens do reclamado, nos termos expostos.

DAS PROVAS

Protesta provar o alegado por todos os meios de provas admitidos em direito, especialmente pelo depoimento pessoal do reclamado, oitiva de testemunhas, sem prejuízo de outras provas eventualmente cabíveis.

DA NOTIFICAÇÃO

Requer, por fim, a notificação da reclamada para que conteste os itens supracitados, sob pena de serem admitidos como verdadeiros, o que, por certo, ao final restará comprovado, com a consequente decretação da TOTAL PROCEDÊNCIA DO PEDIDO, com a devida concessão da liminar, nos termos expostos.

DO VALOR DA CAUSA

Dá-se à causa o valor de R$ ______.

Nesses termos,

Pede deferimento.

Local e data.

Nome e assinatura do advogado.

OAB n° ______

5 Ação Monitória

5.1 CONSIDERAÇÕES SOBRE A PEÇA

Prevista nos arts. 700 a 702 do CPC, será cabível sempre que houver documento escrito que não tenha natureza de título executivo extrajudicial.

Amador Paes de Almeida, com a costumeira didática, expõe o procedimento adequado no processo do trabalho:

> Atendidos os pressupostos legais, o juiz expedirá o mandado monitório, designando dia e hora para a audiência (art. 841 da CLT).
>
> Na audiência o reclamado optará pelo cumprimento da obrigação ou, ao revés, apresentará embargos (que não se confundem com os embargos à execução), dispensando-se a garantia do juízo.
>
> Apresentados embargos, prosseguir-se-á nos demais atos processuais de um dissídio individual, tais como depoimentos pessoais, oitiva de testemunhas, propostas de conciliação, razões finais e sentença.
>
> Da decisão em apreço caberá recurso ordinário para o Tribunal Regional do Trabalho (*Curso prático de processo do trabalho,* 16. ed., Saraiva, 2004).

Acerca da elaboração da petição inicial dessa ação, os requisitos são os mesmos, ressalvando a necessidade de se requerer, na notificação, a expedição de mandado de pagamento para o devedor.

O gabarito da questão prática a seguir encontra-se no final desta Parte II.

5.2 QUESTÃO PRÁTICA 1

O empregador "B", após demitir sem justa causa e quitar todas as verbas rescisórias tempestivamente do empregado "A", ressalvou expressamente no Termo de Rescisão do Contrato de Trabalho (TRCT) do obreiro que lhe pagaria as horas extras realizadas no último ano no total de R$ 18.000,00.

Após várias tentativas de cobrança extrajudiciais, o empregado quer promover a medida judicial.

Questão: Como advogado de "A", promova a medida cabível na Justiça do Trabalho, nos termos do Código de Processo Civil.

ATENÇÃO!

A questão atesta a obrigatoriedade de a ação ser regida pelo Código de Processo Civil, pois, se assim não fosse, poderia o examinando optar por simples reclamação trabalhista, pois a Ação Monitoria é facultativa.

6

Ação de Cumprimento

6.1 CONSIDERAÇÕES SOBRE A PEÇA

Prevista no art. 872 da CLT, destina-se ao cumprimento das decisões normativas, proferidas em dissídios coletivos prolatados pelos Tribunais Regionais ou Superior.

Isso porque essas decisões, em regra, não têm condão executório, pois impõem uma obrigação futura, quando, por exemplo, destaca-se que o sindicato ou empregador suscitado terá de pagar um reajuste salarial aos obreiros de determinada categoria no importe de 5%.

Assim, se os empregadores não cumprirem com o estabelecido, os empregados, e até mesmo o próprio sindicato de classe, poderão propor ação de cumprimento para que o sentenciado seja cumprido.

ATENÇÃO!

A inicial é exatamente idêntica àquela da reclamação trabalhista simples, só se diferenciando na denominação utilizada.

Para finalizar, é indispensável frisar que, conquanto o art. 872 destaque a indispensabilidade do trânsito em julgado da decisão normativa, a Súmula 246 do TST despreza tal exigência.

Vale ressaltar que, nesse tipo de ação, é vedado discutir-se questões fáticas e jurídicas, restringindo-se a matéria eventualmente a ser discutida apenas ao direito assegurado na sentença normativa (dá-se o nome de *sentença normativa* àquela proferida em processos de dissídios coletivos).

Ainda no que tange à ação de cumprimento, importante sempre ter em mente o contexto da Súmula 397 e da OJ 277 da SDI-1 do TST. Veja-se ainda que a ação de cumprimento também poderá ser proposta para fazer cumprir instrumento normativos, quais sejam, acordos coletivos de trabalho e convenções coletivas de trabalho. A ação de cumprimento será de competência da Vara do Trabalho e não do TRT ainda que pretenda fazer cumprir uma sentença normativa como acima elucidado. Não se pode perder de vista, ainda no que toca à ação de cumprimento, a norma prevista no art. 7º, § 6º, da Lei 7.701/1988.

O gabarito da questão prática a seguir encontra-se no final desta Parte II.

6.2 QUESTÃO PRÁTICA 1

O Sindicato dos Metalúrgicos de Balneário Camboriú-SC propôs dissídio coletivo em face do Sindicato dos empregadores deste ramo, no qual obteve um reajuste salarial de 12% mediante a sentença normativa proferida pelo Tribunal Regional do Trabalho da 12ª Região. Não se conformando, o Sindicato dos Empregadores interpôs Recurso Ordinário.

Questão: Como advogado de "A", empregado metalúrgico que labora na localidade objeto do aumento salarial e que não recebeu referido reajuste em razão de seu empregador "B" atestar que ainda não houve o trânsito em julgado da decisão e que, portanto, não deveria arcar com o reajuste, proponha a medida judicial cabível.

7 Ação de Execução de Título Extrajudicial

7.1 CONSIDERAÇÕES SOBRE A PEÇA

Ação relativamente nova no processo laboral, pois até pouco tempo o processo do trabalho não tinha nenhum título executivo extrajudicial, somente executando a sentença nos próprios autos do processo de cognição.

No entanto, agora temos dois títulos executivos extrajudiciais trabalhistas: o TAC (Termo de Ajustamento de Conduta) firmado pelo Ministério Público para empresas que pratiquem atos atentatórios e que contenham gravames à sociedade, bem como o Termo de Conciliação firmado pela Comissão de Conciliação Prévia, nos termos do art. 625-E da CLT.

Os dois títulos estão admitidos pelo art. 876 da CLT.

ATENÇÃO!

Mais uma vez a petição inicial dessa ação será simples, devendo, exclusivamente, o peticionário tomar cuidado para não se esquecer de requerer o mandado de citação e penhora.

Prevalece o entendimento de que não se admite a execução de títulos executivos extrajudiciais previstos no art. 784 do CPC no processo do trabalho, como, por exemplo, o cheque, a nota promissória, a debênture, a duplicata, entre outros. Isso porque os títulos de crédito em especial pautam-se no princípio da abstração, pelo que são títulos que se desprendem da causa que o originaram.

Assim, havendo independência entre o título e a causa, o fato é que, por vezes, executar um título de crédito na Justiça do Trabalho poderá ocasionar lesão à própria competência da Justiça Laboral, em nítida violação do art. 114 da CF. Prevalece, pois, que apenas os títulos executivos extrajudiciais previstos no art. 876 da CLT poderão ensejar a execução extrajudicial no Processo do Trabalho. Outra possibilidade mais recente aceita pela doutrina e jurisprudência mais atualizada é a execução da certidão de dívida ativa gerada de multas aplicadas pelo Ministério do Trabalho e Emprego, por meio de seus fiscais, aos empregadores que descumprem as normas trabalhistas, tudo como se extrai do art. 114, inciso VII, da CF.

O gabarito da questão prática a seguir encontra-se no final desta Parte II.

7.2 QUESTÃO PRÁTICA 1

"A", após ser demitido sem justa causa da empresa "B", firmou Termo de Conciliação na Comissão de Conciliação Prévia, no qual seu empregador se obrigou a efetuar um pagamento de R$ 20.000,00 em 10 parcelas de R$ 2.000,00, sendo que no termo ficou expressamente consignado que em caso de descumprimento do acordo o empregador incorreria em uma multa de 100% sobre o valor inadimplido. Ocorre que, após o pagamento da primeira parcela, o empregador não mais cumpriu com o avençado.

Questão: Como advogado do empregado, proponha a medida cabível para a mais célere solução da pendência.

8 Dissídio Coletivo

8.1 CONSIDERAÇÕES SOBRE A PEÇA

O § 2º do art. 114 da CF/1988 destaca: "Recusando-se qualquer das partes à negociação coletiva ou à arbitragem, é facultado às mesmas, de comum acordo, ajuizar dissídio coletivo de natureza econômica, podendo a Justiça do Trabalho decidir o conflito, respeitadas as disposições mínimas legais de proteção ao trabalho, bem como as convencionadas anteriormente".

Assim, desde que já tenha havido a tentativa de pactuação de acordo ou convenção coletiva de trabalho, restando, por óbvio, frustradas, pode o sindicato promover dissídio coletivo para o aferimento, se for o caso, do aumento de salário para determinada categoria profissional.

A competência, em regra, desses dissídios coletivos é do Tribunal Regional do Trabalho da respectiva região ou, caso ocorra dissídio coletivo que abranja mais de uma área territorial, do Tribunal Superior do Trabalho.

Prevista no art. 856 da CLT, os requisitos da petição inicial são os mesmos trazidos pelos arts. 840 da CLT e 319 do CPC.

Importante verificar que os dissídios coletivos atualmente estão classificados em dissídios de natureza econômica, aqueles em que se pretende fixação de novas condições de trabalho para a categoria envolvida, e dissídios de natureza jurídica, aqueles que se prestam apenas a interpretar normas jurídicas coletivas, como por exemplos uma cláusula de convenção coletiva ou acordo coletivo. Há ainda o dissídio coletivo de greve, previsto no art. 114, § 3º, da CF, que poderá ser ajuizado pelo Ministério Público do Trabalho. Destaque-se também os dissídios coletivos de extensão e revisão previstos nos arts. 868 e 873 da CLT, respectivamente. Sempre que se falar em ação de dissídios coletivos será importante conferir as orientações jurisprudenciais da SDC que regulamentam os dissídios coletivos.

O gabarito da questão prática a seguir encontra-se ao final desta Parte II.

8.2 QUESTÃO PRÁTICA 1

O Sindicato dos Hotéis, Bares e Restaurantes de Londrina já participou de duas assembleias com o sindicato dos empregadores pretendendo reajuste salarial no importe de 15%, com base nas defasagens salariais, já que a categoria não obteve nenhum tipo de reajuste nos últimos quatro anos. Ocorre que o sindicato dos empregadores não admite referida concessão em razão de o ramo estar passando por dificuldades econômico-financeiras.

Questão: Como advogado do sindicato dos empregados, proponha a medida cabível.

9 Ação Rescisória

9.1 CONSIDERAÇÕES SOBRE A PEÇA

O art. 966 do CPC admite a propositura da Ação Rescisória, ao prever que a decisão de mérito, transitada em julgado, pode ser rescindida quando: I – se verificar que foi proferida por força de prevaricação, concussão ou corrupção do juiz; II – for proferida por juiz impedido ou por juízo absolutamente incompetente; III – resultar de dolo ou coação da parte vencedora em detrimento da parte vencida ou, ainda, de simulação ou colusão entre as partes, a fim de fraudar a lei; IV – ofender a coisa julgada; V – violar manifestamente norma jurídica; VI – for fundada em prova cuja falsidade tenha sido apurada em processo criminal ou venha a ser demonstrada na própria ação rescisória; VII – obtiver o autor, posteriormente ao trânsito em julgado, prova nova cuja existência ignorava ou de que não pôde fazer uso, capaz, por si só, de lhe assegurar pronunciamento favorável; e VIII – for fundada em erro de fato verificável do exame dos autos.

A Súmula 259 do TST ainda admite a ação em questão para rescindir acordo homologado no Juízo Trabalhista.

A competência dessa ação será do TRT se o vício que está sendo discutido tiver sido cometido pela Vara do Trabalho ou pelo próprio TRT; ou do TST se o vício for deste órgão.

ATENÇÃO!

A Ação Rescisória tem *prazo decadencial* de dois anos contados do trânsito em julgado da decisão que se pretende rescindir.

Uma das novidades trazidas pelo Código de Processo Civil em seu art. 969, já admitida pela Súmula 405 do TST, garante que, na ação rescisória, possa ser requerida tutela provisória, desde que atendidos os pressupostos exigidos nessas ações. Veja:

> Súmula 405 do TST
>
> AÇÃO RESCISÓRIA. TUTELA PROVISÓRIA (nova redação em decorrência do CPC de 2015) – Res. 208/2016, DEJT divulgado em 22, 25 e 26.04.2016
>
> Em face do que dispõem a MP 1.984-22/2000 e o art. 969 do CPC de 2015, é cabível o pedido de tutela provisória formulado na petição inicial de ação rescisória ou na fase recursal, visando suspender a execução da decisão rescindenda.

Uma outra inovação trazida pelo art. 836 da CLT diz respeito à indispensabilidade do recolhimento de custas processuais para interposição da Ação Rescisória no importe de 20% sobre o valor da causa, bem como a redação da Súmula 219 do TST que prevê honorários advocatícios nessas ações.

A Súmula 219, incisos II a IV do TST, prevê honorários advocatícios nessas ações. Aduza-se, por fim, importância a Instrução Normativa 31/2007 do TST, no que tange ao trato da ação rescisória no processo do trabalho.

9.2 QUESTÃO PRÁTICA 1

"A" propôs reclamação trabalhista contra "B" que foi julgada inteiramente improcedente e transitada em julgado. Desta forma, "A" promoveu nova reclamação, renovando exatamente o mesmo pedido que já obtivera exame de mérito na ação anterior, desta vez tendo sido julgada procedente em virtude da revelia do reclamado. Tendo obtido o trânsito em julgado, o Sr. Oficial de Justiça se dirigiu à reclamada penhorando-lhe dois caminhões no valor de R$ 50.000,00, mesmo tendo sido alertado pelo sócio da empresa de que, apesar de ter recebido a notificação desta segunda ação, a desprezou, por entender que era simples cópia da primeira demanda já resolvida.

Questão: Como advogado da empresa, promova a medida judicial cabível evitando a imediata alienação dos bens penhorados e levando-se em conta que você somente foi contratado 130 dias após a efetivação da penhora.

9.2.1 Modelo esquemático de ação rescisória com pedido de tutela provisória 1

EXCELENTÍSSIMO SENHOR DOUTOR DESEMBARGADOR PRESIDENTE DO EGRÉGIO TRIBUNAL REGIONAL DO TRABALHO DA ______ REGIÃO.

(Espaço de cinco linhas)

"B", inscrita no Cadastro Nacional de Pessoas Jurídicas (CNPJ) sob nº ______, endereço completo com CEP, por seu advogado que esta subscreve, vem à presença de Vossa Excelência, tempestivamente e com fulcro nos arts. 836 da CLT, 966 e ss. do CPC, propor a presente

AÇÃO RESCISÓRIA COM PEDIDO DE TUTELA PROVISÓRIA

em face de "A", estado civil, data de nascimento, nome da mãe, profissão, endereço completo com CEP, portador do documento de identidade Registro Geral (RG) nº ______, inscrito no Cadastro de Pessoas Físicas (CPF) sob o nº ______, nº e série da CTPS, endereço eletrônico, pelos motivos de fato e de direito a seguir expostos, com requerimento de tutela provisória, pelo que comprova, em anexo, o recolhimento das custas processuais para os devidos fins de direito.

HISTÓRICO PROCESSUAL

O requerido propôs reclamação trabalhista em face do requerente cuja decisão indeferiu todos os pedidos. Ato contínuo, o requerido promoveu nova demanda, renovando seus pedidos, patenteando, inclusive, litigância de má-fé, desta vez obtendo procedência em razão da revelia ocorrida na demanda, fato este que se deu em razão de que o requerente, ao receber a notificação, a desprezou, entendendo se tratar de cópia da demanda já julgada, o que acabou por ocasionar a penhora de bens do requerente.

DA OFENSA À COISA JULGADA

Como mencionado, existiram duas ações com objetos e partes idênticas, sendo que a primeira obteve a total improcedência, como atestam os documentos em anexo.

Patenteando, como visto, nítida má-fé do requerido, o mesmo promoveu nova reclamação, igualmente em anexo, desta vez tendo deferidos seus pedidos em razão da revelia já alardeada.

Tal fato caracteriza claramente ofensa à coisa julgada, legitimando assim a presente demanda, consubstanciada no dispositivo de lei citado.

Por isso, requer o autor a rescisão da segunda demanda proposta por violação clara a uma decisão já transitada em julgado.

DA TUTELA PROVISÓRIA

O atual art. 969 do CPC prevê a possibilidade de concessão da liminar, caso estejam presentes os requisitos previstos no art. 300 e ss. do mesmo estatuto legal, requisitos esses presentes no caso em tela. Senão vejamos:

A probabilidade do direito exigida pelo legislador civilista se denota facilmente no presente caso, pois demonstrados ficaram a ofensa à coisa julgada e ainda o *periculum in mora*.

Isso porque foram penhorados dois caminhões no valor de R$ 50.000,00 para satisfação do crédito do requerido na segunda demanda, que ora se requer a rescisão.

Referidos bens estão em vias de serem alienados, pelo que indispensável se faz a concessão da liminar ora pleiteada, já que a reparação deste ato, se concretizado, torna-se praticamente impossível.

É importante frisar que, conquanto a tutela pretendida seja uma inovação na legislação processual civil, a Súmula 405 do TST já a previa.

Dessa forma, aplicando-se analogicamente o julgado acima transcrito, requer a concessão da liminar para a devida suspensão da alienação dos bens penhorados.

DOS HONORÁRIOS ADVOCATÍCIOS

Em razão de a Súmula 219, II, do TST prever expressamente a possibilidade de concessão dos honorários profissionais de advogado neste tipo de ação, requer sua fixação no importe de 20% nos termos sumulados descritos.

DAS PROVAS

Protesta provar o alegado por todos os meios de provas admitidos e aqueles que se fizerem necessários no decorrer da instrução processual.

DA NOTIFICAÇÃO

Requer, por fim, a notificação do requerido para que conteste os itens supra-arguidos no prazo deferido pelo Relator (art. 970 do CPC), o que, por certo, ao final restará comprovado, com a consequente decretação da TOTAL PROCEDÊNCIA DO PEDIDO, nos termos expostos.

DO VALOR DA CAUSA

Dá-se à causa o valor de R$ ______.

Nesses termos,

Pede deferimento.

Local e data.

Nome e assinatura do advogado.

OAB nº ______

9.3 QUESTÃO PRÁTICA 2

"A" propôs reclamação trabalhista contra "B" requerendo a configuração do acidente de trabalho sofrido, por ele, no percurso realizado de sua residência ao serviço, ação esta que após regular instrução processual obteve a total procedência em sentença proferida pelo juízo da 30ª Vara do Trabalho de São José dos Campos. Não se conformando, o reclamado interpôs Recurso Ordinário, alegando novamente que a Justiça do Trabalho não poderia julgar a demanda. No entanto, o TRT da 15ª Região não admitiu o recurso, sob alegação de que, sendo o empregador parte legítima, seria competente a Justiça do Trabalho, decisão esta mantida pelo TST ao julgar o Recurso de Revista interposto. Desta decisão não houve recurso.

Questão: Como advogado do prejudicado, intente a medida cabível.

9.3.1 Modelo esquemático de ação rescisória

EXCELENTÍSSIMO SENHOR DOUTOR MINISTRO PRESIDENTE DO COLENDO TRIBUNAL SUPERIOR DO TRABALHO

(Espaço de cinco linhas)

"B", inscrita no Cadastro Nacional de Pessoas Jurídicas (CNPJ) sob o nº ______, endereço completo com CEP, endereço eletrônico, por seu advogado que esta subscreve, vem à presença de Vossa Excelência, tempestivamente e com fulcro no art. 966, II e V, do CPC, e art. 836 da CLT, propor a presente

AÇÃO RESCISÓRIA

"A", nacionalidade, estado civil, nome da mãe, profissão, endereço completo com CEP, portador do documento de identidade Registro Geral (RG) nº ______, inscrito no Cadastro de Pessoas Físicas (CPF) sob o nº ______, data de nascimento, nº e série da CTPS, nº do PIS, pelos motivos de fato e direito a seguir expostos, pelo que comprova, em anexo, o recolhimento das custas processuais para os devidos fins de direito.

HISTÓRICO PROCESSUAL

O requerido propôs reclamação trabalhista em face do requerente, pleiteando a configuração do acidente de trabalho sofrido por ele no percurso de sua residência ao trabalho. Referida demanda foi julgada procedente, decisão esta mantida na apreciação dos recursos tempestivamente interpostos, sendo que este Colendo Tribunal admitiu a competência da Justiça do Trabalho para a apreciação do Recurso de Revista.

No entanto, referida decisão merece ser rescindida, pois inteiramente divorciada dos preceitos legais. Senão vejamos:

DA INCOMPETÊNCIA DA JUSTIÇA DO TRABALHO

A decisão em apreço admitiu, como já mencionado, a competência da Justiça do Trabalho para julgar o requerimento da configuração do acidente de trabalho sofrido pelo requerido, destacando ainda que o empregador, ora requerente, é parte legítima no feito.

Ocorre que a Justiça Laboral passou a ter competência para julgar somente as ações decorrentes do acidente do trabalho, conforme art. 114, VI, da CF/88, fato este que demonstra o equívoco do julgado anterior, pois a demanda que ora se pretende rescindir diz respeito, repita-se, à configuração do próprio acidente, o que afasta a competência desta Justiça.

Portanto, clara se nos configura a incompetência absoluta desta Justiça para julgar a demanda, legitimando assim a propositura da presente Ação Rescisória nos exatos termos do art. 966, II, do CPC.

DA VIOLAÇÃO DA NORMA JURÍDICA

A incompetência absoluta supracitada também está descrita no art. 643, § 2°, da CLT, que determina a Justiça Ordinária para julgar a ação de acidente do trabalho, o que, por nova razão, deixa claro a impossibilidade de julgamento proferido pela Justiça do Trabalho.

Por isso, clara está a afronta ao dispositivo legal citado.

DOS HONORÁRIOS ADVOCATÍCIOS

Em razão de a Súmula 219, II, do TST prever expressamente a possibilidade de concessão dos honorários profissionais de advogado neste tipo de ação, requer sua fixação no importe de 20% nos termos sumulados descritos.

DO PEDIDO

Pelo exposto, pleiteia a desconstituição da decisão anterior, o que configurará a remessa daqueles autos à Justiça Comum para novo julgamento.

DAS PROVAS

Protesta provar o alegado por todos os meios de provas admitidos em direito.

DA NOTIFICAÇÃO

Requer, por fim, a notificação do requerido para que conteste os itens supracitados no prazo deferido pelo Ministro Relator (art. 970 do CPC), o que, por certo, ao final restará comprovado, com a consequente decretação da TOTAL PROCEDÊNCIA DO PEDIDO, nos termos expostos.

DO VALOR DA CAUSA

Dá-se à causa o valor de R$ ______.

Nesses termos,

Pede deferimento.

Local e data.

Assinatura do advogado.

OAB n° ______

9.4 QUESTÃO PRÁTICA 3

"A" propôs reclamação trabalhista contra "B" pleiteando horas extras, ação esta julgada inteiramente improcedente e transitada em julgado. Dessa forma, patenteando litigância de má-fé, "A" renova exatamente o mesmo pedido em nova ação contra o mesmo reclamado, ação esta que, em virtude de revelia, foi julgada procedente e transitada em julgado. Iniciada a execução foram penhorados dois caminhões do reclamado, pois quando do recebimento da segunda notificação entendeu o representante da reclamada se tratar de cópia da primeira e a desprezou.

Questão: Como advogado de "B", proponha a medida cabível, levando-se em conta que já foi designado leilão e que você foi contratado somente seis meses após a penhora.

9.4.1 Modelo esquemático de ação rescisória com pedido de tutela provisória 2

EXCELENTÍSSIMO SENHOR DOUTOR DESEMBARGADOR PRESIDENTE DO EGRÉGIO TRIBUNAL REGIONAL DO TRABALHO DA ______ REGIÃO.

(Espaço de cinco linhas)

"B", inscrita no Cadastro Nacional de Pessoas Jurídicas (CNPJ) sob o nº ______, endereço completo com CEP, endereço eletrônico, por seu advogado que esta subscreve, vem à presença de Vossa Excelência, propor, tempestivamente e com fulcro nos arts. 966, IV, do CPC e 836 da CLT

AÇÃO RESCISÓRIA COM PEDIDO DE TUTELA PROVISÓRIA

em face de "A", nacionalidade, estado civil, data de nascimento, profissão, nome da mãe, endereço completo com CEP, portador do documento de identidade Registro Geral (RG) nº ______, inscrito no Cadastro de Pessoas Físicas (CPF) sob o nº ______, nº e série da CTPS, nº do PIS, pelos motivos de fato e direito a seguir expostos, pelo que comprova, em anexo, o recolhimento das custas processuais para os devidos fins de direito.

HISTÓRICO PROCESSUAL

O requerido propôs reclamação trabalhista em face do requerente, ação esta julgada procedente e transitada em julgado. Iniciada a execução, foi efetivada a penhora de dois caminhões, não tendo o peticionário promovido nenhuma medida em tempo hábil.

No entanto, referidos atos merecem ser rescindidos, pois inteiramente divorciados dos preceitos legais. Senão vejamos.

DA OFENSA À COISA JULGADA

A reclamação que ora se pretende rescindir tem característica nítida de coisa julgada, como abaixo passamos a demonstrar:

O requerido inicialmente propôs reclamação trabalhista que, após regular instrução processual, foi julgada totalmente improcedente.

Patenteando clara litigância de má-fé, o requerido propôs nova reclamação idêntica, fato este que seria facilmente sanado em preliminar de contestação com a arguição de coisa julgada.

Ocorre que, ao receber a notificação da segunda demanda, o peticionário a desprezou, ocasionando a revelia e a consequente penhora no processo rescindendo.

No entanto, não há como admitir referida condenação, sob pena de se beneficiar o infrator, motivo pelo qual requer a rescisão do julgado anterior, caracterizando assim a nulidade dos atos posteriores.

DA TUTELA PROVISÓRIA

Os requisitos do art. 294 e 300 do CPC são visíveis no presente caso.

Primeiro porque a probabilidade do direito é evidente em razão da nítida reprodução de uma ação transitada em julgado.

Em seguida, e sobretudo, pelo perigo da demora, já que o leilão já foi designado e a procedência desta ação sem a suspensão da execução de nada adiantará, ocasionando um dano irreparável ao recorrente.

Assim, diante da nova redação do art. 969 do CPC e da Súmula 405 do TST, torna-se indispensável deferimento da tutela provisória.

Por isso, requer a concessão da liminar nos termos expostos.

DOS HONORÁRIOS ADVOCATÍCIOS

Em razão de a Súmula 219, II, do TST prever expressamente a possibilidade de concessão dos honorários profissionais de advogado neste tipo de ação, requer sua fixação no importe de 20% nos termos sumulados descritos.

DAS PROVAS

Protesta provar o alegado por todos os meios de provas em direito admitidos.

DA NOTIFICAÇÃO

Requer, por fim, a notificação do requerido para que conteste os itens supracitados no prazo deferido pelo Ministro Relator (art. 970 do CPC), o que, por certo, ao final restará comprovado, com a consequente decretação da TOTAL PROCEDÊNCIA DO PEDIDO, nos termos expostos.

VALOR DA CAUSA

Dá-se à presente causa o valor de R$ ______.

Nesses termos,

Pede deferimento.

Local e data.

Advogado – assinatura.

OAB nº ______

O gabarito da questão prática a seguir encontra-se no final desta Parte II.

9.5 QUESTÃO PRÁTICA 4

Vara da Justiça do Trabalho julgou procedente reclamação trabalhista ajuizada por empregado menor de 18 anos, assistido por seu responsável legal, tendo a sentença sido publicada em 13 de dezembro de 1999 (segunda-feira). Ofertado Recurso Ordinário ao Tribunal Regional do Trabalho, dentro do octídio, satisfeito o depósito recursal e recolhidas as custas processuais, acolheu aquele Sodalício o apelo, sob o fundamento de ocorrência da prescrição bienal, julgando improcedente a reclamação, e cujo acórdão veio a lume em 10 de janeiro de 2002 (quinta-feira). Inconformado, o Reclamante, também dentro do prazo legal e recolhendo, em reversão, as custas processuais, interpôs Recurso de Revista ao Tribunal Superior do Trabalho, cujo processamento, entretanto, foi indeferido por despacho do presidente do Tribunal Regional do Trabalho publicado em 15 de fevereiro de 2002 (sexta-feira), sob o argumento da falta de enquadramento nos permissivos do art. 896 da CLT, deixando o Reclamante transcorrer *in albis* o prazo para oferecimento de qualquer medida recursal.

Questão: Como advogado do reclamante interponha a medida processual cabível.

10

Mandado de Segurança

10.1 CONSIDERAÇÕES SOBRE A PEÇA

O art. 5º, LXIX, da CF/88 determina: "conceder-se-á mandado de segurança para proteger direito líquido e certo, não amparado por *habeas corpus* ou *habeas data,* quando o responsável pela ilegalidade ou abuso de poder for autoridade pública ou agente de pessoa jurídica no exercício de atribuições de Poder Público".

No processo do trabalho é utilizado também para atacar decisões interlocutórias, pois estas não são passíveis de recurso e sua petição inicial tem competência idêntica àquela já mencionada na ação rescisória, sendo indispensável o requerimento da liminar de segurança, devendo ainda ser observado o prazo.

Destaque-se que o mandado de segurança está regido, atualmente, pela Lei 12.016/2009, restando revogadas as Leis 1.533/51; 4.166/62; 4.348/64; 5.021/66; o art. 3º da Lei 6.014/73; o art. 1º da Lei 6.071/74, o art. 12 da Lei 6.978/82 e o art. 2ª da Lei 9.259/96.

ATENÇÃO!

O direito de impetrar mandado de segurança decai em 120 dias do conhecimento do ato abusivo, objeto do mandado, e deve ser impetrado em face da autoridade coatora.

Para o mandado de segurança, deverá a parte juntar com a inicial toda a prova documental imprescindível ao deslinde da causa, como se extrai da Súmula 415 do TST. Contra as decisões que antecipam ou indeferem antecipação de tutela, não cabe, de imediato, qualquer recurso (art. 893 da CLT), mas se aludida decisão termina por violar direito líquido e certo, haverá a possibilidade de se manejar o Mandado de Segura, nesses casos, observar a Súmula 414 do TST. Aduza-se ainda que não há violação de direito líquido e certo nas hipóteses em que o juiz se recusa a homologar acordo ou conferir decisões liminares, como se extrai da Súmula 418 do TST.

10.2 QUESTÃO PRÁTICA 1

"A" propôs reclamação trabalhista contra "B", pleiteando liminar em tutela provisória requerendo sua reintegração ao emprego em razão de ter sido demitida no 3º mês de gestação, pleito este admitido pelo Juízo da 45ª Vara de Nova Friburgo/RJ que reintegrou a empregada liminarmente.

Questão: Como advogado do empregador, que não poderá aguardar o julgamento final do processo, pois a empregada foi flagrada furtando objetos no almoxarifado da empresa, proponha a medida cabível com vistas a revogar a liminar concedida.

10.2.1 Modelo esquemático de mandado de segurança com pedido de liminar

EXCELENTÍSSIMO SENHOR DOUTOR DESEMBARGADOR PRESIDENTE DO EGRÉGIO TRIBUNAL REGIONAL DO TRABALHO DA ______ REGIÃO.

(Espaço de cinco linhas)

"B", inscrita no Cadastro Nacional de Pessoas Jurídicas (CNPJ) sob o nº ______/MF, endereço completo com CEP, endereço eletrônico, por seu advogado que esta subscreve; vem à presença de Vossa Excelência, com fulcro no art. 5º, LXIX, da CF/1988, c/c a Lei 12.016/2009, impetrar, tempestivamente o presente

MANDADO DE SEGURANÇA COM PEDIDO DE LIMINAR

em face do MM. JUÍZO DA 45ª VARA DO TRABALHO DE NOVA FRIBURGO, pelos motivos de fato e de direito a seguir expostos:

HISTÓRICO PROCESSUAL

O litisconsorte "A", nacionalidade, estado civil, profissão, nome da mãe, portador do documento de identidade Registro Geral (RG) nº ______, inscrito no Cadastro de Pessoas Físicas (CPF) sob o nº ______, nº e série da CTPS, nº do PIS, data de nascimento, endereço completo com CEP, propôs reclamação trabalhista em face do impetrante requerendo a caracterização da sua estabilidade de gestante. Ato contínuo, requereu ainda a concessão de medida liminar por meio de tutela provisória, medida esta deferida pela autoridade coatora.

No entanto, referida decisão interlocutória não merece prosperar. Senão vejamos:

DO CABIMENTO DO MANDADO DE SEGURANÇA

No processo laboral, ante o que dispõe o art. 893, § 1°, da CLT, subsiste o princípio da irrecorribilidade das decisões interlocutórias.

Assim, como o processo do trabalho não dispõe de nenhum outro remédio para manifestar o inconformismo imediato de decisões interlocutórias, que é o caso em questão, não resta alternativa ao impetrante senão a propositura do presente mandado.

DA CASSAÇÃO DA LIMINAR

Como mencionado, a litisconsorte promoveu reclamação trabalhista na qual obteve liminarmente sua reintegração ao emprego, em razão de ter configurado a estabilidade de gestante, prevista no art. 10, II, *b*, do ADCT, pois, segundo ela, foi demitida no 3° mês de gravidez.

No entanto, a liminar concedida merece ser revogada, haja vista que a tese de defesa se baseia na demissão da obreira por justa causa, fato este que permite a demissão do empregado, ainda que sujeito ao regime estável.

Isso porque a obreira foi flagrada furtando materiais do setor de almoxarifado da impetrante, configurando a falta grave prevista no art. 482, *a*, da CLT, deixando claro o ato de improbidade.

Dessa forma, não há como permitir o retorno da obreira ao emprego, pois a respeitabilidade que sempre deve reger as relações de emprego não mais subsiste nesse caso, pelo que não há como admitir a reintegração.

DA LIMINAR DE SEGURANÇA

Os requisitos para a concessão da liminar estão amplamente caracterizados, pois, além do *fumus boni juris*, existe claramente o perigo da demora, já que se o impetrante aguardar a decisão final do processo, a litisconsorte já estaria reintegrada ao serviço, o que seria extremamente prejudicial ao peticionário.

Dessa forma, requer-se a liminar de segurança com o intuito de revogar a liminar concedida em favor da obreira, nos termos expostos.

DO PEDIDO

Pelo exposto, pleiteia a liminar de segurança com a consequente revogação da liminar concedida na tutela provisória.

DA NOTIFICAÇÃO

Requer, por fim, a intimação da autoridade coatora, bem como do litisconsorte, para que se manifestem acerca dos fatos supracitados, bem como a manifestação do ilustre representante do

Ministério Público do Trabalho, para, ao final, conceder a liminar pretendida e, consequentemente, caracterizar a TOTAL PROCEDÊNCIA do presente mandado.

DO VALOR DA CAUSA

Dá-se à causa o valor de R$ ______.

Nesses termos,

Pede deferimento.

Local e data.

Nome e assinatura do advogado.

OAB nº ______

10.3 QUESTÃO PRÁTICA 2

"A" propôs reclamação trabalhista contra "B" pleiteando horas extras e verbas rescisórias, ação esta que, após regular instrução processual, foi julgada procedente, originando assim a interposição de recurso ordinário. Iniciada a execução provisória foram os cálculos apresentados pelo exequente e homologados após a impugnação pelo executado. Dessa forma, o juiz nomeou um perito que apresentou laudo fixando os cálculos em R$ 70.000,00, ocasião em que o juiz não abriu vista ao executado, homologando os cálculos neste valor. Ato contínuo foi expedido mandado de citação e penhora e o oficial de justiça, mesmo sem autorização, efetuou a constrição de uma geladeira, televisão e fogão da residência do executado, que é pessoa física, no dia 25 de dezembro. Referidos bens foram avaliados em R$ 4.000,00. Não tendo como garantir o restante da execução, o executado apresentou a medida cabível, medida esta que não foi admitida sob a argumentação de sua inexistência no processo do trabalho.

Questão: Como advogado do prejudicado, e após sessenta dias do indeferimento da medida suscitada, proponha a medida cabível.

10.3.1 Modelo esquemático de mandado de segurança

EXCELENTÍSSIMO SENHOR DOUTOR DESEMBARGADOR PRESIDENTE DO EGRÉGIO TRIBUNAL REGIONAL DO TRABALHO DA ______ REGIÃO.

(Espaço de cinco linhas)

"B", inscrito no Cadastro de Pessoas Físicas (CPF) sob o nº ______, endereço completo com CEP, por seu advogado que esta subscreve, vem à presença de Vossa Excelência impetrar, tempestivamente e com fulcro no art. 5º, LXIX, da CF/1988 e Lei 12.016/2009

MANDADO DE SEGURANÇA COM PEDIDO DE LIMINAR

em face do ato do Meritíssimo Juízo da ______ Vara do Trabalho de ______, pelos motivos de fato e de direito a seguir expostos:

HISTÓRICO PROCESSUAL

"A", nacionalidade, estado civil, profissão, nome da mãe, data de nascimento, portador do documento de identidade Registro Geral (RG) nº ______, inscrito no Cadastro de Pessoas Físicas (CPF) sob o nº ______, nº do PIS, nº e série da CTPS, endereço completo com CEP, ora litisconsorte, propôs reclamação trabalhista em face do impetrante que, após regular instrução processual, foi julgada procedente, originando ainda a interposição de recurso ordinário. Iniciada a execução provisória e após a homologação de cálculos, alguns bens do peticionário foram levados à penhora, bens estes que, por não garantirem a execução, levaram à oposição da exceção de pré-executividade não admitida.

No entanto, referida decisão não merece prosperar, pois inteiramente divorciada dos preceitos jurisprudenciais. Senão vejamos:

DO CABIMENTO DA EXCEÇÃO DE PRÉ-EXECUTIVIDADE

Como mencionado, o impetrante apresentou exceção de pré-executividade por constatar irregularidades no procedimento de penhora e a decisão da autoridade coatora não admitiu referido remédio sob a argumentação do seu não cabimento na Justiça Laboral.

Vale ressaltar que os bens objetos da constrição dizem respeito a um fogão, geladeira e uma televisão, avaliados em R$ 4.000,00, penhora esta efetivada no dia 25 de dezembro. Lembre-se ainda que os cálculos foram homologados em R$ 70.000,00.

O art. 770 da CLT impõe claramente que a penhora realizada em domingos ou feriados prescinde, necessariamente, de autorização judicial, fato este que não ocorreu.

Isso sem contar os bens constricionados, que são objetos impenhoráveis, como destaca a Lei 8.009/90.

Note, Excelência, que os procedimentos abusivos realizados só seriam passíveis de impugnação por meio da exceção de pré-executividade, pois, não tendo o executado como garantir a execução, não lhe seria permitido a oposição de embargos à execução.

Portanto, claro se nos configura o cabimento da execução, pelo que requer se acolhimento.

Vale frisar, por fim, que o indeferimento da execução é tido como decisão interlocutória, o que legitima o presente mandado de segurança.

DA LIMINAR DE SEGURANÇA

Estando presentes o *fumus boni juris* e o *periculum in mora*, requer a concessão da liminar de segurança nos termos legais.

DA INTIMAÇÃO

Requer, por fim, a intimação da autoridade coatora, do litisconsorte e do representante do Ministério Público do Trabalho para que se manifestem sobre os itens supracitados, sob pena de serem admitidos como verdadeiros os fatos alegados, o que, por certo, ao final restará comprovado, inicialmente com o deferimento da liminar requerida, para, em seguida, caracterizar a TOTAL PROCEDÊNCIA do presente mandado de segurança nos termos expostos.

Requer, outrossim, a intimação do órgão de representação judicial da pessoa jurídica interessada, a qual pertence a autoridade coatora.

VALOR DA CAUSA

Dá-se à presente o valor de R$ ______.

Nesses termos,

Pede deferimento.

Local e data.

Advogado – assinatura.

OAB nº ______

O gabarito da questão prática a seguir encontra-se no final desta Parte II.

10.4 QUESTÃO PRÁTICA 3

Maria ingressou com reclamação trabalhista contra a empresa Brasil S.A., argumentando ter exercido função de confiança, com o consequente pagamento da gratificação salarial correspondente, durante seis anos consecutivos, tendo o empregador, sem justa causa e por ato unilateral, promovido sua reversão ao posto antes ocupado, quando, então, foi reduzida sua remuneração. Maria pediu antecipação de tutela para que a reclamada procedesse à imediata incorporação da gratificação, bem como o pagamento das diferenças salariais correspondentes, desde a data da supressão da vantagem.

Ao final, postulou a confirmação da medida liminar. Juntou prova documental para comprovar suas alegações. O juiz da 1ª Vara do Trabalho de São Paulo, argumentando estarem satisfeitos os pressupostos autorizadores da medida, deferiu o pedido de antecipação dos efeitos da tutela.

Questão: Em face dessa situação hipotética, redija a medida cabível, argumentando a respeito da possibilidade de redução salarial na hipótese de reversão do empregado ao cargo efetivo, antes ocupado, quando este deixa de exercer função de confiança.

11 Inquérito Judicial

11.1 CONSIDERAÇÕES SOBRE A PEÇA

Caso o empregado estável cometa alguma falta grave que possa vir a romper o vínculo de emprego por justa causa, não poderá haver demissão imediata. O empregador deverá proceder à suspensão do empregado e, dentro de trinta dias (prazo decadencial), contados desta suspensão, promover o inquérito judicial para que a Justiça do Trabalho apure a conduta do empregado e, se for o caso, promova sua demissão por intermédio de uma sentença constitutiva.

Referida ação tem o prazo acima descrito como decadencial, e durante a audiência de instrução cada parte poderá ouvir até seis testemunhas.

Sua competência originária é da Vara do Trabalho e a petição é muito semelhante à daquelas já explicitadas nas reclamações trabalhistas simples.

Existe grande controvérsia sobre quais estáveis seriam passíveis dessa ação, pelo que a jurisprudência somente é unânime no caso de decenal ou dirigente sindical.

11.2 QUESTÃO PRÁTICA 1

GAMA DELTA é empregado da empresa EME Ltda., eleito para cargo de direção do sindicato da categoria profissional em 2 de maio de 1998. No dia 15 de março de 2002, durante greve deflagrada na empregadora, agrediu fisicamente seu superior hierárquico e, ainda, depredou parte das dependências físicas da empresa.

Questão: Como advogado desta, promova judicialmente o que de necessário em prol dos seus interesses.

11.2.1 Modelo esquemático de inquérito judicial

EXCELENTÍSSIMO SENHOR DOUTOR JUIZ DA VARA DO TRABALHO DE _____.

(Espaço de cinco linhas)

EME LTDA., inscrita no Cadastro Nacional de Pessoas Jurídicas (CNPJ) sob o nº _____, endereço completo com CEP, por seu advogado que esta subscreve, vem à presença de Vossa Excelência, com fulcro no art. 853 da CLT, propor, em tempo hábil,

INQUÉRITO JUDICIAL

em face de Gama Delta, nacionalidade, estado civil, profissão, nome da mãe, data de nascimento, portador do documento de identidade Registro Geral (RG) nº _____, inscrito no Cadastro de Pessoas Físicas (CPF) sob o nº _____, nº e série da CTPS, n" do PIS, endereço completo com CEP, pelos motivos de fato e de direito a seguir expostos:

DO CONTRATO DE TRABALHO

O requerido iniciou suas atividades laborativas na requerente em ___.___.___ [data], exercendo as funções de, trabalhando sempre das ___ às ___ horas, de ____ a ____. Em razão das faltas graves abaixo expostas o empregado foi suspenso em ___.___.___ [data], quando então percebia o salário de R$ _____, por _____.

DAS FALTAS GRAVES

O requerido foi eleito para cargo de direção de sindicato em 02.05.1998, garantindo assim a estabilidade prevista no § 3º do art. 543 da CLT.

Ocorre que, no dia 15.03.2002, durante greve deflagrada na empresa, o obreiro cometeu várias faltas graves, como abaixo destacamos:

No curso do movimento grevista o empregado agrediu fisicamente seu superior hierárquico, fato este que, por si só, já deixaria clara a impossibilidade de continuidade de vínculo empregatício.

Portanto, indispensável se faz a rescisão contratual por justa causa.

Mas isso não é tudo, pois o requerido ainda depredou parte das dependências físicas da empresa, configurando assim nova falta grave, esta disciplinada no art. 482, *a*, da CLT.

Este é exatamente o caso em tela, pois ao atentar direta e dolosamente, danificando parte das dependências físicas da empresa, fica caracterizado só o prejuízo financeiro do autor, como também a quebra de confiança entre as partes.

Assim, por qualquer lado que se analise a questão, clara se faz a rescisão contratual.

DO PEDIDO

Pelo exposto pleiteia a rescisão contratual do empregado por justa causa.

DAS PROVAS

Protesta provar o alegado por todos os meios de provas em direito admitidos, especialmente pelo depoimento pessoal do requerido, oitiva de testemunhas, estas em número máximo de seis, sem prejuízo de outras provas eventualmente cabíveis.

DA NOTIFICAÇÃO

Requer, por fim, a notificação do requerido para que conteste os itens supracitados, sob pena de serem admitidos como verdadeiros, o que, por certo, ao final restará comprovado, com a consequente decretação da TOTAL PROCEDÊNCIA DO PEDIDO, nos termos expostos.

VALOR DA CAUSA

Dá-se à presente causa o valor de R$ _____.

Nesses termos,

Pede deferimento.

Local e data.

Advogado e assinatura.

OAB nº _____

12 Habeas Corpus

12.1 CONSIDERAÇÕES SOBRE A PEÇA

É regulado pelos arts. 647 a 667 do Código de Processo Penal, pelo que o art. 114, IV, da CF/88 determina a competência da Justiça do Trabalho quando a prisão for efetivada pelo Juiz do Trabalho.

O STF destacou em decisão que a Justiça do Trabalho não seria competente para julgar o *habeas corpus* quando a prisão for de natureza criminal, como, por exemplo, o crime de desacato ou o falso testemunho.

Esta é a nota publicada (www.stf.gov.br) pelo nosso Maior Órgão: "O Plenário do Supremo Tribunal Federal decidiu que a Justiça do Trabalho não tem competência para julgar ações criminais, ainda que sejam decorrentes de relações de trabalho. A decisão foi tomada por unanimidade nesta quinta-feira (1/2), primeira sessão do ano do Supremo. A liminar vale até que os ministros julguem o mérito da questão, a rigor da ADI 3.684.

A petição inicial deve conter obrigatoriamente:

a) a qualificação do paciente, que é a denominação dada ao autor;
b) o réu: como também ocorre no mandado de segurança, é o Juízo que proferiu a prisão;
c) o pedido;
d) o requerimento da intimação da autoridade coatora; e
e) o valor da causa.

A competência é dada ao Tribunal Regional do Trabalho competente da determinada região, devendo ser endereçada ao Juiz Presidente deste órgão.

Finalmente, quanto a possibilidade de decretação da prisão do depositário infiel, na Justiça do Trabalho, cabe mencionar a Súmula Vinculante 25 do STF: "É ilícita a prisão civil de depositário infiel, qualquer que seja a modalidade do depósito."

O gabarito da questão prática a seguir encontra-se no final desta Parte II.

12.2 QUESTÃO PRÁTICA 1

"A" propôs reclamação trabalhista contra "B" requerendo horas extras, insalubridade e adicional noturno, ação esta julgada procedente e transitada em julgado. Iniciada a execução, o Sr. Oficial de Justiça se dirigiu à empresa e lá efetuou a penhora de dois caminhões na presença de "C", sócio da reclamada.

Alertou que ele seria o responsável pela penhora e finalizou a diligência, mesmo sem ter feito "C" assinar qualquer documento pertinente ao ato de penhora, alertando, contudo, que "C" passaria a ser o fiel depositário dos bens. Quando da alienação dos caminhões por meio de penhora realizada pelo Juízo da 91ª Vara do Trabalho de São Paulo, o Oficial de Justiça constatou que os caminhões haviam sido vendidos e, após comunicar este fato ao Juízo, este determinou a prisão de "C", que foi efetuada logo em seguida.

Questão: Como advogado de "C", proponha a medida cabível.

13 Consignação em Pagamento

13.1 CONSIDERAÇÕES SOBRE A PEÇA

Referida ação é prevista no art. 539 do CPC, plenamente aceita no processo do trabalho, nos termos do art. 769 da CLT.

Muito utilizada no direito do trabalho quando o empregado se recusa a receber as verbas rescisórias. Com isso, o empregador exime-se de arcar com a multa do art. 477, § 8º, da CLT.

Também pode ser cabível àqueles empregados que se furtam ao recebimento de salários para que o empregador incorra na falta grave prevista no art. 483, *d*, da CLT, caracterizando, por conseguinte, rescisão indireta do contrato de trabalho.

Mais uma vez, deve ser a petição elaborada de maneira simples, endereçada à Vara do Trabalho e contendo todos os requisitos da exordial já estudados.

Um outro exemplo bastante corriqueiro é o caso em que o empregado falece e a empresa não sabe a quem devem ser pagas as verbas rescisórias já que diversas pessoas se apresentam como legítimas herdeiras. Deve, pois, consignar os valores em juízo.

13.2 QUESTÃO PRÁTICA 1

Augusto Luiz Albuquerque Ricaldoni, brasileiro, filho de Antonieta Brant de Albuquerque, residente à Rua Hebert Viana, nº 1.000, Bairro dos Artistas, Sete Lagoas, Minas Gerais, CEP 45062-789, portador do CPF nº 321.333.476-00 e da CTPS nº 326623, série 001-002, foi admitido em 02.03.2004 pela empresa Magda

Metalurgia Ltda., inscrita no CNPJ sob o nº 3317027360001-01, sediada na Rua Roberto Lyra Filho, na 3.720, Bairro Juristas, Belo Horizonte, Minas Gerais, CEP 30520-890, para exercer a função de ferramenteiro, percebendo o salário mensal no valor de R$ 2.300,00 (dois mil e trezentos reais). A jornada de trabalho contratada foi de 8 (oito) horas diárias de segunda a sexta-feira e de 4 (quatro) horas no sábado. Durante o contrato de trabalho, devidamente registrado em sua CTPS, recebeu regularmente seu salário, teve recolhidos seu FGTS e contribuição previdenciária, recebeu diárias para viagem que nunca excederam de 50% (cinquenta por cento) de seu salário mensal, bem como cesta básica nos meses em que não teve nenhuma falta injustificada, por força da Convenção Coletiva da Categoria, e as horas extras que eventualmente realizava. No dia 17.08.2006, Augusto sofreu um "ataque do coração" na sede da empresa, durante seu horário de trabalho, vindo a falecer em razão do ocorrido lá mesmo. Todos da empresa tinham conhecimento da doença de Augusto, e ficaram bastante chateados com o fato. Diante do falecimento de Augusto, a empresa Magda Metalurgia Ltda. entra em contato com seu escritório no mesmo dia, solicitando seus serviços advocatícios, informando que gostaria de efetuar o regular pagamento dos direitos do empregado, assim como a entrega de eventuais guias que fossem necessárias, embora não soubesse qual o procedimento devia ser adotado.

A empresa lhe forneceu procuração e informou, ainda, que o empregado em questão nunca gozou férias na empresa, bem como que o mesmo era casado com Maria do Socorro Mendes Ricaldoni, portadora do CPF nº 236.518.456-87, e não tinha filhos, estando seus pais já falecidos.

Questão: Assim, elabore a peça processual cabível ao caso concreto, que você, como advogado(a) da reclamada, proporia em juízo. Discrimine todas as parcelas, justificando-as, bem como o motivo da elaboração e protocolo da peça em questão, com seus fundamentos jurídicos.

13.2.1 Modelo esquemático de ação de consignação em pagamento

EXCELENTÍSSIMO SENHOR DOUTOR JUIZ DA ___ VARA DO TRABALHO DE BELO HORIZONTE.

(Espaço de cinco linhas)

MAGDA METALURGIA LTDA., inscrita no Cadastro Nacional de Pessoas Jurídicas (CNPJ) sob o nº 33170273 60001-01, sediada na Rua Roberto Lyra Filho, nº 3.720, Bairro Juristas, Belo Horizonte, Minas Gerais, CEP 30520-890, endereço eletrônico, por seu advogado que esta subscreve, vem à presença de Vossa Excelência, com fulcro no art. 539 do CPC, propor a presente

AÇÃO DE CONSIGNAÇÃO EM PAGAMENTO

em face de MARIA DO SOCORRO MENDES RICALDONI, inscrita no Cadastro de Pessoas Físicas (CPF) sob o nº 236.518.456-87, endereço completo com CEP, representante de AUGUSTO LUIZ ALBUQUERQUE RICALDONI, brasileiro, filho de Antonieta Brant de Albuquerque, residente na Rua Herbert Viana, n° 1.000, Bairro dos Artistas, Sete Lagoas, Minas Gerais, CEP 45062-789, inscrito no Cadastro de Pessoas Físicas (CPF) sob o n° 321.333.476-00 e da CTPS n° 326623, série 001-002, pelos motivos de fato e de direito a seguir expostos:

DO CONTRATO DE TRABALHO

O cônjuge da consignada iniciou suas atividades laborativas na consignante em 02.03.2004, exercendo as funções de ferramenteiro, trabalhando sempre 8 horas, de segunda a sexta-feira, e 4 horas aos sábados. Em 17.08.2006, após sofrer um ataque do coração, veio a falecer, quando então percebia o salário de R$ 2.300,00 por mês.

DAS VERBAS RESCISÓRIAS

Como mencionado, o de *cujus* veio a falecer em 17.08.2006, rescindindo assim seu contrato de trabalho.

Durante seu vínculo empregatício fez horas extras eventuais, assim como recebia cestas básicas e diárias que nunca excederam de 50% de seu salário, verbas estas que, portanto, não integram a sua remuneração.

No entanto, demonstrando boa-fé processual, destaca o peticionário que o obreiro nunca gozou suas férias, razão pela qual será consignada em dobro.

O claro objetivo da presente demanda é isentar a empresa do pagamento de juros e correção monetária, assim como da multa do art. 477 da CLT.

Além desse fato, ressalte-se também o princípio básico do direito do trabalho, que é a subsistência do empregado e de sua família.

Portanto, requer a consignação de todas as verbas rescisórias do empregado, descritas no pedido, juntamente com a entrega das guias para levantamento do Fundo de Garantia.

DO PEDIDO

Ante o exposto, pleiteia o depósito judicial dos seguintes títulos:

a) saldo de salário (17 dias) - R$ _____;

b) 13° proporcional (8/12) - R$ _____;

c) férias vencidas (2005 e 2006 + 1/3) - R$ _____;

d) férias proporcionais (5/12 + 1/3) - R$ _____;

e) entrega das guias Termo de Rescisão de Contrato de Trabalho - inestimável.

DAS PROVAS

Protesta provar o alegado por todos os meios de provas em direito admitidos, especialmente pelo depoimento pessoal da consignada, oitiva de testemunhas, sem prejuízo de outras provas que se fizerem necessárias.

DA NOTIFICAÇÃO

Requer por fim a notificação da consignada para que conteste os itens supracitados, sob pena de serem admitidos como verdadeiros os fatos alegados, o que, ao final, por certo restará comprovado, com a consequente decretação da TOTAL PROCEDÊNCIA DO PEDIDO, nos termos expostos.

DO VALOR DA CAUSA

Dá-se à presente causa o valor de R$ _____.

Nesses termos,

Pede deferimento.

Local e data.

Advogado e assinatura.

OAB nº _____.

13.3 QUESTÃO PRÁTICA 2

José, funcionário da empresa LV, admitido em 11.05.2008, ocupava o cargo de recepcionista, com salário mensal de R$ 465,00. Em 19.06.2009, José afastou-se do trabalho mediante a concessão de benefício previdenciário de auxílio-doença. Cessado o benefício em 20.07.2009 e passados dez dias sem que José tivesse retornado ao trabalho, a empresa convocou-o por meio de notificação, recebida por José mediante aviso de recebimento. José não atendeu à notificação e, completados trinta dias de falta, a empresa LV expediu edital de convocação, publicado em jornal de grande circulação, mas, ainda assim, José não retornou ao trabalho. Preocupada com a rescisão do contrato de trabalho, com a baixa da CTPS, com o pagamento das parcelas decorrentes e para não incorrer em mora, a empresa procurou profissional da advocacia.

Questão: Considerando a situação hipotética acima apresentada, na qualidade de advogado(a) da empresa LV, elabore a peça processual adequada a satisfazer-lhe judicialmente o interesse.

13.3.1 Modelo esquemático de ação de consignação em pagamento

EXCELENTÍSSIMO SENHOR DOUTOR JUIZ DA ___ VARA DO TRABALHO DE _______.

(espaço de cinco linhas)

EMPRESA LV, número do CNPJ, endereço completo com CEP, endereço eletrônico, por seu advogado que esta subscreve, vem à presença de Vossa Excelência, com fulcro no art. 890 da CLT, propor a presente

AÇÃO DE CONSIGNAÇÃO EM PAGAMENTO

em face de JOSÉ, nacionalidade, estado civil, assistente contábil, nome da mãe, data de nascimento, nº do RG, nº do CPF, nº e série da CTPS, nº do PIS, endereço completo com CEP, pelos motivos de fato e de direito a seguir expostos:

DO CONTRATO DE TRABALHO

O consignado foi admitido em 11/05/2008 para exercer as funções de recepcionista na consignante, com último salário de R$ 465,00 por mês. Trabalhava de ___ a ___, das ___ às ___.

DAS VERBAS RESCISÓRIAS

Em 19.06.2009, o consignado afastou-se do trabalho mediante a concessão de benefício previdenciário de auxílio-doença, tendo cessado referido benefício em 20.07.2009, sendo oportuno ressaltar e passados dez dias sem que José tivesse retornado ao trabalho, a consignante tomou a cautela de enviar-lhe notificação convocando-lhe para retornar ao serviço, recebida pelo requerido mediante aviso de recebimento.

Tal medida mostrou-se inócua, posto que o requerido não atendeu à notificação e, completados trinta dias de falta, a consignante expediu edital de convocação, publicado em jornal de grande circulação, medida esta também tornada sem efeito.

Assim, objetivando evidenciar boa-fé processual, e de modo a isentar a empresa consignante da condenação em pagamento de juros e correção monetária, assim como da multa prevista no art. 477, § 8º, da CLT, é intentada a presente medida.

Portanto, requer a consignação de todas as verbas rescisórias do empregado, descritas no tópico do pedido, decorrentes do claro abandono de emprego perpetrado nos moldes do art. 482, *i*, da CLT e Súmula 32 do Colendo TST.

DO PEDIDO

Pelo exposto, pleiteia o depósito judicial dos seguintes títulos, a fim de conferir quitação ao contrato de trabalho:

a) saldo de Salário de 19 dias (mês de afastamento) R$ 294,50;

b) férias vencidas acrescidas de 1/3 R$ 619,98.

DAS PROVAS

Protesta provar o alegado por todos os meios de prova em direito admitidos, em especial pelo depoimento pessoal do consignado, oitiva de testemunhas, sem prejuízo das demais provas eventualmente cabíveis.

DA NOTIFICAÇÃO

Por fim, requer a notificação do consignado para que conteste os itens supracitados, sob pena de serem admitidos como verdadeiros, o que, por certo, ao final restará comprovado, com a consequente decretação da TOTAL PROCEDÊNCIA DOS PEDIDOS formulados, nos exatos termos expostos.

DO VALOR DA CAUSA

Dá-se à causa o valor de R$ _____.

Nesses termos,
Pede deferimento.
Local e data.
Nome e assinatura do advogado
OAB nº _____.

O gabarito da questão prática a seguir encontra-se no final desta Parte II.

13.4 QUESTÃO PRÁTICA 3

"A", atleta profissional de futebol, está com dois meses de salários atrasados. "B", clube que é o empregador do atleta, vem tentando efetuar o pagamento ao jogador, que se recusa a receber as quantias em atraso.

Questão: Como advogado do clube empregador, proponha a medida cabível, com vistas a evitar que o empregado possa requerer a rescisão indireta do contrato de trabalho.

13.5 QUESTÃO PRÁTICA 4

Zenga Modas Ltda., CNPJ 1.1.0001/00, com sede na Rua Lopes Quintas, 10 – Maceió – AL, encontra-se na seguinte situação: Joana Firmino, brasileira, casada, costureira, residente na Rua Lopes Andrade, 20 – Maceió – AL – CEP 10.0001-00, foi contratada pela, em 12.09.2008, para exercer a função de costureira, na unidade de Maceió – AL, sendo dispensada sem justa causa em 11.10.2012, mediante aviso prévio indenizado. Naquele dia Joana entregou a CTPS à empresa para efetuar as atualizações de férias, e tal documento ainda se encontra custodiado no setor de recursos humanos. Joana foi cientificada de que no dia 15.10.2012, às 10 horas, seria homologada a ruptura e pagas as verbas devidas no sindicato de classe de Joana. Contudo, na data e hora designadas, a empregada não compareceu, recebendo a empresa certidão nesse sentido emitida pelo sindicato. Procurado por Zenga Modas Ltda. em 17.10.2012, apresente a medida judicial adequada à defesa dos interesses empresariais, sem criar dados ou fatos não informados, ciente de que a empregada fruiu férias dos períodos 2008/2009 e 2009/2010 e de que, no armário dela, foi encontrado um telefone celular de sua propriedade, que se encontra guardado no almoxarifado da empresa. É desnecessária a indicação de valores.

14 Correição Parcial

14.1 CONSIDERAÇÕES SOBRE A PEÇA

Descrita no art. 682, XI, da CLT, a Correição Parcial é endereçada ao Juiz Presidente do Tribunal Regional do Trabalho. Em Tribunais de porte existe a figura do Juiz Corregedor, quando então a petição inicial da correição deve ser endereçada a ele. Em caso específico de Exame de Ordem, o examinando deverá endereçar sempre ao Juiz Corregedor do Tribunal Regional do Trabalho da _____ Região, quando o ato de abuso tiver sido cometido pelo Juiz da Vara do Trabalho. Se o ato for cometido por Juiz do TRT ou Ministro do TST, a competência será do Ministro Corregedor do TST.

ATENÇÃO!

Distingue-se do mandado de segurança, pois enquanto este (MS) destina-se a decisões interlocutórias e atos coercitivos, porém, dentro do procedimento processual correto, a correição se aplica a abusos processuais, como, por exemplo, cite-se a situação em que o juiz adia injustificadamente o julgamento de determinada demanda.

A banca FGV trouxe uma grande revelação no exame 2011.2, tendo em vista que declarou ser cabível correição parcial quando houver o trancamento de agravo de instrumento de que se prestava a destrancar recurso ordinário trancado na Vara do Trabalho, além do cabimento também, para essa situação, dos recursos de Embargos de declaração, do art. 897-A parte final, e também do

Mandado de segurança. Uma frase que descreve o cabimento da correição parcial é "tumulto processual, ou subversão da ordem processual".

O gabarito da questão prática a seguir encontra-se no final desta Parte II.

14.2 QUESTÃO PRÁTICA 1

O Juiz da 70ª Vara do Trabalho de Maringá indeferiu o depoimento pessoal do reclamante, bem como de suas testemunhas, destacando, num primeiro momento, que o depoimento pessoal não mais subsiste, sendo substituído pelo interrogatório, e este só é feito se o juiz entender necessário, e das testemunhas, em razão de que elas têm reclamação trabalhista em face do mesmo empregador. O patrono do obreiro requereu a consignação de protestos e o juiz, mais uma vez, indeferiu, destacando que tal figura não tem previsão legal.

Questão: Como advogado do reclamante, promova a medida cabível.

15 Contestação

15.1 CONSIDERAÇÕES SOBRE A PEÇA

No processo do trabalho a contestação é entregue em audiência, como destaca o art. 847 da CLT: "Não havendo acordo, o reclamado terá vinte minutos para aduzir sua defesa, após a leitura da reclamação, quando esta não for dispensada por ambas as partes".

A Banca FGV tem dedicado uma atenção muito especial à contestação e já exigiu essa peça repetidas vezes depois que assumiu o exame nacional de ordem.

Não é difícil elaborar uma contestação, isso porque o examinando deve ter em mente NEGAR tudo o que tiver sido pleiteado pelo autor em sua petição inicial trazida no problema. O examinando deve apresentar fundamento jurídico para toda impugnação que apresentar. Dois princípios são de essencial destaque quando o assunto é contestação, são eles: princípio da eventualidade, e princípio da impugnação especificada.

Pelo princípio da eventualidade deve-se observar que "esse é o momento" de apresentar toda a matéria de defesa, seja preliminar, prejudicial de prescrição ou o mérito propriamente dito. Lembre-se de que mesmo havendo arguição de uma prescrição bienal, por exemplo, deverá haver também a impugnação de todo o mérito, já que na eventualidade da prejudicial de prescrição não ser acolhida, o mérito terá sido impugnado também, não havendo devolução de prazo para apresentação para apresentação da impugnação de mérito.

Já pelo princípio da impugnação especificada, que se colhe do art. 341 do CPC, aplicável no processo do trabalho por força do art. 769 da CLT, a parte que contesta deve apresentar uma impugnação completa sobre todas as matérias apresentadas na petição inicial, pena de presunção de verdade destas matérias trazidas na inicial.

Junto com a contestação podem ser arguidas algumas preliminares e exceções, entre as quais destacamos:

15.2 INEXISTÊNCIA OU NULIDADE DA CITAÇÃO (ART. 337 DO CPC)

a) inépcia da inicial (art. 337, IV, do CPC);
b) litispendência (art. 337, VI, do CPC);
c) coisa julgada (art. 337, VII, do CPC);
d) conexão (art. 55 do CPC);
e) continência (art. 56 do CPC);
f) ausência de legitimidade ou de interesse processual; (art. 485, VI, do CPC).

15.3 EXCEÇÕES (ART. 799 DA CLT)

É o ato pelo qual a parte denuncia vícios ou impedimentos do processo. São elas:

a) de incompetência: a incompetência, absoluta ou relativa, será alegada como questão preliminar de contestação, sendo certo que, nos termos do Código de Processo Civil, a incompetência absoluta pode ser alegada em qualquer tempo e grau de jurisdição, e após manifestação da parte contrária, o juiz decidirá imediatamente a alegação de incompetência. Caso ela seja acolhida, os autos serão remetidos ao juízo competente. Nos termos do CPC, ainda, prorrogar-se-á a competência relativa se o réu não alegar a incompetência em preliminar de contestação, sabendo-se que a incompetência relativa pode ser alegada pelo Ministério Público nas causas em que atuar.
b) de suspeição.

15.4 MÉRITO

a) prescrição (bienal e quinquenal);
b) compensação, dedução, retenção na peça da defesa e não em autos apartados;
c) reconvenção: deve ser feita na peça da defesa, ou seja, na própria contestação, nos termos do art. 343 do CPC.

15.5 QUESTÃO PRÁTICA 1

Joaquim Ferreira, assistido por advogado particular, ajuizou reclamação trabalhista, pelo rito ordinário, em face da empresa Parque dos Brinquedos Ltda. (RT nº 0001524-15.2011.5.04.0035), em 07.11.2011, alegando que foi admitido em 03.02.2007, para trabalhar na linha de produção de brinquedos na sede da empresa localizada no Município de Florianópolis-SC, com salário de R$ 2.000,00 (dois mil reais) mensais e horário de trabalho das 8 às 17 horas, de segunda-feira a sábado, com 1 (uma) hora de intervalo intrajornada. Esclarece, contudo, que, logo após a sua admissão, foi transferido, de forma definitiva, para a filial da reclamada situada no Município de Porto Alegre-RS e que jamais recebeu qualquer pagamento a título de adicional de transferência. Diz que, em razão da insuficiência de transporte público regular no trajeto de sua residência para o local de trabalho e vice-versa, a empresa lhe fornecia condução, não lhe pagando as horas *in itinere*, nem promovendo a integração do valor correspondente a essa utilidade no seu salário, para todos os efeitos legais. Salienta, ainda, que não recebeu o pagamento do décimo terceiro salário do ano de 2008 e não gozou as férias relativas ao período aquisitivo 2007/2008, apesar de ter permanecido em licença remunerada por 33 (trinta e três) dias no curso desse mesmo período. Afirma também que exercia função idêntica ao paradigma Marcos de Oliveira, prestando um trabalho de igual valor, com a mesma perfeição técnica e a mesma produção, não obstante o fato de a jornada de trabalho do modelo fosse bem inferior ao do autor. Por fim, aduz que, à época de sua dispensa imotivada, era o Presidente da Comissão Interna de Prevenção de Acidentes – CIPA instituída pela empresa, sendo beneficiário de garantia provisória de emprego. A extinção do contrato de trabalho ocorreu em 03.10.2009. Diante do acima exposto, postula: a) o pagamento do adicional de transferência e dos reflexos no aviso prévio, nas férias, nos décimos terceiros salários, nos depósitos do FGTS e na indenização compensatória de 40% (quarenta por cento); b) o pagamento das horas *in itinere* e dos reflexos no aviso prévio, nas férias, nos décimos terceiros salários, nos depósitos do FGTS e na indenização compensatória de 40% (quarenta por cento); c) o pagamento das diferenças decorrentes da integração no salário dos valores correspondentes ao fornecimento de transporte e dos reflexos no aviso prévio, nas férias, nos décimos terceiros salários, nos depósitos do FGTS e na indenização compensatória de 40% (quarenta por cento); d) o pagamento, em dobro, das férias relativas ao período aquisitivo 2007/2008; e) o pagamento das diferenças decorrentes da equiparação salarial com o paradigma apontado e dos reflexos no aviso prévio, nas férias, nos décimos terceiros salários, nos depósitos do FGTS e na indenização compensatória de 40% (quarenta por cento); f) a reintegração no emprego, em razão da garantia provisória de emprego conferida ao empregado membro da Comissão Interna de Prevenção de Acidente – CIPA, ou o pagamento de indenização substitutiva; e g) o pagamento de honorários advocatícios. Considerando que a reclamação trabalhista foi distribuída à 35ª Vara do Trabalho de Porto Alegre-RS, redija, na condição de advogado(a) contratado(a) pela reclamada, a peça processual adequada, a fim de atender aos interesses de seu cliente.

15.5.1 Modelo esquemático de contestação

EXCELENTÍSSIMO SENHOR DOUTOR JUIZ DA 35ª VARA DO TRABALHO DE PORTO ALEGRE - RS.

Processo nº 0001524-15.2011.5.04.0035

(Espaço de cinco linhas)

PARQUE DOS BRINQUEDOS LTDA, nº do CNPJ, endereço completo com CEP, endereço eletrônico, por seu advogado que esta subscreve, vem à presença de Vossa Excelência apresentar, em face da Reclamatória Trabalhista que lhe move JOAQUIM FERREIRA, com fulcro no art. 847 da CLT, sua

CONTESTAÇÃO

pelos motivos de fato e de direito que a seguir expõe:

SÍNTESE DA INICIAL

Em síntese pleiteia: 13º salário de 2008; adicional de transferência e reflexos; horas in itinere e reflexos; o pagamento das diferenças decorrentes da integração no salário dos valores de vale transporte e reflexos legais; o pagamento, em dobro, das férias relativas ao período aquisitivo 2007/2008; o pagamento das diferenças decorrentes da equiparação salarial e reflexos; a reintegração no emprego, em razão da garantia provisória de emprego conferida ao empregado membro da Comissão Interna de Prevenção de Acidente - CIPA, ou o pagamento de indenização substitutiva; e honorários advocatícios.

PRELIMINARMENTE

Da inépcia do pedido de décimo terceiro salário

Cumpre ressaltar inicialmente, antes de discutir o mérito, que o reclamante apresentou causa de pedir no sentido de que o pagamento de décimo terceiro salário do ano de 2008 não lhe teria sido pago, sem, contudo, fazer menção expressa de tal requerimento no rol de pedidos.

Referido pedido resta inepto, por ausência de pedido, nos termos do art. 330, inciso I, do CPC.

Dessa forma, requer o acolhimento da presente preliminar de inépcia, devendo o pedido ser extinto sem resolução do mérito, com fundamento no art. 485, inciso I, do CPC.

DO MÉRITO

Da prescrição bienal

Tendo em vista o ajuizamento da presente ação em 07.11.2011, e o término da contratualidade ter se dado em 03.10.2009, necessário se faz suscitar a ocorrência da prescrição total, ou bienal.

Isso, pois, de acordo com os que prerrogam os arts. 7º, XXIX, da CF, 11, I, da CLT e Súmula 308, I, do TST, ao final da contratualidade, é conferido ao trabalhador o prazo máximo de dois anos para ajuizamento de ação.

Assim, ainda que se considerasse a projeção do aviso prévio contida nas OJs 82 e 83, ambas da SDI-1 do TST, a presente ação resta prescrita, pelo que desde já requer sua declaração, com a consequente extinção do processo com resolução do mérito, com fundamento no art. 487, inciso II, do CPC.

Todavia, caso não seja esse o entendimento de Vossa Excelência, em atenção ao princípio da eventualidade, passa o reclamado a contestar fundamentada e especificamente os demais pedidos, conforme a seguir:

Do adicional de transferência e reflexos

Pleiteou o obreiro o pagamento de adicional de transferência em razão da mudança definitiva de domicílio para Porto Alegre, logo após a contratação, residindo ali até o término da contratualidade.

Ocorre que consoante previsão no art. 469, § 3°, da CLT e OJ 113 da SDI-1 do TST, referido adicional somente é devido na ordem de 25% sobre o salário, quando a mudança seja de caráter provisório, o que não ocorreu no caso em exame, já que, como informa o próprio reclamante em sua petição inicial, a transferência se deu de forma definitiva para Porto Alegre/RS.

Dessa forma, requer seja o presente pedido de adicional de transferência e seus reflexos legais julgado improcedente.

Das horas *in itinere* e reflexos

Lança mão o obreiro do pedido de pagamento de horas in itinere e reflexos nas verbas contratuais e rescisórias em razão da insuficiência de transporte público regular para o transporte entre sua residência e o trabalho.

Todavia, a mera insuficiência de transporte não gera direito ao pagamento de referida parcela, consoante previsão na Súmula 90, III, do TST.

Portanto, requer seja julgado improcedente o pedido em epígrafe, seguindo os reflexos a mesma sorte do principal.

Da integração salarial do vale transporte e reflexos

Pleiteia ainda o reclamante sejam integrados ao salário os valores relativos ao pagamento do Vale Transporte, por entender ser verba de natureza salarial, requerendo, outrossim, a geração de reflexos legais.

Ocorre que referido pedido não merece prosperar, uma vez que tal pagamento não integra a remuneração para quaisquer fins, conforme previsto no art. 458, § 2°, III, da CLT.

Logo, por qualquer lado que se analise a questão, merece ser julgado improcedente o pedido de integração do vale transporte, por não ser parcela de natureza salarial, não havendo que se falar em reflexos.

Das férias dobradas

Alega o obreiro que não gozou, tampouco recebeu as férias relativas ao ano de 2008, requerendo-as, pois, de forma dobrada.

Convém destacar, todavia, que referido pedido não merece prosperar, uma vez que, durante o respectivo período aquisitivo, permaneceu o empregado em gozo de licença remunerada por 33 dias, o que, nos moldes do art. 133, II, da CLT, lhe retira tal direito.

Assim sendo, requer se digne Vossa Excelência a julgar improcedente o pedido, uma vez que o afastamento se deu por mais de 30 dias, não merecendo prosperar a alegação obreira.

Da equiparação salarial e reflexos

Pleiteia o reclamante a equiparação salarial e reflexos com o paradigma Marcos de Oliveira, alegando, para tanto, que ambos prestavam trabalho de igual valor, com a mesma perfeição técnica e a mesma produção, não obstante o fato de a jornada de trabalho do paradigma ser bem inferior a do paragonado.

Ora, se ambos desempenhavam as mesmas funções, mas com jornadas de trabalho diferenciadas, não havia a mesa produtividade, restando claro que o paradigma apontado possuía produtividade maior que o reclamante, sendo este um dos requisitos indispensáveis para amparar o pedido de equiparação salarial, nos moldes do art. 461, § 1°, da CLT.

Logo, pelo exposto, merece ser julgado improcedente o presente pedido de equiparação e reflexos, o que desde já se requer.

OBS.: a banca FGV considerou correto também a apresentação de mês a preliminar de inépcia para este pedido, como se extrai do espelho de respostas, exame 2011.2 realizado em 04.12.2011.

Da garantia provisória de emprego

Aduz ainda o autor que, à época de sua dispensa imotivada, era o Presidente da Comissão Interna de Prevenção de Acidentes - CIPA instituída pela empresa, sendo beneficiário, pois, de garantia provisória de emprego prevista no art. 10, II, *a*, do ADCT.

Ocorre que o referido pedido não merece prosperar, uma vez que a garantia aludida no dispositivo legal supracitado restringe-se ao empregado eleito em Assembleia, de representação dos empregados. Já o empregado indicado pela empresa para exercer a Presidência da CIPA, como no caso do obreiro, não há que se falar em garantia de emprego, entendimento que se extrai do art. 164, § 1° e 5° e art. 165 da CLT.

Dessa forma, requer seja julgado improcedente o presente pedido, eis que inteiramente divorciado dos preceitos legais.

Dos honorários advocatícios

Requer o obreiro, por fim, a condenação do reclamado no pagamento de honorários advocatícios.

Entretanto, mais uma vez referido pedido não merece prosperar, uma vez que o autor está sendo assistido por advogado particular no presente feito, não estando preenchidos, pois, os requisitos previstos no art. 14, § 1°, da Lei 5.584/1970, bem como na

Súmula 219 do TST, mormente pelo fato da ausência de representação processual por advogado do sindicato da categoria.

Portanto, mais uma vez melhor sorte não assiste ao obreiro, devendo ser julgado improcedente o pedido de condenação em honorários de advogado.

DAS PROVAS

Protesta provar o alegado por todos os meios de prova em direito admitidos, sem exclusão de nenhum deles, em especial pelo depoimento pessoal do reclamante, oitiva de testemunhas, sem prejuízo das demais provas eventualmente cabíveis.

DA IMPROCEDÊNCIA

Por todo o exposto, requer se digne a, primeiramente, acolher a preliminar de inépcia suscitada, julgando extinto sem resolução de mérito o pedido de pagamento de 13° salário de 2008 e, no mérito, que seja acolhida a prescrição bienal arguida, julgando o processo extinto com resolução de mérito e, na remota hipótese de não acolhimento, que sejam julgados TOTALMENTE IMPROCEDENTES os pedidos lançados na exordial, pelas razões supra.

Nesses termos,

Pede deferimento.

Local e data.

Nome e assinatura do advogado

OAB n° ______.

15.6 QUESTÃO PRÁTICA 2

"A" trabalhou na empresa "B" em Blumenau, quando então foi demitido sem justa causa no dia 12.03.2002, recebendo seus consectários legais. No dia 24.04.2004 propôs reclamação trabalhista perante o Juízo de Florianópolis, pleiteando horas extras e reflexos, adicional de periculosidade e equiparação salarial, mesmo sem indicar paradigma. O empregado sempre trabalhou exercendo as funções de eletricista de manutenção, laborando com as máquinas desligadas de segunda a sexta-feira das 6h00 às 15h48 horas, com uma hora de intervalo para refeição e descanso. Jamais trabalhou aos sábados e domingos.

Questão: Como advogado de "B" proponha a medida cabível.

EXCELENTÍSSIMO SENHOR DOUTOR JUIZ DA _____ VARA DO TRABALHO DE FLORIANÓPOLIS

(Espaço de cinco linhas)

Processo n° ______

"B", já qualificado na exceção de incompetência relativa apresentada, por seu advogado que esta subscreve, nos autos da

Reclamação Trabalhista que lhe move "A", vem à presença de Vossa Excelência apresentar a sua

CONTESTAÇÃO

pelos motivos de fato e de direito a seguir expostos:

Em síntese pleiteia o reclamante: equiparação salarial, horas extras e reflexos e adicional de periculosidade.

PRELIMINARMENTE

DA INCOMPETÊNCIA DE FORO

O reclamante propôs reclamação trabalhista, em virtude da excipiente, pleiteando os títulos nesta peça contestados.

Ocorre que o reclamante sempre prestou serviços na cidade de Blumenau, propondo, no entanto, a presente demanda no Juízo de Florianópolis, desatendendo assim ao disposto no art. 651 da CLT.

O dispositivo legal em apreço destaca que a reclamação trabalhista deve ser proposta no local da prestação de serviços.

Assim, requer o devido encaminhamento dos presentes autos à Vara de Blumenau, nos termos legais.

Inépcia da inicial

A inicial é parcialmente inepta, impondo sua devida extinção.

Tal fato se extrai facilmente em razão da grave omissão contida na inicial pertinente ao pedido de equiparação salarial.

Isso porque o reclamante não apontou, em nenhum momento, o paradigma, condição indispensável à apuração salarial.

Dessa forma, o fato em tela prejudicada sobremaneira a elaboração da defesa, pelo que requer a extinção sem julgamento do mérito, nos termos do art. 485, I, e art. 330, I, ambos do CPC.

MÉRITO

Da prescrição bienal

Argui-se inicialmente, no mérito, a prescrição bienal, contida no art. 11 da CLT, bem como no art. 7°, XXIX, da CF/1988.

O reclamante obteve sua demissão no dia 12.03.2002, propondo a presente demanda somente no dia 24.04.2004, ultrapassando, assim, o prazo prescricional de dois anos contido nos dispositivos legais já destacados.

Assim, requer-se a extinção do presente processo com exame de mérito nos termos descritos.

Contudo, se este não for o entendimento de Vossa Excelência, fato este que trazemos à tela somente para argumentar, contestamos os itens da exordial nos seguintes termos:

Da equiparação salarial

Ainda com base no princípio da eventualidade, caso a preliminar supraexposta não seja admitida, contra-argumenta-se o pleito em tela. Como já mencionado, a defesa está amplamente prejudicada em razão de a inicial não ter trazido o paradigma, mas tal fato certamente se deve em razão de que não há na empresa nenhum outro empregado que preencha os requisitos do art. 461 da CLT, pelo que descabe a pretensão.

Das horas extras e reflexos

O reclamante atesta que laborava das 6h00 às 15h48 horas, com uma hora de intervalo intrajornada. Portanto, pleiteia 48 minutos diários de horas extras.

A jornada acima exposta de fato é verdadeira. Ocorre, porém, que o reclamante jamais laborou aos sábados e domingos, pelo que estes quarenta e oito minutos extraordinários requeridos correspondem à compensação das quatro horas aos sábados como deflui da Súmula 85 do TST.

Dessa forma, não há que se falar nas horas extras requeridas em razão do acordo de compensação pactuado entre as partes, pelo que descabe, consequentemente, os reflexos pretendidos.

Do adicional de periculosidade

O autor ainda requer adicional de periculosidade na base de 30%, como prevê o art. 193 do Diploma Legal Consolidado, por ser eletricista de manutenção.

Todavia, o reclamante, apesar de realmente exercer esta função, sempre laborou com as máquinas desligadas, não havendo, portanto, que se falar em risco à integridade física do obreiro, o que certamente ocasionaria o adicional em questão.

O art. 193 já citado é claro ao dispor que, para que os empregados tenham direito ao adicional de periculosidade, é indispensável que esteja "em condições de risco acentuado", fato este que claramente não ocorre no caso em tela, já que, repita-se, o empregado sempre desempenhou suas funções com as máquinas desligadas.

Dessa forma, não há que se falar no adicional pleiteado.

DAS PROVAS

Protesta provar o alegado por todos os meios de provas admitidos em direito, especialmente pelo depoimento pessoal do reclamante, oitiva de testemunhas, prova pericial, sem prejuízo de outras provas eventualmente cabíveis.

DA IMPROCEDÊNCIA

Por fim, requer-se preliminarmente a inépcia da inicial, com a extinção da ação sem julgamento do mérito, caso não seja esse vosso entendimento seja conhecida a incompetência territorial deste juízo a fim de que o processo seja encaminhado à Vara de Blumenau. Caso não seja este o vosso entendimento, no mérito pleiteia-se inicialmente a decretação da prescrição bienal suscitada, com a extinção da ação com julgamento do mérito, e, não sendo este o seu entendimento, requer, por fim, o indeferimento do pleito supracitado, o que acabará por caracterizar a TOTAL IMPROCEDÊNCIA DOS PEDIDOS.

Nesses termos,

Pede deferimento.

Local e data.

Nome e assinatura do advogado.

OAB nº _____

15.7 QUESTÃO PRÁTICA 3

Antônio, engenheiro civil, trabalhava para a construtora Alfa Ltda., onde exercia a função de supervisor de equipamentos e manutenção. No seu trabalho, Antônio supervisionava 35 empregados, que estavam diretamente subordinados a ele. Antônio recebia uma gratificação equivalente a 40% do seu salário por exercer a função de supervisor, e não registrava sua jornada de trabalho. Após ser demitido sem justa causa da construtora, Antônio ingressou com uma reclamação trabalhista pleiteando o pagamento de jornada extraordinária, alegando que cumpria jornada de trabalho das 8h às 20h, de segunda a sexta-feira, com intervalo de 1 hora para almoço, e das 8h às 15h aos sábados, com intervalo de 30 minutos para almoço. Como prova de sua jornada de trabalho, Antônio apresentou duas testemunhas. Ademais, alegou que, apesar do cargo de supervisor, não possuía autonomia nem poder de mando, já que estava subordinado à direção da empresa, cumprindo ordens, metas e determinações por parte da diretoria. Alegou, ainda, que recebia um salário maior que o salário habitualmente pago aos outros engenheiros civis em razão de sua experiência profissional.

Questão: Considerando a situação hipotética acima como referência e com base na CLT, elabore a contestação da Construtora Alfa, refutando a tese sustentada por Antônio em sua inicial.

15.7.1 Modelo esquemático de contestação

EXCELENTÍSSIMO SENHOR DOUTOR JUIZ DA _____ VARA DO TRABALHO DE ______.

(Espaço de cinco linhas)

Processo nº _______

ALFA LTDA., inscrita no Cadastro Nacional de Pessoas Jurídicas (CNPJ) sob o nº _____, endereço completo com CEP, endereço eletrônico, nos autos da reclamação trabalhista que lhe move ANTÔNIO, por seu advogado que esta subscreve, vem à presença de Vossa Excelência, com fulcro no art. 847 da CLT, apresentar

CONTESTAÇÃO

pelos motivos de fato e de direito a seguir expostos:

Em síntese pleiteia o reclamante: horas extras do período trabalhado.

DAS HORAS EXTRAS

O reclamante, em sua inicial, alega que laborava das 8h às 20h, de segunda a sexta-feira, com intervalo de 1 hora para almoço, e das 8h às 15h aos sábados, com intervalo de 30 minutos para almoço.

Diante disso, pleiteia horas extras, como mencionado.

Ocorre que o reclamante exercia poder de mando na empresa, pois comandava, como engenheiro civil, 35 empregados em seu setor.

Além disso, sempre recebeu 40% de gratificação de função, o que, de acordo com o art. 62, II, da CLT, configura o cargo de confiança, excluindo-o da jornada de trabalho.

O reclamante, com o claro intuito de induzir Vossa Excelência a erro, alerta que possuía superiores hierárquicos e que, por isso, não haveria que se falar em cargo de confiança.

Ora, Excelência, é claro que não sendo o reclamante proprietário da reclamada, sempre terá superiores, o que não afasta o cargo de gestão.

Assim, por qualquer lado que se analise a questão, não há como admitir as horas extras pleiteadas, pelo que requer seu indeferimento.

DAS PROVAS

Protesta provar o alegado por todos os meios de provas em direito admitidos, especialmente pelo depoimento pessoal do reclamante, oitiva de testemunhas, sem prejuízo de outras provas que se fizerem necessárias.

DA IMPROCEDÊNCIA

Requer, por fim, o indeferimento do pleito supracitado, o que acabará por caracterizar a TOTAL IMPROCEDÊNCIA DOS PEDIDOS.

Nesses termos,

Pede deferimento.

Local e data.

Advogado e assinatura.

OAB nº ______

O gabarito da questão prática a seguir encontra-se no final desta Parte II.

15.8 QUESTÃO PRÁTICA 4

Kelly Amaral, assistida por advogado particular não vinculado ao seu sindicato de classe, ajuizou reclamação trabalhista, pelo Rito Ordinário, em face do Banco Finanças S/A (RT nº 1234/2010), em 13.09.2010, afirmando que foi admitida em 04.08.2002 para exercer a função de gerente geral de agência, e que prestava serviços diariamente de segunda-feira a sexta-feira, das 09h00min às 20h00min, com intervalo para repouso e alimentação de 30 (trinta) minutos diários, apesar de não ter se submetido a controle de ponto. Seu contrato extinguiu-se em 15.07.2009, em razão de dispensa imotivada, quando recebia salário no valor de R$ 5.000,00 (cinco mil reais), acrescido de 45% (quarenta e cinco por cento), a título de gratificação de função. Aduziu, ainda, que desde a sua admissão, e sempre por força de normas coletivas, vinha percebendo o pagamento de auxílio-educação, de natureza indenizatória, para custear a despesas com a instrução de seus dependentes. O pagamento desta vantagem perdurou até o termo final de vigência da convenção coletiva de trabalho de 2006/2007, aplicável à categoria profissional dos bancários, não tendo sido renovado o direito à percepção do referido auxílio nos instrumentos normativos subsequentes. Em face do princípio da inalterabilidade contratual sustentou a incorporação do direito ao recebimento desta vantagem ao seu contrato de trabalho, configurando direito adquirido, o qual não poderia ter sido suprimido pelo empregador. Nomeada, em janeiro/2009, para exercer o cargo de delegado sindical de representação obreira, no setor de cultura e desporto da entidade e que inobstante tal estabilidade foi dispensada imotivadamente, por iniciativa de seu empregador. Inobstante não prestar atividades adstritas ao caixa bancário, por isonomia, requer o recebimento da parcela quebra de caixa, com a devida integração e reflexos legais. Alegou, também, fazer jus a isonomia salarial com o Sr. Osvaldo Maleta, readaptado funcionalmente por causa previdenciária, e por tal desde janeiro/2008 exerce a função de Gerente Geral de Agência, ou seja, com idêntica função ao autor da demanda, na mesma localidade e para o mesmo empregador e cujo salário fixo superava R$ 8.000,00 (oito mil reais), acrescidos da devida gratificação funcional de 45%. Alega a não fruição e recebimento das férias do período 2007/2008, inobstante admitir ter se retirado em licença remunerada, por 32 (trinta e dois) dias durante aquele período aquisitivo. Diante do exposto, postulou a reintegração ao emprego, em face da estabilidade acima perpetrada ou indenização substitutiva e a condenação do banco empregador ao pagamento de 02 (duas) horas extraordinárias diárias, com adicional de 50% (cinquenta por cento), de uma hora extra diária, pela supressão do intervalo mínimo de uma hora e dos reflexos em aviso prévio, férias integrais e proporcionais, décimo terceiro salário integral e proporcional, FGTS e indenização compensatória de 40% (quarenta por cento), assim como dos valores mensais correspondentes ao auxílio educação, desde a data da sua supressão até o advento do término de seu contrato, do recebimento da parcela denominada quebra de caixa, bem como sua integração e reflexos nos termos da lei, diferenças salariais e reflexos em aviso prévio, férias integrais e proporcionais, décimo terceiro salário integral e proporcional, FGTS + 40 %, face pleito equiparatório e férias integrais 2007/2008, de forma simples e acrescidos de 1/3 pela não concessão a tempo e modo. Pleiteou, por fim, a condenação do reclamado ao pagamento de indenização por danos morais e de honorários advocatícios sucumbenciais.

Considerando que a reclamação trabalhista foi ajuizada perante a 1ª Vara do Trabalho de Boa Esperança/MG, redija, na condição de advogado contratado pelo banco empregador, a peça processual adequada, a fim de atender aos interesses de seu cliente.

15.9 QUESTÃO PRÁTICA 5

Anderson Silva, assistido por advogado não vinculado ao seu sindicato de classe, ajuizou reclamação trabalhista, pelo rito ordinário, em face da empresa Comércio Atacadista de Alimentos Ltda. (nº 0055.2010.5.01.0085), em 10.01.2011, afirmando que foi admitido em 03.03.2002, na função de divulgador de produtos, para exercício de trabalho externo, com registro na CTPS dessa condição, e salário mensal fixo de R$ 3.000,00 (três mil reais). Alegou que prestava serviços de segunda-feira a sábado, das 9h às 20h, com intervalo para alimentação de 01 (uma) hora diária, não sendo submetido a controle de jornada de trabalho, e que foi dispensado sem justa causa em 18.10.2010, na vigência da garantia provisória de emprego prevista no art. 55 da Lei 5.764/71, já que ocupava o cargo de diretor suplente de cooperativa criada pelos empregados da ré. Afirmou que não lhe foi pago o décimo terceiro salário do ano de 2009 e que não gozou as férias referentes ao período aquisitivo 2007/2008, admitindo, porém, que se afastou, nesse mesmo período, por 07 (sete) meses, com percepção de auxílio-doença. Aduziu, ainda, que foi contratado pela ré, em razão da morte do Sr. Wanderley Cardoso, para exercício de função idêntica, na mesma localidade, mas com salário inferior em R$ 1.000,00 (um mil reais) ao que era percebido pelo paradigma, em ofensa ao art. 461, *caput,* da CLT. Por fim, ressaltou que o deslocamento de sua residência para o local de trabalho e vice-versa era realizado em transporte coletivo fretado pela ré, não tendo recebido vale-transporte durante todo o período do contrato de trabalho. Diante do acima exposto, postulou: a) a sua reintegração no emprego, ou pagamento de indenização substitutiva, em face da estabilidade provisória prevista no art. 55 da Lei 5.674/71; b) o pagamento de 02 (duas) horas extraordinárias diárias, com adicional de 50% (cinquenta por cento), e dos reflexos no aviso prévio, férias integrais e proporcionais, décimos terceiros salários integrais e proporcionais, FGTS e indenização compensatória de 40% (quarenta por cento); c) o pagamento em dobro das férias referentes ao período aquisitivo de 2007/2008, acrescidas do terço constitucional, nos termos do art. 137 da CLT; d) o pagamento das diferenças salariais decorrentes da equiparação salarial com o paradigma apontado e dos reflexos no aviso prévio, férias integrais e proporcionais, décimos terceiros salários integrais e proporcionais, FGTS e indenização compensatória de 40% (quarenta por cento); e) o pagamento dos valores correspondentes aos vales-transportes não fornecidos durante todo o período contratual; e f) o pagamento do décimo terceiro salário do ano de 2008. Considerando que a reclamação trabalhista foi distribuída à 85ª Vara do Trabalho do Rio de Janeiro – RJ, redija, na condição de advogado contratado pela empresa, a peça processual adequada, a fim de atender aos interesses de seu cliente.

15.10 QUESTÃO PRÁTICA 6

"A" trabalhou para "B" no período de 01.08.1997 a 26.06.2001, quando foi despedido sob alegação de falta grave. Na Câmara de Conciliação Prévia das categorias profissional e econômica, "B" compareceu e alegou que o despedimento ocorrera por faltas injustificadas e que não tinha proposta de acordo porque a empresa estava atravessando sérias dificuldades econômico-financeiras e sem condições de dispor de nenhuma importância. Diante disso, "A" propôs Reclamação Trabalhista contra os sócios titulares de "B", sob a fundamentação de não possuir a empresa condições de responder pelo pagamento e também não dispor de bens para garantia de eventual execução, pleiteando o saldo de salário de 26 dias do mês de junho/2001, o aviso prévio, as férias proporcionais de 11/12 acrescidas da gratificação de 1/3, o 13º salário proporcional de 7/12, a multa do § 8º do art. 477 da CLT, bem como o termo de rescisão do contrato de trabalho, no código 01, e a guia de recolhimento da multa de 40% para levantamento dos depósitos do FGTS, e ainda a comunicação de dispensa atinente ao seguro-desemprego, em tempo hábil, sob pena do pagamento da indenização correspondente.

Questão: Como advogado, articule e fundamente a peça processual em favor do cliente "B".

15.11 QUESTÃO PRÁTICA 7

O Banco G.O.L. S/A, em liquidação extrajudicial, demitiu, sem justa causa, após 8 anos e 3 meses de prestação de serviços, a gerente de uma de suas agências, Srta. Vitória, ocasião em que percebia o salário de R$ 3.500,00 (três mil e quinhentos reais), mais gratificação de função correspondente a 1/3 do salário. Por ocasião do pagamento das verbas rescisórias, o Banco não conseguiu descontar o valor do adiantamento salarial de R$ 50.000,00 (cinquenta mil reais) anteriormente concedido à ex-empregada, uma vez que outros descontos já haviam atingido o valor de um salário. Faltando um mês para vencer o biênio prescricional, a ex-empregada, assistida por advogado de seu sindicato de classe, sem apresentar declaração de insuficiência financeira, ajuizou reclamação trabalhista, pretendendo, já que sempre laborara de segunda a sexta-feira, 8 horas diárias, a condenação do Banco no pagamento de 2 horas extras diárias com os acréscimos legais, bem como de sua integração em férias, 13º salários, descansos semanais, FGTS e aviso prévio, tudo acrescido de juros, além da condenação em honorários advocatícios à razão de 20%. Deu à causa o valor líquido de R$ 38.500,00 (trinta e oito mil e quinhentos reais), sendo R$ 32.500,00 (trinta e dois mil e quinhentos reais) pelas horas extras e R$ 6.000,00 (seis mil reais) pelas integrações.

Questão: Como advogado do Banco, e levando em conta que a reclamante realmente trabalhava 8 horas por dia, pratique as medidas judiciais cabíveis a seu favor, inclusive objetivando a recuperação do valor integral do adiantamento.

15.12 QUESTÃO PRÁTICA 8

Praxedes promove reclamação trabalhista em face da empresa LSL Ltda., alegando que: (a) fora admitido em 01.04.1970 na função de porteiro, para trabalhar na filial localizada na cidade de Ourinhos, onde residia, tendo sido demitido sem justa causa em 05.03.2003; (b) em virtude de promoção para a função de encarregado de serviços, ocorrida em 01.03.1993, foi transferido para a filial localizada na cidade de São Paulo, onde passou a residir; (c) na filial da cidade de São Paulo, trabalhava o empregado Zorac, que fora admitido como servente em 01.05.1990 e promovido para encarregado de serviços em 28.01.1991; (d) embora exercendo idêntica função com a mesma perfeição técnica que o paradigma, e tivesse o reclamante mais de 20 anos de serviços prestados à empresa, percebia salário 30% inferior ao dele; (e) quando empregado, a empresa lhe proporcionava assistência médica e odontológica gratuitamente. Pretende a condenação da reclamada: (a) pagamento de adicional de transferência de 25%; (b) diferenças salariais por equiparação e seus reflexos; (c) integração das parcelas referentes à assistência médica e odontológica na sua remuneração, com pagamento dos reflexos legais, ao fundamento de que se tratava de salário indireto.

Questão: Como advogado da empresa, apresentar a medida judicial cabível e seus fundamentos.

15.13 QUESTÃO PRÁTICA 9

José Praxedes foi contratado pela empresa DLX Ltda., no dia 21.01.1990, como vendedor. Em sua CTPS constava que seu contrato de trabalho estava enquadrado no art. 62, I, da CLT. Cumpria jornada de trabalho das 07h30 às 19h30, com 30 minutos de intervalo para refeição e descanso, de segunda a sábado, folgando aos domingos. Para desempenho de suas funções, a empresa lhe forneceu BIP, carro, e custeava 200 litros de combustível por mês. Em 21.01.1999, aposentou-se por tempo de serviço, mas continuou a trabalhar para a Reclamada, nas mesmas condições. Foi dispensado sem justa causa em 14.12.2003, quando percebia remuneração média mensal de R$ 1.500,00. Propôs Reclamação Trabalhista perante o Juízo do Trabalho de São Paulo, pleiteando: horas extras e reflexos, ante a extrapolação da jornada diária de 8 horas; horas de sobreaviso, em virtude do uso de BIP; integração do salário utilidade (carro e combustível) na remuneração e reflexos nas demais verbas do contrato.

Questão: Como advogado da empresa, apresente a peça processual adequada, fundamentando-a.

15.14 QUESTÃO PRÁTICA 10

Contratado pela empresa Clínica das Amendoeiras, em razão de uma reclamação trabalhista proposta em 12.12.2012 pela empregada Jussara Péclis (número 1146-63.2012.5.18.0002, 2ª Vara do Trabalho de Goiânia), o advogado analisa a petição inicial, que contém os seguintes dados e pedidos: que a empregada foi admitida em 18.11.2000 e dispensada sem justa causa em 15.07.2011 mediante aviso prévio trabalhado; que a homologação da ruptura aconteceu em 10.09.2011; que havia uma norma interna garantindo ao empregado com mais de 10 anos de serviço o direito a receber um relógio folheado a ouro do empregador, o que não foi observado; que a ex-empregada cumpria jornada de 2ª a 6ª feira das 15h às 19h sem intervalo; que recebia participação nos lucros (PL) 1 vez a cada semestre, mas ela não era integrada para fim algum.

A autora postula o pagamento do aviso prévio proporcional ao tempo de serviço, já que ele foi concedido por 30 dias; multa do Art. 477 da CLT porque a homologação ocorreu a destempo; condenação em obrigação de fazer materializada na entrega de um relógio folheado a ouro; hora extra pela ausência de pausa alimentar; integração da PL nas verbas salariais, FGTS e aquelas devidas pela ruptura, com o pagamento das diferenças correlatas.

A empresa entrega ao advogado cópia do recibo de depósito das verbas resilitórias na conta da trabalhadora ocorrido em 14.08.2011 e cópia dos regulamentos internos vigentes ao longo do tempo, em que existia previsão de concessão do relógio folheado a ouro, mas em fevereiro de 2000, foi substituído por um novo regulamento, que previu a entrega de uma foto do empregado com sua equipe.

Analisando cuidadosamente a narrativa feita pela empresa e a documentação por ela fornecida, apresente a peça pertinente à defesa, em juízo, dos interesses dela, sem criar dados ou fatos não informados. (Valor: 5,0)

A simples menção ou transcrição do dispositivo legal não pontua.

15.15 QUESTÃO PRÁTICA 11

Agenor, empregado de Eustáquio desde 10 de dezembro de 1999, teve rescindido o contrato de trabalho, por iniciativa da empresa, sem justa causa, em 9 de dezembro de 2001. No acerto de contas entre as verbas rescisórias e a dívida do empregado, chegou-se à conclusão de que Agenor ainda era devedor, em decorrência da relação de emprego, da importância de R$ 1.250,00 (um mil, duzentos e cinquenta reais), correspondente à indenização a que fora condenado por danos causados à empresa por dolo. Inconformado, o empregado propôs reclamação trabalhista pretendendo receber o aviso prévio, as últimas férias vencidas acrescidas da gratificação de 1/3, o 13º salário proporcional, além dos depósitos do FGTS com a multa de 40% e o seguro-desemprego.

Questão: Como patrono de Eustáquio, opere em seu prol.

15.16 QUESTÃO PRÁTICA 12

Nepomuceno Felisbino foi admitido por João Tarquínio em 20.04.1986, com contrato laboral registrado em sua CTPS como caseiro. Residia no local, trabalhando de segunda a sábado, das 5 às 19 horas, com vinte minutos de intervalo para refeição e descanso, percebendo salário mensal de R$ 1.000,00.

Desde sua admissão, nunca percebeu o descanso semanal remunerado, nem gozou trinta dias de férias, mas apenas vinte dias anuais, em virtude da grande quantidade de serviço. Por fim, diligenciando junto à Caixa Econômica Federal, constatou que o seu empregador nunca depositara nenhum valor na sua conta de FGTS. Por entender que o não pagamento de descanso semanal remunerado, o não pagamento das horas extras, o não gozo integral das férias e a ausência de depósitos fundiários são faltas graves capituladas no art. 483 da Consolidação das Leis do Trabalho, o empregado promove Reclamação Trabalhista postulando a rescisão indireta de seu contrato de trabalho, com o pagamento de todos os haveres rescisórios, horas extras e reflexos, diferenças de férias, FGTS e multa de 40%, além da aplicação das multas previstas nos arts. 467 e 477 da Consolidação das Leis do Trabalho.

Questão: Como advogado do Reclamado, apresente a medida judicial cabível.

15.17 QUESTÃO PRÁTICA 13

Renato Albuquerque propôs reclamação trabalhista em face de sua antiga empregadora Boa Nova Ltda., pleiteando horas extras, reflexos e verbas rescisórias. A empresa contesta o feito e após regular instrução processual a demanda é julgada procedente. O reclamado recorre, mas seu recurso é julgado deserto, sob a alegação de que fora proposto no prazo fatal de sua interposição (oitavo dia), enquanto o depósito recursal fora realizado somente dois dias depois. Transcorrido o prazo legal sem a interposição de nenhum recurso o processo transita em julgado no dia 23.07.2005. No dia 25.06.2007 a empresa contrata novo advogado e este propõe depois de 6 meses, ação rescisória com fulcro no art. 966, V do CPC, sob o argumento de que a Súmula 245 do TST possibilita a parte a comprovação do pagamento do depósito recursal mesmo após a interposição do recurso, requerendo, portanto, a rescisão integral daquele processo com novo julgamento.

Questão: Como advogado, articule e fundamente a peça processual em favor do cliente "B".

15.18 QUESTÃO PRÁTICA 14

Certo sindicato, por considerar que o mero pagamento de salários diversos a diferentes empregados viola o princípio constitucional da isonomia, ajuíza, na cidade de São Paulo, onde se acha localizada a sede da empresa, ação civil pública. Pede a condenação da empresa no pagamento das diferenças dos salários já liquidados, bem como a sua condenação a pagar salários iguais a todos os empregados, em provimento com eficácia de âmbito nacional.

Questão: Elabore, como advogado da empresa, a peça a ser apresentada por ocasião da audiência designada.

15.19 QUESTÃO PRÁTICA 15

Wilson Carvalho propôs reclamação trabalhista em face de Comps Ltda., perante o Juízo de São Paulo requerendo tutela antecipada para sua reintegração no emprego, pois foi demitido por justa causa por ter batido o carro da empresa alcoolizado, fato este comprovado pela polícia por meio de teste do bafômetro realizado no local do acidente. Alega ser estável, pois foi demitido no curso de seu mandato como delegado sindical após 12 anos de prestação de serviço, postulando, ao final, além da manutenção da reintegração, a integração de suas diárias para viagens no importe de R$ 800,00, bem como horas extras, descrevendo que sempre trabalhou das 8 às 18h, sem intervalo para refeição e descanso, bem como seus reflexos nas verbas contratuais. Atribuiu à causa o valor de R$ 60.000,00.

Questão: Sendo notificado, atue em nome do empregador levando em conta que o reclamante sempre trabalhou como vendedor externo ganhando um salário de R$ 2.000,00 mensais e que sempre desenvolveu suas atividades na Cidade de Campinas, mas que de fato foi contratado em São Paulo. Leve também em conta que, com o acidente sofrido, as avarias ao veículo da empresa foram orçadas em R$ 32.000,00 e seu cliente pretende reaver esse valor.

15.20 QUESTÃO PRÁTICA 16

Alice Labrador, por seu advogado particular, propôs em 11.05.2012 reclamação trabalhista, pelo rito ordinário, em face da empresa Boi no Espeto Ltda. Aduziu que foi admitida para a função de auxiliar de produção, em 05.03.1997, com salário mensal de R$ 1.610,00, tendo sempre laborado na sede da empresa localizada na cidade de São Paulo/SP. Foi dispensada em 05.01.2011, tendo recebido todas as verbas rescisórias a que fazia jus. Aduz em sua petição inicial que até 20 de janeiro de 2007 trabalhava diariamente das 22h às 5h, com 1 hora de intervalo intrajornada com o correspondente pagamento de adicional noturno de 25%. Após essa data, foi transferida para o horário das 9h às 20h, com a supressão do adicional noturno que até então recebia, o que perdurou até o término de seu contrato. Informou que dada a sua condição de fumante, sempre recebeu pacotes de cigarros por parte do empregador, o que totaliza uma média de R$ 500,00 mensais, valores estes que, contudo, não eram considerados para fins de cálculo de suas parcelas trabalhistas. Informou descontos mensais indevidos (valor total durante todo o contrato R$ 7.008,99) já que, embora tenha autorizado expressamente sua integração em plano de assistência odontológica, bem como tenha efetivamente usufruído dessa benesse, entende que tal serviço deveria ser oferecido gratuitamente pelo empregador que, afinal, assume os riscos do negócio. Durante os meses de março, abril e maio de 2008, recebeu R$ 801,00, R$ 802,00 e R$ 803,00 (em cada mês, respectivamente) alusivas diárias usadas para gastos com viagens para a realização das suas funções externas especificamente nesses meses, sendo que sempre comprovou todas as despesas correspondentes ao seu empregador, que pontualmente lhe ressarciu. Em face de todo o exposto, pleiteou a reclamante: a) adicional noturno suprimido e reflexos; b) integração do salário utilidade face ao recebimento dos pacotes de cigarros recebidos durante toda a contratualidade; c) ressarcimento dos descontos indevidos relativamente ao plano de assistência odontológica; d) reconhecimento da natureza salarial das diárias recebidas e consequente reflexos destas em parcelas contratuais e rescisórias; e) honorários advocatícios. Considerando que a reclamação trabalhista foi distribuída perante a MM. 1ª Vara do Trabalho de São Paulo/SP redija, na condição de advogado contratado pelo reclamado, a peça processual adequada, a fim de atender aos interesses de seu cliente.

15.21 QUESTÃO PRÁTICA 17

Refrigeração Nacional, empresa de pequeno porte, contrata os serviços de um advogado em virtude de uma reclamação trabalhista movida pelo ex-empregado Sérgio Feres, ajuizada em 12.04.2012 e que tramita perante a 90ª Vara do Trabalho de Campinas (número 1598-73.2012.5.15.0090), na qual o trabalhador alega e requer, em síntese:

– que desde a admissão, ocorrida em 20.03.2006, sofria revista íntima na sua bolsa, feita separadamente e em sala reservada, que entende ser ilegal porque violada a sua intimidade. Requer o pagamento de indenização por dano moral de R$ 50.000,00.

– que uma vez o sr. Mário, seu antigo chefe, pessoa meticulosa e sistemática, advertiu verbalmente o trabalhador, na frente dos demais colegas, porque ele havia deixado a blusa para fora da calça, em desacordo com a norma interna empresarial, conhecida por todos. Efetivamente houve esquecimento por parte de Sérgio Feres, como reconheceu na petição inicial, mas entende que o chefe não poderia agir publicamente dessa forma, o que caracteriza assédio moral e exige reparação. Requer o pagamento de indenização pelo dano moral sofrido na razão de outros R$ 50.000,00.

– que apesar de haver trabalhado em turno ininterrupto de revezamento da admissão à dispensa, ocorrida em 15.05.2011, se ativava, na verdade, durante 8 horas em cada plantão, violando a norma constitucional de regência, fazendo, assim, jus a duas horas extras com adicional de 50% por dia de trabalho, o que requer. Reconhece existir norma coletiva que estendeu a jornada para 8 horas, mas advoga que ela padece de nulidade insanável, pois aniquila seu direito constitucional a uma jornada menor.

– no período aquisitivo 2008/2009, teve 18 faltas, sendo 12 delas justificadas. Pretendia transformar 10 dias das férias em dinheiro, como entende ser seu direito, mas o empregador só permitiu a conversão de oito dias, o que se revela abusivo por ferir a norma cogente. Por conta disso, deseja o pagamento de dois dias não convertidos em pecúnia, com acréscimo de 1/3.

– nas mesmas férias citadas no tópico anterior, fruídas no mês de julho de 2010, tinha avisado ao empregador desde o mês de março de 2010 que gostaria de receber a 1ª parcela do 13º salário daquele ano juntamente com as férias, para poder custear uma viagem ao exterior, mas isso lhe foi negado. Entende que esse é um direito potestativo seu, que restou violado, pelo que persegue o pagamento dos juros e correção monetária da 1ª parcela do 13º salário no período compreendido entre julho de 2010 (quando aproveitou as férias) e 30.11.2010 (quando efetivamente recebeu a 1a parcela da gratificação natalina).

– que no mês de novembro de 2007 afastou-se da empresa por 30 dias em razão de doença, oportunidade na qual recebeu benefício do INSS (auxílio-doença previdenciário, espécie B-31). Contudo, nesse período não recebeu *ticket* refeição, nem vale-transporte, o que considera irregular. Persegue, assim, ambos os títulos no lapso em questão.

– que a empresa sempre pagou os salários no dia 2 do mês seguinte ao vencido, mas a partir de abril de 2009, unilateralmente, passou a quitá-los no dia 5 do mês seguinte, em alteração reputada maléfica ao empregado.

Requer, em virtude disso, a nulidade da novação objetiva e o pagamento de juros e correção monetária entre os dias 2 e 5 de cada mês, no interregno de abril de 2009 em diante.

Considerando que todos os fatos apontados pelo trabalhador são verdadeiros, apresente a peça pertinente à defesa dos interesses da empresa, sem criar dados ou fatos não informados.

16

Embargos de Declaração

16.1 CONSIDERAÇÕES SOBRE A PEÇA

Os embargos declaratórios, conquanto já sejam dispostos no art. 897-A da CLT, continuam sendo regulados pelos arts. 1.022 e ss. do CPC.

São cabíveis de toda a decisão omissa, obscura ou contraditória e, ainda, segundo o artigo celetista já disposto, cabem também para o manifesto equívoco da análise dos pressupostos extrínsecos do recurso. Na verdade, o legislador quer dizer que quando houver equívoco na análise dos pressupostos extrínsecos do agravo de instrumento caberá embargos de declaração, pois se houver equívoco acerca dos pressupostos extrínsecos do recurso ordinário ou de revista caberá o próprio agravo de instrumento, e não embargos declaratórios.

Os embargos são formulados em uma peça, devendo ser opostos no prazo de cinco dias; interrompem o prazo para a propositura do recurso próprio, não havendo necessidade de preparo.

Serão julgados pelo próprio juiz que proferiu a decisão recorrida, sendo que, se a decisão objeto dos embargos for proveniente do TRT ou TST, o endereçamento deverá ser realizado diretamente ao Juiz ou Ministro Relator do acórdão.

Vale ressaltar que o art. 897-A da CLT trouxe um novo cabimento aos embargos declaratórios, que corresponde ao não conhecimento do recurso pelo juízo de mérito. Caso isso ocorra e sendo evidente o equívoco no exame dos pressupostos objetivos do recurso, caberá embargos de declaração.

Finalmente, atente-se para as alterações da Lei 13.015/2014 nos parágrafos do art. 897-A:

§ 1º Os erros materiais poderão ser corrigidos de ofício ou a requerimento de qualquer das partes. (Redação dada pela Lei 13.015, de 2014)

§ 2º Eventual efeito modificativo dos embargos de declaração somente poderá ocorrer em virtude da correção de vício na decisão embargada e desde que ouvida a parte contrária, no prazo de 5 (cinco) dias. (Incluído pela Lei nº 13.015, de 2014)

§ 3º Os embargos de declaração interrompem o prazo para interposição de outros recursos, por qualquer das partes, salvo quando intempestivos, irregular a representação da parte ou ausente a sua assinatura.

16.2 QUESTÃO PRÁTICA 1

"A" promoveu reclamação trabalhista contra "B" pleiteando horas extras e reflexos. "B" contestou o feito alegando que as partes pactuaram individualmente acordo de compensação de jornada de trabalho e que, portanto, as horas extras seriam indevidas. A decisão julgou a demanda procedente alertando que o art. 59, § 2º, da CLT só admite o acordo de compensação através de norma coletiva, assim como o art. 7º, XIII, da CF/88. Não se conformando, o reclamado interpôs recurso ordinário e o Tribunal Regional do Trabalho da 15ª Região julgou o recurso improvido, mantendo integralmente a decisão originária, destacando ao final que o TST vem admitindo o acordo de compensação de maneira individual.

Questão: Como advogado de "B", proponha a medida cabível.

16.2.1 Modelo esquemático de embargos de declaração 1

EXCELENTÍSSIMO SENHOR DOUTOR DESEMBARGADOR RELATOR DA ____ TURMA DO EGRÉGIO TRIBUNAL REGIONAL DO TRABALHO DA 15ª REGIÃO.

(Espaço de cinco linhas)

Processo nº _____

"B", já qualificado nos autos da Reclamação Trabalhista que lhe move "A", por seu advogado que esta subscreve, vem à presença de Vossa Excelência, com fulcro no art. 897-A da CLT e art. 1.022 do CPC, opor tempestivamente os presentes

EMBARGOS DE DECLARAÇÃO

pelos motivos de fato e de direito a seguir expostos:

HISTÓRICO PROCESSUAL

O embargado propôs reclamação trabalhista em face do embargante requerendo o reconhecimento de horas extras, ação esta julgada inteiramente procedente, o que originou a interposição do recurso ordinário pelo peticionário que manteve integralmente a decisão originária.

No entanto, referida decisão não merece prosperar, pois inteiramente controvertida em um de seus pontos. Senão vejamos:

DA CONTRADIÇÃO NO ACÓRDÃO

Como mencionado, o referido acórdão manteve integralmente a decisão originária, caracterizando, portanto, a procedência do pedido pertinente às horas extras.

Contudo, a sentença originária decretou a procedência da demanda por entender que não seria cabível a tese de defesa, que descreveu terem as partes pactuado acordo de compensação. Dessa feita, entendeu o Juízo de 1° grau que, de acordo com o art. 59, § 2°, da CLT, bem como o art. 7°, XIII, da CF/88, referido acordo deveria ser, obrigatoriamente, pactuado por meio de norma coletiva, não sendo admitido individualmente.

Ocorre que o acórdão ora guerreado, conquanto, repita-se, mantenha integralmente a decisão originária, destaca, ao final, que o TST já admite referido acordo de maneira individual, configurando claramente a contradição que legitima a oposição dos presentes embargos.

E tal fato é absolutamente cristalino, pois o TST, por meio da Súmula 85, destaca a possibilidade de pactuação do acordo de compensação de maneira individual.

Portanto, demonstrado está o equívoco do acórdão, pelo que merece revisão.

DO EFEITO MODIFICATIVO

Nos termos do próprio art. 897-A da CLT, bem como da Súmula 278 do TST, referida contradição certamente acarretará efeito modificativo no julgado, o que desde já se requer.

CONCLUSÃO

Pelo exposto, requer seja recebido o presente recurso, intimada a parte contrária para se manifestar, e, em seguida, provido, corrigindo assim a contradição apontada, o que, como dito, acabará por ocasionar efeito modificativo no julgado, nos termos expostos.

Nestes termos,

Pede deferimento.

Local e data.

Nome e assinatura do advogado.

OAB n° _____

16.3 QUESTÃO PRÁTICA 2

"A" propôs reclamação trabalhista contra "B" pleiteando reintegração no emprego em razão de ter sido demitido no 2º dia após sua eleição como dirigente sindical. "B" contestou o feito alegando que o empregado não teria estabilidade em razão de que o sindicato não comunicou sua eleição, alega ainda que o empregado foi demitido por justa causa. A decisão julgou a ação procedente, sob a argumentação de que não haveria necessidade da comunicação do sindicato, já que a eleição ficou comprovada.

Questão: Como advogado do prejudicado atue.

16.3.1 Modelo esquemático de embargos de declaração 2

EXCELENTÍSSIMO SENHOR DOUTOR JUIZ DA VARA DO TRABALHO DE _____.

(Espaço de cinco linhas)

Processo nº _____

"B", já qualificado nos autos da reclamação trabalhista que lhe move "A", por seu advogado que esta subscreve, vem à presença de Vossa Excelência opor, tempestivamente, com fulcro no art. 897-A da CLT e o art. 1.022 do CPC,

EMBARGOS DECLARATÓRIOS

pelos motivos de fato e de direito a seguir expostos:

HISTÓRICO PROCESSUAL

O embargado propôs reclamação trabalhista em face do embargante postulando os títulos contidos em sua inicial, ação esta julgada procedente.

No entanto, referida decisão é claramente omissa acerca de um dos pontos fundamentais da demanda. Senão vejamos:

DA OMISSÃO

Como mencionado, o embargado, na presente demanda, requer reintegração no emprego, sob a argumentação de que foi demitido no curso do segundo dia de seu mandato como dirigente sindical.

O embargante, em tese defensiva, alega a não comunicação da eleição do obreiro à empresa, bem como o fato de a dispensa ter ocorrido por justa causa.

A decisão ora guerreada julgou a demanda procedente, alegando a dispensabilidade da comunicação, pela entidade sindical, ao empregador, fato este já equivocado em razão do que dispõe a Súmula 369, I, do TST. Porém, tal fato será analisado quando da interposição do oportuno recurso ordinário.

Todavia, a decisão foi inteiramente omissa sobre a demissão do empregado, que ocorreu por justa causa.

Como sabemos, este tipo de demissão "quebra" qualquer que seja a estabilidade e, silenciando a decisão sobre este fato, legitima a oposição presentes embargos.

Essa complementação da entrega da prestação jurisdicional, descrita no julgado acima colacionado, é que se pretende no caso em tela.

DO EFEITO MODIFICATIVO

Referida omissão certamente acarretará efeito modificativo no julgado, o que desde já se requer nos termos do art. 897-A da CLT e da Súmula 278 do TST.

CONCLUSÃO

Pelo exposto, requer o conhecimento, a intimação da parte contrária para se manifestar, e consequente provimento dos presentes embargos para o fim de sanar a omissão apontada, acarretando, assim, modificação no julgado nos termos expostos.

Nesses termos,

Pede deferimento.

Local e data.

Advogado e assinatura.

OAB nº _____

O gabarito da questão prática a seguir encontra-se no final desta Parte II.

16.4 QUESTÃO PRÁTICA 3

"A" propôs reclamação trabalhista contra "B" pleiteando horas extras e reflexos e adicional de insalubridade. O juiz em sentença condenou a empresa ao pagamento de todas as horas extras pleiteadas com reflexos e ao pagamento do adicional de insalubridade mesmo sem a realização de perícia, não se manifestando sobre a prescrição bienal arguida na contestação.

Questão: Como advogado do prejudicado atue.

16.5 QUESTÃO PRÁTICA 4

Tendo sido reclamados, em ação trabalhista, o pagamento de horas extras, adicional de insalubridade e reflexos de tais parcelas em férias, aviso prévio, décimo terceiro diário e FGTS, acrescido de multa de 40%, a sentença acolhe o pedido de pagamento de adicional de insalubridade, fazendo referência a reflexos apenas em férias e aviso prévio, julgando improcedente o pedido de pagamento de horas extras.

Questão: Como advogado do empregado, apresente a medida processual cabível, com a devida fundamentação legal.

16.6 QUESTÃO PRÁTICA 5

Em ação processada na cidade de São Paulo, foi indeferido o processamento do recurso ordinário interposto pelo reclamante, o que motivou a apresentação de recurso de agravo de instrumento. Ocorre que o último dia do prazo para a interposição do referido agravo de instrumento correspondia a 25 de janeiro, feriado municipal na cidade de São Paulo, de modo que a petição somente foi apresentada no dia seguinte, ou seja, 26 de janeiro. Ao julgar o agravo de instrumento, o Tribunal Regional do Trabalho, não se recordando, por lapso, da existência do feriado municipal no dia 25 de janeiro, considerou o agravo de instrumento intempestivo e dele não conheceu.

Questão: Elabore, como advogado do reclamante, a peça processual adequada ao caso.

16.7 QUESTÃO PRÁTICA 6

"A" propôs reclamação trabalhista contra "B" pleiteando o recebimento do intervalo intrajornada que não usufruía. Após regular instrução processual, em sentença, o juiz condenou a empresa ao pagamento do intervalo como verba indenizatória, com reflexos nas verbas contratuais e rescisórias.

Questão: Como advogado de "B", atue.

17 Recurso Ordinário

17.1 CONSIDERAÇÕES SOBRE A PEÇA

Equivale à apelação no processo civil. É cabível das decisões que põem fim ao processo, quer tenham apreciado o mérito ou não.

No processo do trabalho, cabe das decisões das varas e também dos tribunais, quando estes últimos analisarem processos de sua competência originária.

Deve ser elaborado em duas peças, sendo que a primeira deverá conter os requisitos de admissibilidade, destacando a tempestividade, o depósito recursal (se empregador) e custas processuais, sendo encaminhada ao órgão que proferiu a decisão recorrida, e a segunda, denominada Razões do Recurso Ordinário, será feita para análise do tribunal imediatamente superior.

ATENÇÃO!

Previsto no art. 895 da CLT, seu prazo é de oito dias e será recebido somente no efeito devolutivo.

17.2 QUESTÃO PRÁTICA 1

Diante da sentença infra, tendo sido contratado pela reclamada, maneje o meio cabível para a defesa dos interesses de seu cliente, considerando o preparo recursal necessário. Leve em consideração também que o recurso será maneja de forma tempestiva. Aos 17 dias do mês outubro de 2011, na sala de audiências da 1ª Vara do Trabalho de Teresina/PI, nos autos da Reclamatória Trabalhista que Maria Isabel do Rosário moveu em face de Hotel Guanabara Ltda., ausentes as partes, proferiu-se a presente SENTENÇA:

DO RELATÓRIO

Maria Isabel do Rosário moveu reclamatória trabalhista em face de Hotel Guanabara Ltda., pleiteando: horas extras, adicional convencional e reflexos em férias + 1/3, décimos terceiros, FGTS mais 40%, DSR e aviso prévio; pleiteou intervalo intrajornada adicional e reflexos nas mesmas verbas refletidas nas horas extras; salário-família; ressarcimento dos descontos indevidos; adicional noturno; integração das gorjetas em DSR e em adicional noturno; seguro desemprego ou indenização correspondente; integração ao salário da refeição fornecida; vale-transporte; reintegração ou indenização; reflexos da PLR. Juntou documentos e atribuiu à causa o valor de R$ 100.000,00. Em audiência, a reclamada apresentou defesa na modalidade contestação, juntou documentos. Ouviram-se as partes e duas testemunhas, uma da parte autora, outra da parte ré. Instrução processual encerrada. Razões finais remissivas por ambas as partes. Ambas as propostas conciliatórias infrutíferas. É o relatório.

FUNDAMENTAÇÃO DA REINTEGRAÇÃO OU INDENIZAÇÃO

A reclamante foi contratada através de contrato de experiência, em 01.02.2010, tendo sido comprovado nos presentes autos que entrou em estado gestacional durante referido contrato, mas que fora dispensada sem justa causa em 01.05.2010.

Não é compreensível como uma empresa que deve zelar por sua função social entenda por bem dispensar uma mulher grávida ocasionando, dessa forma, prejuízos não só à própria trabalhadora, como também ao bebê. Condena-se à reclamada a pagar indenização referida ao período da garantia de emprego, desde a confirmação da gravidez até 5 meses após o parto, isso por que, na forma da Súmula 396 do TST, o pedido fora convertido por este MM. Juízo dada a manifesta incompatibilidade entre as partes.

DAS HORAS EXTRAS

Malgrado tenha havido prova no sentido de que a reclamada conta com menos de 10 empregados, e que, portanto, esteja dispensada da apresentação dos controles de jornada, e que não tenha havido prova por parte da obreira no que tange à jornada apontada na inicial, o fato é que este juízo confia nas alegações da inicial e não pode desconsiderá-las. Assim, condena-se a reclamada ao pagamento de 2 horas extras diárias e adicional de 90% embora não tenha vindo aos presentes autos norma coletiva prevendo tal adicional. Condena-se, por fim, a reclamada ao pagamento dos reflexos das horas extras nas verbas pleiteadas na inicial.

DOS INTERVALOS

Por confiar nas alegações da reclamante, que impressionou esse juízo e inclusive chorou em audiência quando do seu depoimento, acolhe-se a alegação de que o intervalo intrajornada foi irregularmente conferido, condenando-se a reclamada ao pagamento de 1h durante toda a contratualidade com adicional legal e reflexos pleiteados. Rejeita-se a prova testemunhal da reclamada no sentido de que os intervalos são conferidos regularmente na empresa.

DO SALÁRIO-FAMÍLIA

Embora não tenha havido prova por parte da reclamante no sentido de que esta possuía um filho de 10 anos de idade, o que enseja a percepção do salário-família nos termos do art. 64 da Lei 8.213/91, o fato é que a reclamada é que devia procurar saber se ela tinha ou não, não havendo necessidade de prova por parte da reclamante de que tinha filho menor de idade, para receber o salário-família, pelo que se condena a empresa ao pagamento de referido benefício.

DOS DESCONTOS INDEVIDOS

A previsão do contrato de trabalho da reclamante não se justifica. Logo, mesmo tendo havido culpa por parte da obreira, condena-se a reclamada ao ressarcimento de R$ 5.000,00 relativos ao desconto efetuado em seus ganhos decorrentes de danos causados pela mesma, de forma culposa, em equipamentos da empresa.

DO ADICIONAL NOTURNO

A reclamante provou que ao menos duas vezes por mês laborava a partir das 18h até às 21h50, pelo que, já sendo noite, merece adicional noturno.

DO SEGURO-DESEMPREGO

Tendo sido dispensada sem justa causa, merece a reclamante o seguro-desemprego devido o qual converte-se em indenização na forma da Súmula 389 do TST, no total de 3 parcelas.

DA INTEGRAÇÃO DAS GORJETAS

As gorjetas recebidas pela reclamante, por fazer parte da remuneração na forma do art. 457 da CLT, devem servir de base de cálculo também para o DSR e para o adicional noturno. Condena-se, pois, a reclamada ao pagamento da referida integração.

DAS REFEIÇÕES

Embora tenha havido prova de que a reclamada atendia a legislação do PAT, condena-se a mesma à integração das refeições fornecidas nos ganhos da reclamante.

VALE-TRANSPORTE

Embora a reclamante morasse próximo à empresa, e efetivamente não necessitasse de transporte coletivo, o fato é que estava grávida e melhor seria que se utilizasse do transporte coletivo tudo como motivo de proteção ao bebê, pelo que se condena ao pagamento do Vale-Transporte de todo o período.

DOS REFLEXOS DA PARTICIPAÇÃO NOS LUCROS E RESULTADOS

Procedente o pedido de reflexos decorrentes da PLR. Por se tratar a PLR de valores pagos pelo empregador, deve integrar o salário da reclamante para todos os fins, gerando reflexos em todas as verbas contratuais e rescisórias.

DOS RECOLHIMENTOS FISCAIS E PREVIDENCIÁRIOS

Apenas a reclamada arcará com o pagamento dos recolhimentos fiscais e previdenciários decorrentes desta ação. Não deverá haver qualquer desconto no crédito da reclamante, já que a culpa pelo não recolhimento é apenas da reclamada.

DO DISPOSITIVO

Ante todo o exposto e de todo o mais que dos presentes autos consta, condena-se a reclamada a todas as verbas na forma da fundamentação supra que passa a fazer parte do presente dispositivo. Recolhimentos fiscais e previdenciários na forma da fundamentação, afastada a Súmula 368 do TST; Juros e correção monetária na forma do art. 883 da CLT; Custas pela reclamada no importe de R$ 400,00 calculadas sobre o valor provisoriamente arbitrado à causa para fins de condenação, R$ 20.000,00. Nada mais, intime-se as partes e a União. Juiz do Trabalho.

17.2.1 Modelo esquemático de Recurso Ordinário

EXCELENTÍSSIMO SENHOR DOUTOR JUIZ DA 1ª VARA DO TRABALHO DE TERESINA - PI

(Espaço de cinco linhas)

Processo nº ______

Hotel Guanabara LTDA, já qualificada nos autos do processo em epígrafe que lhe move Maria Isabel do Rosário, por seu advogado que esta subscreve, vem à presença de Vossa Excelência, com fulcro no art. 895, I, da CLT, interpor, tempestivamente, seu

RECURSO ORDINÁRIO

requerendo a remessa das anexas razões ao Egrégio Tribunal Regional do Trabalho da 22ª Região, esclarecendo que anexas estão as guias de recolhimento do depósito recursal e das custas processuais devidamente quitadas.

Nesses termos,

Pede deferimento.

Local e data.

Nome e assinatura do advogado

OAB nº ______.

RAZÕES DE RECURSO ORDINÁRIO

Recorrente: Hotel Guanabara LTDA

Recorrido: Maria Isabel do Rosário

Origem: 1ª Vara do Trabalho de Teresina - PI

Processo nº ______.

Egrégio Tribunal, Doutos Julgadores!

HISTÓRICO PROCESSUAL

A recorrida promoveu a presente ação objetivando o pagamento de diversos títulos contidos na inicial, a qual foi julgada totalmente procedente.

Entretanto, referida decisão está totalmente divorciada dos preceitos legais e jurisprudenciais atinentes à matéria, pelo que deve ser reformada. Senão vejamos:

A REINTEGRAÇÃO OU INDENIZAÇÃO

A recorrida foi contratada por meio de contrato de experiência, em 01.02.2010, tendo sido comprovado nos autos que engravidou no curso deste, tendo sido dispensada sem justa causa ao término de referido contrato, em 01.05.2010. Mesmo assim, o julgado de origem reconheceu a estabilidade, condenando a empresa ao pagamento de indenização substitutiva prevista no art. 10, II, *b*, do ADCT.

Ocorre que referida decisão afronta literalmente o que dispõe a Súmula 244, III, do TST, sendo cediço que em contrato de experiência, não há percepção de garantia de emprego em decorrência de estado gestacional.

Dessa forma merece ser reformada a decisão.

DAS HORAS EXTRAS

Ainda que a empresa ora recorrente contasse com menos de 10 empregados, estando dispensada, pois, da apresentação de cartões de ponto para impugnar pedido de horas extras e reflexos, nos termos do art. 74, § 2º, da CLT e Súmula 338, I, do TST, a sentença de origem condenou a empresa ao pagamento das mesmas.

Todavia, no presente caso o ônus da prova incumbia à recorrida, pois era quem tinha a necessidade de provar a existência de fato constitutivo de seu direito, nos termos dos arts. 818 da CLT e ônus do qual não se desincumbiu a contento.

Assim sendo, equivocado foi o julgado de origem, pelo que merece ser reformado, afastando a condenação em horas extras.

DOS INTERVALOS

Mais uma vez a sentença de origem restou equivocada, uma vez que condenou a recorrente ao pagamento de intervalo intrajornada, sem que a obreira fizesse a devida prova de seu direito, mesmo levando em conta a prova testemunhal produzida pela recorrente de que a hora intervalar era regularmente conferida.

Assim, tal como também esposado alhures, o ônus da prova incumbia à autora, nos termos dos arts. 818 da CLT e não se desincumbindo de tal encargo satisfatoriamente.

Portanto, mais uma vez merece reforma o julgado de origem, afastando a condenação da hora intervalar e reflexos.

DO SALÁRIO-FAMÍLIA

No que tange ao salário-família, mesmo não tendo havido prova por parte da obreira que tinha filho de 10 anos de idade, o juízo de 1° grau entendeu por bem condenar a empresa ao respectivo pagamento, em razão da empresa não ter feito a contraprova.

Ocorre que nos termos do art. 67 da Lei 8.213/91, bem como no ditame da Súmula 254 do TST, o documento comprobatório para amparar tal pretensão é a apresentação da certidão de nascimento do menor, sendo esse o marco o marco inicial de eventual condenação, cabendo, pois, à autora fazer prova de suas alegações.

Logo, pelo que se vislumbra, mais uma vez merece ser reformada a decisão de origem.

DOS DESCONTOS INDEVIDOS

A sentença de origem condenou a ora recorrente a restituir à obreira R$ 5.000,00 descontados em razão de danos causados, mesmo havendo previsão no contrato de trabalho para tanto, bem como por ter tido a empregada culpa no episódio.

Ocorre que, nos termos do art. 462, § 1°, em se tratando de dano causado, sob a égide de previsão contratual prévia, será lícito o desconto efetuado.

Dessa forma, merece reparo a sentença de origem, pelo que requer seja reformada, afastando a condenação imposta.

DO ADICIONAL NOTURNO

A recorrente foi condenada ao pagamento de adicional noturno em razão da recorrida trabalhar duas vezes por mês a partir das 18h00 até às 21h50.

Entretanto, referida decisão não merece prosperar, uma vez que o art. 73, § 2°, da CLT é claro ao dispor que somente será devido o adicional noturno caso o trabalho se dê a partir das 22h00 de um dia até às 05h00 do dia seguinte, tratando-se de empregado urbano.

Logo, desde já requer se digne a reformar a decisão de origem, nos termos expostos.

DO SEGURO-DESEMPREGO

O julgado de origem ainda condenou a recorrente ao pagamento de indenização substitutiva na monta de 3 parcelas relativas ao seguro-desemprego, nos termos da Súmula 389 do TST.

Todavia, nos termos do art. 4°, § 2°, II, alínea "a" da Lei 13.134/2015, somente são devidas 3 parcelas de seguro-desemprego aos empregados que tenham trabalhado, ao menos, 9 meses e no máximo 11 meses, o que não ocorreu no presente caso, haja vista ter sido a obreira dispensada ao término de se contrato de experiência (90 dias).

Portanto, por qualquer lado que se analise a questão, equivocada esta sentença ora guerreada, pelo que requer sua reforma.

DA INTEGRAÇÃO DAS GORJETAS

A empresa foi condenada, outrossim, ao pagamento de reflexos decorrentes recebimento de gorjetas na forma do art. 457 da CLT em DSR e adicional noturno.

Ocorre que nos termos da Súmula 354 do TST, embora possuam natureza salarial, as gorjetas não podem refletir em DSR, aviso prévio, adicional noturno e horas extras.

Assim, mais uma vez requer a reforma do julgado de origem, eis que divorciado dos preceitos legais e jurisprudenciais atinentes.

DAS REFEIÇÕES

No que tange ao pedido de integração das refeições na remuneração, a sentença de origem condenou a reclamada ao pagamento dessas integrações, conquanto estivesse inserida no PAT.

Logo, o que se vislumbra é que a sentença restou equivocada, pois nos termos da Lei 6.321/1976, em seu art. 3°, bem como consubstanciado na OJ 133 da SDI 1 do TST, referida parcela não tem natureza salarial, não integrando os salários.

Desse modo, requer seja reformado o julgado do juízo *a quo*.

VALE-TRANSPORTE

Entendeu por bem, ainda, o juízo singular em condenar a recorrente ao pagamento de Vale-Transporte, ainda que residisse a reclamante próximo à empresa, e efetivamente não necessitasse de transporte coletivo.

Ocorre que a Lei 7.418/1985, em seu art. 1°, bem como o Decreto 95.247/1987, são claros ao dispor que a obrigatoriedade de concessão do vale-transporte cinge-se ao fato da efetiva necessidade do mesmo, devendo a pessoa residir em distância razoável para serviços para fazer jus ao benefício, fato que não ocorreu no caso em tela.

Assim sendo, merece ser reformada a sentença ora guerreada, pelos motivos expostos.

DOS REFLEXOS DA PARTICIPAÇÃO NOS LUCROS E RESULTADOS

A sentença em debate ainda condenou a empresa, ora recorrente, à integração da PLR nos salários da obreira, gerando reflexos em todas as verbas contratuais e rescisórias.

Entrementes, consoante previsão do art. 3° da Lei 10.101/2000, referida parcela não tem caráter salarial, não repercutindo em quaisquer verbas, sendo tal entendimento em total conformidade com o que dispõe o art. 7°, XI, da Constituição Federal.

Dessa feita, não merece prosperar a condenação imposta, pelo que requer sua reforma.

DOS RECOLHIMENTOS FISCAIS E PREVIDENCIÁRIOS

Condenou, por fim, a reclamada, ora recorrente, ao pagamento dos recolhimentos fiscais e previdenciários decorrentes dessa ação, sem qualquer desconto ao empregado.

Contudo, em que pese a responsabilidade de recolhimento ser da reclamada, consoante previsão na Súmula 368 do TST, fato é que é lícito e devido que o empregado tenha descontado sua quota-parte, consoante previsão da OJ 363 da SDI 1 do TST.

CONCLUSÃO

Pelo exposto, requer o conhecimento e consequente provimento do presente apelo, reformando o julgado de origem nos exatos termos aqui expostos, condenando a recorrida às custas processuais em reversão, tudo por ser medida da mais pura e lídima JUSTIÇA!

Local e Data.

Nome e assinatura do advogado.

OAB n° ______

17.3 QUESTÃO PRÁTICA 2

O sindicato dos hotéis, bares e restaurantes de Blumenau propôs dissídio coletivo em face do sindicato dos empregadores deste ramo, pleiteando 15% de reajuste salarial. O sindicato dos empregadores contestou o feito alegando que o setor atravessa grave crise econômico-financeira, e que certamente referido aumento originaria demissões em massa. O TRT da 12ª Região julgou o dissídio procedente, alegando ser dispensável a tentativa de conciliação judicial, pois já ocorrera de maneira administrativa e, sendo infrutífera, não haveria por que tentar novamente. O julgado ainda descreveu que os telefonistas e ascensoristas que trabalham em hotéis, bares e restaurantes também têm direito ao aumento.

Questão: Como advogado do prejudicado, atue.

17.3.1 Modelo esquemático de recurso ordinário e de razões de recurso ordinário 1

EXCELENTÍSSIMO SENHOR DOUTOR DESEMBARGADOR PRESIDENTE DO EGRÉGIO TRIBUNAL REGIONAL DO TRABALHO DA 12ª REGIÃO

(Espaço de cinco linhas)

Processo n° ______

SINDICATO DOS EMPREGADORES EM HOTÉIS, BARES E RESTAURANTES DE BLUMENAU, já qualificado nos autos do dissídio coletivo que lhe move SINDICATO DOS EMPREGADOS DOS HOTÉIS, BARES E RESTAURANTES DE BLUMENAU, por seu advogado que esta subscreve, vem à presença de Vossa Excelência interpor, tempestivamente e com fulcro no art. 895, II, da CLT

RECURSO ORDINÁRIO

requerendo a remessa das anexas razões ao Colendo Tribunal Superior do Trabalho, pelo que junta à presente o comprovante de pagamento das custas processuais para os devidos fins de direito.

Nesses termos,

Pede deferimento.

Local e data.

Advogado e assinatura.

OAB nº ______

RAZÕES DE RECURSO ORDINÁRIO

Recorrente: Sindicato dos Empregadores dos Hotéis, Bares e Restaurantes de Blumenau.

Recorrido: Sindicato dos Empregados dos Hotéis, Bares e Restaurantes de Blumenau.

Processo nº ______

Origem: Tribunal Regional do Trabalho da 12ª Região.

Colendo Tribunal,

Doutos Ministros.

HISTÓRICO PROCESSUAL

O recorrido suscitou dissídio coletivo em face do recorrente requerendo reajuste salarial no importe de 15% para sua categoria, ação esta que, após irregular instrução processual, foi julgada procedente.

No entanto, referida decisão não merece prosperar, pois inteiramente divorciada dos preceitos legais. Senão vejamos:

PRELIMINARMENTE

Da falta de tentativa de conciliação

A decisão em apreço descreve sobre a dispensabilidade da tentativa de conciliação em razão de que as partes já a fizeram de maneira administrativa e, sendo esta infrutífera, nova tentativa seria perda de tempo.

Ocorre que o art. 764 da CLT obriga a tentativa de conciliação entre as partes durante o processo trabalhista, sendo claro que referida omissão caracterizaria nulidade do julgado.

Portanto, clara se nos configura a necessidade de nulidade do julgado, com o consequente retorno dos autos à instância de origem para novo julgamento.

MÉRITO

Da categoria diferenciada

Se superada a preliminar exposta, fato este que admitimos apenas para argumentar, a decisão merece reforma no mérito, nos seguintes termos: o acórdão ora recorrido estende o reajuste salarial aos telefonistas e ascensoristas que desempenham suas atividades em hotéis, bares e restaurantes de Blumenau.

Todavia, referidas categorias são diferenciadas e, por isso, não podem ser vinculadas à atividade preponderante do empregador.

O art. 511, § 3°, da CLT, ampara as profissões diferenciadas e deixa evidente o equívoco no julgado, que mais uma vez merece ser reparado.

Do reajuste salarial

Como mencionado na defesa já ofertada, os empregadores desse ramo de atividade estão atravessando grave crise econômico-financeira, sendo totalmente inviável a aplicação do reajuste concedido.

Isso porque o caráter social do direito do trabalho certamente deve ser preservado, sendo muito mais viável a manutenção de todos os empregados trabalhando do que somente parte deles com o aumento prorrogado, fato este que certamente ocorrerá, pois, para que o reajuste seja obedecido, haverá necessidade de demissão.

Assim, por qualquer lado que se analise a questão, claro está o equívoco no julgado, pelo que requer sua reforma.

CONCLUSÃO

Isso posto, requer o conhecimento e consequente provimento do presente recurso, para, em um primeiro momento, caracterizar a nulidade do julgado com o consequente retorno dos autos à instância de origem em razão da preliminar ofertada, ou, no mérito, reverter o julgado nos termos expostos, condenando o recorrido às custas processuais em reversão, tudo por ser medida da mais pura e lídima Justiça!

Local e data.

Advogado e assinatura.

OAB n° ______

17.4 QUESTÃO PRÁTICA 3

Alegando dificuldades setoriais de mercado, determinada empresa afixou comunicado no quadro de avisos, no qual informou a redução dos salários de todos os empregados em 20% (vinte por cento), situação que perdurou por 2 (dois) anos. Após tal período, demitiu número representativo de empregados, promovendo o pagamento das verbas rescisórias, tendo como base o salário já reduzido. Sentindo-se prejudicado, um ex-empregado promoveu reclamatória perante a Justiça do Trabalho, postulando as diferenças salariais de todo o período da redução, bem como a recomposição salarial para que as diferenças das verbas rescisórias fossem pagas pelo maior salário. A ação foi julgada improcedente em primeiro grau, sob o fundamento de que, de fato, a crise que abalara aquele setor era pública e notória, o que legitimara a ação empresarial já narrada.

Questão: Como advogado do ex-empregado, propor a medida processual cabível com a finalidade de reverter a decisão, apresentando em suas razões os fundamentos legais e doutrinários pertinentes ao tema.

17.4.1 Modelo esquemático de recurso ordinário e de razões de recurso ordinário 2

EXCELENTÍSSIMO SENHOR DOUTOR JUIZ DA ______ VARA DO TRABALHO DE ______

(Espaço de cinco linhas)

Processo nº ______

"RECORRENTE", já qualificado nos autos da reclamação trabalhista que move em face de "RECORRIDO", por seu advogado que esta subscreve, vem, respeitosamente, à presença de Vossa Excelência interpor, no prazo legal e com fulcro no art. 895, I, da CLT,

RECURSO ORDINÁRIO

requerendo remessa das anexas razões ao Egrégio Tribunal Regional do Trabalho da ______ Região, pelo que junta à presente o comprovante de pagamento das custas processuais para os devidos fins de direito.

Nesses termos,

Pede deferimento.

Local e data.

Advogado e assinatura.

OAB nº ______

RAZÕES DE RECURSO ORDINÁRIO

Recorrente: "Empregado"

Recorrido: "Empregador"

Processo nº ______

Origem: ______Vara do Trabalho de ______.

Egrégio Tribunal,

Doutos Julgadores.

HISTÓRICO PROCESSUAL

O recorrente propôs reclamação trabalhista em face do recorrido pleiteando a nulidade da redução salarial determinada pelo Recorrido durante o contrato de trabalho. Referida demanda foi julgada improcedente.

No entanto, a referida decisão não merece prosperar, pois inteiramente divorciada dos preceitos legais. Senão vejamos:

DA REDUÇÃO SALARIAL

Como mencionado, o recorrente propôs a presente demanda com o intuito de caracterizar a nulidade da redução de salário.

Isso porque, durante o contrato de trabalho, vários empregados da recorrida tiveram seus salários reduzidos, entre eles o próprio peticionário, sendo que, além de manter a redução por dois anos, quando foi demitido recebeu seus consectários legais pelo salário inferior.

A justificativa da empresa reclamada, ora recorrida, e admitida pela sentença em apreço, atém-se ao fato de crise econômica, o que não podemos admitir.

O art. 2° da CLT é claro ao dispor que o empregador assume os riscos atividade, fato este que deixa clara a impossibilidade de repassar tal dificuldade ao empregado.

Indispensável ressalvar ainda que a redução salarial configura alteração no contrato de trabalho e o art. 468 da CLT prorroga nitidamente dois fatores essenciais para que a alteração seja lícita:

Primeiro, nota-se a indispensabilidade de anuência do obreiro, o que não ocorreu.

Segundo, ainda que houvesse sua concordância, fato este que não ocorreu, mas que trazemos à tela por argumentação, a alteração não pode causar prejuízo ao empregado.

Notório se nos configura que a redução salarial caracteriza prejuízo ao empregado, o que, por si só, já mereceria a reapreciação do julgado.

Mas isso não é tudo, pois a CF/1988, em seu art. 7°, VI, veda a redução de salário, deixando tal instituto como uma das regras básicas de proteção ao salário.

Assim, por qualquer lado que se analise a questão, nota-se a impossibilidade da redução de salário ocorrida, pelo que se torna imperiosa a reforma do julgado.

CONCLUSÃO

Pelo exposto, requer o conhecimento e consequente provimento do presente recurso, para reverter o julgamento, condenando o recorrido às custas processuais em reversão, tudo por ser medida da mais pura e lídima Justiça!

Local e data.

Advogado e assinatura.

OAB n° ______

17.5 QUESTÃO PRÁTICA 4

João Ativista trabalhava na empresa Sempre Alerta Vigilância e Segurança Ltda., e ocupava o cargo de secretário-geral do Sindicato dos Vigilantes do Município de Che Guevara, Estado de HH, para o qual houvera sido eleito em 6 de maio de 2006 com mandato de três anos. Em 12 de julho de 2006, o sindicato deflagrou greve, tendo o Sr. João Ativista participado da organização do movimento grevista e faltado por 11 (onze) dias consecutivos, momento em que o Tribunal Regional do Trabalho da 100ª Região proferiu liminar, em 23 de julho de 2006, determinando o retorno ao trabalho em virtude de não cumprimento de procedimentos prévios previstos na Lei 7.783/89, como tentativa de conciliação e deliberação da pauta de reivindicações em assembleia geral, por parte do sindicato. Tendo recorrido daquela liminar, o Sr. João Ativista e outros sindicalistas ainda faltaram por mais 3 (três) e, não obtendo a suspensão da liminar, retornaram ao trabalho. A empresa, em outubro de 2006 e sem nenhuma formalidade prévia, demitiu o Sr. João Ativista por justa causa, com base no art. 482, alíneas *e* e *h* da CLT, pagando-lhe a rescisão nessa modalidade. O Sr. João Ativista ingressou com Reclamação Trabalhista distribuída na 1-Vara do Trabalho daquele município, pleiteando reintegração ao emprego com fundamento na estabilidade sindical e pagamento dos salários desde a demissão. A empresa Reclamada contestou a ação alegando que o Tribunal Regional do Trabalho da 100ª Região houvera declarado a ilegalidade da greve (decisão está pendente de recurso). O juiz daquela Vara julgou totalmente improcedente a ação, sob os seguintes fundamentos: o de que o TRT houvera declarado a ilegalidade da greve, portanto havia incidência de faltas não justificadas; de que o Reclamante houvera descumprido a liminar que determinou o retorno ao trabalho, caracterizando insubordinação; de que a estabilidade sindical não impedia a aplicação de demissão fundamentada em falta grave.

Questão: Sendo você o advogado do Sr. João Ativista, e tendo ocorrido improvimento de Embargos Declaratórios, interponha a medida processual que entender cabível no caso, com todas as fundamentações que possam conduzir à garantia do direito de seu cliente.

17.5.1 Modelo esquemático de recurso ordinário e de razões de recurso ordinário 3

EXCELENTÍSSIMO SENHOR DOUTOR JUIZ DA 1ª VARA DO TRABALHO DE CHE GUEVARA-HH.

(Espaço de cinco linhas)

Processo nº ______

JOÃO ATIVISTA, já qualificado nos autos da reclamação trabalhista que move em face de SEMPRE ALERTA SEGURANÇA E VIGILÂN-

CIA LTDA., por seu advogado que esta subscreve, vem, à presença de Vossa Excelência interpor, tempestivamente, e com fulcro no art. 895, I, da CLT,

RECURSO ORDINÁRIO

requerendo a remessa das anexas razões ao Egrégio Tribunal Regional do Trabalho da 100ª Região, pelo que junta à presente o comprovante de pagamento das custas processuais para os devidos fins de direito.

Nesses termos,

Pede deferimento.

Local e data.

Advogado e assinatura.

OAB nº ______

RAZÕES DE RECURSO ORDINÁRIO

Recorrente: João Ativista

Recorrido: Sempre Alerta Segurança e Vigilância Ltda.

Processo nº:

Origem: 1ª Vara do Trabalho de Che Guevara/HH

Egrégio Tribunal,

Doutos Julgadores.

HISTÓRICO PROCESSUAL

O recorrente propôs reclamação trabalhista em face do recorrido pleiteando reintegração no emprego, ação esta julgada improcedente e que originou a oposição de embargos declaratórios, igualmente improvidos.

No entanto, referida decisão não merece prosperar, pois inteiramente divorciada dos preceitos legais. Senão vejamos:

DA DEMISSÃO DO OBREIRO

O recorrente foi demitido por justa causa em razão de sua participação em um movimento grevista realizado na recorrida.

Isso porque este Egrégio Tribunal concedeu liminar para o retorno dos empregados às suas atividades normais.

Importante destacar que o peticionário busca ainda a cassação da liminar e, por isso, só voltou ao emprego após três dias de sua concessão.

Tal fato, como dito, acabou por ocasionar a demissão por justa causa do obreiro, com base no art. 482, *e* e *h*, da CLT, que correspondem, respectivamente, a atos desidiosos e de insubordinação.

Todavia, não há como admitir a manutenção da decisão originária, que, atendendo ao apelo da defesa, julgou a ação improcedente.

Primeiro porque não há falar em falta grave, já que o movimento paredista foi realizado nos conformes da Lei 7.783/1989.

Os julgados dos nossos tribunais se posicionam nesse sentido.

Mas isso não é tudo, pois, ainda que admitíssemos a falta grave praticada, fato este que trazemos por mera argumentação, em razão de o reclamante ser dirigente sindical e, consequentemente, detentor da habilidade prevista no § 3° do art. 543 da CLT, referida demissão deveria ter sido previamente apurada no pertinente inquérito judicial, fato este que não ocorreu.

O art. 853 da CLT é claro ao dispor a indispensabilidade da propositura do inquérito judicial para apurar falta grave de empregado estável.

Além do dispositivo legal supracitado, a Súmula 403 do STF prevê prazo de trinta dias contados da suspensão do empregado para a propositura do inquérito, deixando claro que este prazo é decadencial.

Assim, por qualquer lado que se analise a questão, nota-se a impossibilidade da manutenção da justa causa, pelo que pleiteia a reforma do julgado.

CONCLUSÃO

Pelo exposto, requer o conhecimento e consequente provimento do presente apelo, para caracterizar a reforma, condenando o recorrido às custas processuais em reversão, tudo por ser medida da mais pura e lídima Justiça!

Local e data.

Advogado e assinatura.

OAB n° ______

O gabarito da questão prática a seguir encontra-se no final desta Parte II.

17.6 QUESTÃO PRÁTICA 5

"A", empregado de "B", desde 10 de maio de 1997, estava há três meses sem receber salário porque o empregador passava por situação financeira difícil.

O salário mensal de "A" era de R$ 1.500,00 (mil e quinhentos reais).

"A", não mais tolerando os atrasos, recusou-se a trabalhar, tendo sido por isso despedido por "B". Não se conformando, ajuizou reclamação trabalhista, pleiteando todos os seus direitos. "B", em contestação, alegou que a recusa de "A" em trabalhar constituiu falta grave e que fora despedido com justa causa.

Provas produzidas e com o encerramento da instrução, o Juiz do Trabalho julgou procedente a ação.

Questão: Como advogado de "B", desenvolva a providência jurídica necessária à tutela de seus direitos. Na peça deverá indicar, nominalmente, as verbas rescisórias, sem dar os valores correspondentes de cada uma.

17.7 QUESTÃO PRÁTICA 6

"A" promoveu reclamação trabalhista contra a empresa "B", pleiteando equiparação salarial com o paradigma "C". A empresa "B" contestou o feito, alegando que o paradigma, apesar de trabalhar na mesma função do Reclamante, fazia-o em outra unidade, ou seja, enquanto o Reclamante trabalhava em São Paulo – Capital, o paradigma trabalhava na Cidade de Varginha – MG, e a diferença salarial derivava das convenções coletivas de trabalho que determinavam salários diferenciados. A Vara do Trabalho julgou procedente a Reclamação.

Questão: Como advogado de "B", acione a medida judicial cabível.

17.8 QUESTÃO PRÁTICA 7

"A" promoveu reclamação trabalhista contra a empresa "B", pleiteando estabilidade de doze meses, em face de ter sofrido acidente de trabalho e ficado afastado por quatorze dias, com base no art. 118 da Lei 8.213/1991; pleiteava, também, a nulidade da dispensa sem justa causa. A empresa "B" apresentou defesa, tendo sido encerrada a instrução processual. A ação foi julgada procedente.

Questão: Como advogado de "B", aja no interesse do cliente.

17.9 QUESTÃO PRÁTICA 8

Em virtude da ausência da reclamada "B" à audiência inicial da ação trabalhista que o empregado "A" lhe movera pleiteando adicional de periculosidade, a Vara do Trabalho considerou a empregadora revel e confessa, tendo dispensado a produção de todas as provas, e condenou a empregadora ao pagamento das prestações vencidas e vincendas do adicional.

Questão: Como advogado de "B", manipule o meio processual, fundamentando-o.

17.10 QUESTÃO PRÁTICA 9

"A" aforou reclamação trabalhista contra "B", pleiteando equiparação salarial com o paradigma apontado, sob a alegação de perceber salário inferior e exercerem, ambos, idênticas funções. À audiência designada, "B" não compareceu e "A" requereu a aplicação dos efeitos da revelia e a imposição da pena de confissão quanto à matéria de fato, o que foi deferido. Ato contínuo, "A" dispensou a oitiva de suas testemunhas presentes e encerrou-se a instrução processual com a marcação de audiência de julgamento. A sentença julgou a reclamação improcedente, sob a fundamentação de que o fato constitutivo não restara provado por "A", que dispensara a produção da prova oral.

Questão: Como advogado constituído de "A", manipule o ato processual adequado.

17.11 QUESTÃO PRÁTICA 10

Marcionílio foi admitido pela Construtora Cruz Vermelha Ltda., em 04.03.1995, para exercer a função de pedreiro em obra de propriedade da Metalúrgica KLM, tendo sido dispensado em 01.04.2003, quando percebia o salário de R$ 564,00 (quinhentos e sessenta e quatro reais) mensais. Entendendo ter direitos trabalhistas a receber, já que no curso do contrato de trabalho tinha contato com agentes químicos (álcalis) e cumpria jornada de trabalho das 7 às 17 horas de segunda a sexta-feira, e aos sábados das 7 às 13 horas, com intervalo para refeição e descanso de quarenta minutos, Marcionílio promoveu reclamação trabalhista contra a Construtora Cruz Vermelha Ltda. e contra a Metalúrgica KLM Ltda., pedindo que, em relação à segunda reclamada, a condenação fosse subsidiária, com fundamento no art. 455 da CLT e Enunciado 331 do Tribunal Superior do Trabalho. Produzidas todas as provas no curso do processo, a ação foi julgada procedente, condenadas as reclamadas, sendo a segunda de forma subsidiária, ao pagamento do adicional de insalubridade de 40% sobre o salário mínimo e horas extras pela extrapolação da jornada diária, bem como uma hora extra diária pela ausência de intervalo para refeição e descanso.

Questão: Como advogado da Metalúrgica KLM Ltda., avie a medida judicial cabível, apresentando os fundamentos legais.

17.12 QUESTÃO PRÁTICA 11

Em determinado processo trabalhista, ajuizado em 02.02.2004, em que o reclamante buscava o reconhecimento de vínculo de emprego, supostamente havido entre 15.03.1990 e 01.12.2001, e pagamento de horas extras de todo o período, embora não citada, a reclamada toma conhecimento da existência da ação apenas na véspera da audiência, à qual comparece, para postular o seu adiamento. O pedido de adiamento é indeferido, sob protestos, entendendo o juiz que o comparecimento da reclamada supriria a falta de citação. Decretada a revelia e considerada a reclamada confessa, o juiz acolhe integralmente os dois pedidos.

Questão: Como advogado da reclamada, apresentar a medida processual cabível, com a devida fundamentação legal.

17.13 QUESTÃO PRÁTICA 12

Empregador autuado por Auditor Fiscal do Trabalho, tendo em conta não haver recolhido FGTS sobre as férias vencidas pagas a empregado quando da rescisão contrato de trabalho, impetra mandado de segurança perante a Justiça do Trabalho. Notificada a autoridade coatora e prestadas as informações, o juízo declara incompetência e determina a remessa dos autos à Justiça Federal.

Questão: Apresentar, como advogado do empregador, a medida processual adequada na hipótese.

17.14 QUESTÃO PRÁTICA 13

Policial Militar, fora dos horários em que servia à Corporação, prestava serviços, em caráter permanente para determinada empresa concessionária de veículos, onde ativava-se como Chefe de Segurança, percebendo remuneração fixa mensal. Naquele local, além de prestar serviços não eventuais, assinalava cartão-ponto e cumpria ordens, ali laborando, também, quando em férias ou eventuais dispensas da atividade militar. Despedido pela aludida concessionária, postulou perante a Justiça do Trabalho o vínculo de emprego e consequentes. O Juízo de primeiro grau entendeu inexistir vínculo de emprego, tratando-se de mero vínculo de trabalho e, pois, a ação seria improcedente perante a Justiça do Trabalho, e, ademais, a situação dos autos configuraria violação disciplinar prevista no Estatuto Policial Militar.

Questão: Como advogado do Policial Militar, interponha a medida judicial cabível, apresentando a devida fundamentação.

17.15 QUESTÃO PRÁTICA 14

Em face da sentença abaixo, você, na qualidade de advogado do reclamante, deverá interpor o recurso cabível para a instância superior, informando acerca de preparo porventura efetuado.

VARA DO TRABALHO DE SÃO JOÃO DE PÁDUA
Processo nº 644-44.2011.5.03.0015 – procedimento sumaríssimo

AUTOR: RILDO JAIME
RÉS: 1) SOLUÇÕES EMPRESARIAIS LTDA. e 2) METALÚRGICA CRISTINA LTDA.

Aos 17 dias do mês de fevereiro de 2011, às 10 horas, na sala de audiências desta Vara do Trabalho, o Meritíssimo Juiz proferiu, observadas as formalidades legais, a seguinte SENTENÇA.

Dispensado o relatório, a teor do disposto no art. 852,1, *in fine*, da CLT.

FUNDAMENTAÇÃO DA REVELIA E CONFISSÃO

Malgrado a segunda ré (tomadora dos serviços) não ter comparecido em juízo, mesmo citada por oficial de justiça (mandado a fls. 10), entendo que não há espaço para revelia nem confissão quanto à matéria de fato porque a primeira reclamada, prestadora dos serviços e ex-empregadora, contestou a demanda. Assim, utilidade alguma haveria na aplicação da pena em tela, requerida pelo autor na última audiência. Rejeito.

DA INÉPCIA

O autor denuncia ter sido admitido dois meses antes de ter a CTPS usinada, pretendendo assim a retificação no particular e pagamento dos direitos ementes ao período oficioso. Apesar de a ex-empregadora silenciar nesse tópico, a técnica processual não foi respeitada pelo autor. É que ele postulou apenas a retificação da CTPS e pagamento dos direitos, deixando de requerer a declaração do vínculo empregatício desse período, fator indispensável para o sucesso da pretensão deduzida. Extingo o feito sem resolução do mérito em face deste pedido.

DA PRESCRIÇÃO PARCIAL

Apesar de não ter sido suscitada pela primeira ré, conheço do ofício da prescrição parcial, conforme recente alteração legislativa, declarando inexigíveis os direitos anteriores a cinco anos do ajuizamento da ação.

DAS HORAS EXTRAS

O autor afirma que trabalhava de 2ª a 6ª feira das 8h às 16h com intervalo de 15 minutos para refeição, postulando exclusivamente hora extra pela ausência da pausa de 1 hora. A instrução revelou que efetivamente a pausa alimentar era de 15 minutos, não só pelos depoimentos das testemunhas do autor, mas também porque os controles não exibem a marcação da pausa alimentar, nem mesmo de forma pré-assinalada. Contudo, uma vez que confessadamente houve fruição de 15 minutos, defiro 45 minutos de horas extras por dia de trabalho, com adição de 40%, conforme previsto na convenção coletiva da categoria juntada os autos, mas sem qualquer reflexo diante da natureza indenizatória da verba em questão.

DA INSALUBRIDADE

Esse pedido fracassa porque o autor postulou o seu pagamento em grau máximo, conforme exposto na peça inicial, mas a perícia realizada comprovou que o grau presente na unidade em que o reclamante trabalhava era mínimo e, mais que isso, que o agente agressor detectado (iluminação) era diverso daquele indicado na petição inicial (ruído). Estando o juiz vinculado ao agente agressor apontado pela parte e ao grau por ela estipulado, o deferimento da verba desejada implicaria julgamento *extra petita*, o que não é possível. Não procede.

DA MULTA (art. 477 da CLT)

O reclamante persegue a verba em exame ao argumento de que a homologação da ruptura contratual sucedeu 25 dias após a concessão do aviso prévio indenizado. Sem razão, todavia. A ré comprovou documentalmente que realizou o depósito das verbas resilitórias na conta do autor oito dias após a concessão do aviso, de modo que a demora na homologação da ruptura – fato incontestado – não causou qualquer prejuízo ao trabalhador. Não procede.

ANOTAÇÃO DE DISPENSA NA CTPS

O acionante deseja a retificação de sua CTPS no tocante à data da dispensa, para incluir o período do aviso prévio. O pedido está fadado ao insucesso, porquanto no caso em exame o aviso prévio foi indenizado, ou seja, não houve prestação de serviço no seu lapso. Logo, tal período não pode ser considerado na anotação da carteira profissional. Não procede.

DO DANO MORAL

O pedido de dano moral tem por suporte a revista que o autor sofria. A primeira ré explicou que a revista se limitava ao fato de os trabalhadores, na saída do expediente, levantarem coletivamente a camisa até a altura do peito, o que não trazia qualquer constrangimento, mesmo porque fiscalizados por pessoa do mesmo sexo. A empresa tem razão, pois, se os homens frequentam a praia ou mesmo saem à rua sem camisa, certamente não será o fato de a levantarem um pouco na saída do serviço que lhes ferirá a dignidade ou decoro. Ademais, a proibição de revista aplica-se apenas às mulheres, na forma do art. 373-A, VI, da CLT. Não houve a qualquer aspecto da personalidade do autor. Não procede.

DOS HONORÁRIOS ADVOCATÍCIOS

São indevidos os honorários porque, em que pese o reclamante estar assistido pelo sindicato de classe e encontrar-se atualmente desempregado, o volume dos pedidos ora deferidos superará dois salários mínimos, pelo que não se cogita pagamento da verba honorária almejada pelo sindicato.

HONORÁRIOS PERICIAIS

Em relação à perícia realizada, cujos honorários adiantados pelo autor, já constatei que, no mérito, razão não assistia ao demandante, mas por outro lado, que havia efetivamente um agente que agredia a saúde do laborista. Desse modo, declaro que a sucumbência pericial foi recíproca e determino que cada parte arque com metade dos honorários. A metade devida ao reclamante deverá a ele ser devolvida, sem correção, adicionando-se seu valor na liquidação.

JUROS E CORREÇÃO MONETÁRIA

Na petição inicial o autor não requereu ambos os títulos, pelo que não deverão ser adicionados aos cálculos de liquidação, já que a inicial fixa os contornos da lide e da eventual condenação.

RESPONSABILIDADE SEGUNDA RÉ

Na condição de tomadora dos serviços do autor durante todo o contrato de trabalho, e considerando que não houve fiscalização do cumprimento das obrigações contratuais da prestadora, condeno a segunda ré de forma subsidiária pelas obrigações de dar, com arrimo na Súmula 331 do TST. Contudo, fixo que a execução da segunda reclamada somente terá início após esgotamento da tentativa de execução da devedora principal (a primeira ré) e de seus sócios. Somente após a desconsideração da personalidade jurídica, sem êxito na captura de patrimônio, é que a execução poderá ser direcionada contra a segunda demandada.

Diante do exposto, julgo procedentes em parte os pedidos, na forma da fundamentação, que integra este *decisum*.

Custas de R$ 100,00 sobre R$ 5.000,00, pelas rés.

Intimem-se.

17.16 QUESTÃO PRÁTICA 15

Como advogado da reclamada, tendo sido intimado nesta data da sentença abaixo, maneje o meio cabível para a defesa de seus direitos.

Aos dias 02 de outubro de 2012, na sala de audiências da 20ª Vara do Trabalho de Teresina/PI, na presença do MM Juiz do Trabalho, ausentes as partes, proferiu-se a seguinte SENTENÇA.

DO RELATÓRIO

Maria Tuareg da Silva ajuizou reclamação trabalhista em 01.02.2012, em face de BOI SUSHI RESTAURANTE LTDA., alegando que foi contratada em 01.02.2000 para exercer as funções de garçonete, tendo sido dispensada sem justa causa em 01.02.2011, pleiteando o quanto aduzido na inicial. Atribuiu à causa o valor de R$ 77.000,00. Juntou documentos. Em audiência, a reclamada apresentou defesa na modalidade contestação, pugnando pela improcedência dos pedidos. Juntou documentos. Ouviu-se as partes e duas testemunhas, uma da autora e outra do réu. Encerrou-se a instrução processual. Ambas as propostas conciliatórias infrutíferas. É o relatório. Decide-se.

DA FUNDAMENTAÇÃO

DA INTEGRAÇÃO DA PLR NAS DEMAIS PARCELAS

O preposto confessou em audiência que sempre pagou parcela a título de PLR (participação nos lucros e resultados). Diante disso, por se tratar a PLR de valores pagos pelo empregador, e nos termos do art. 457 da CLT, devem esses valores integrar o salário da reclamante para todos os fins, gerando reflexos em todas as verbas contratuais e rescisórias. Procede o pedido.

DOS DESCONTOS INDEVIDOS

Condena-se a reclamada a ressarcir a empregada o valor de R$ 1.500,00, decorrentes dos descontos efetuados em seu salário. Isso porque o direito do trabalho moderno não permite que exista descontos, ainda que a obreira tenha quebrado a louça com culpa, sendo este um risco do negócio. A previsão contratual que autoriza esse desconto não pode ser aplicada, pois atenta contra o princípio da primazia da realidade.

DOS REFLEXOS DAS GUELTAS

Tendo sido comprovado nos autos e confessado pela reclamada que havia o pagamento de valores mensais, durante todo o contrato, por parte de seus clientes, diretamente aos empregados, o que também acontecia com a reclamante, para que esta conferisse prioridade na venda de vinhos e bebidas aos clientes, condeno a empresa ao pedido tal como posto na exordial, qual seja, reflexos das gorjetas DSR, horas extras e aviso prévio. Observo ainda que a empresa tinha conhecimento e autorizava que a medida acontecesse na empresa.

DAS FÉRIAS

Nos termos do artigo 129 da CLT, que assegura aos empregados o período mínimo de 30 dias para férias, condeno a reclamada ao pagamento de 6 dias indevidamente descontados das férias da reclamante. Afasto os documentos comprobatórios das faltas injustificadas da reclamante nos dias 25/06/2010; 03/06/2010; 06/07/2010; 09 e 10/08/2010; 08/10/2010; 17/10/2010 e 23/11 /2010. Aduzo, por fim, que as férias representam o período de descanso e recomposição física dos empregados pelo que o empregador não pode violar aludido direito.

DANOS MORAIS

Improcede o pedido de danos morais, pois a reclamante não comprovou suas alegações no sentido de que teria sido humilhada e ofendida em sua dignidade e intimidade por prepostos da empresa reclamada. Aplico na espécie o artigo 818 da CLT.

DA EQUIPARAÇÃO SALARIAL

Condeno a reclamada ao pagamento de diferenças salariais e reflexos, decorrentes da equiparação salarial com o paradigma Zeca Camargo, já que realizam as mesmas funções estando previstos todos os requisitos do artigo 461 da CLT. O fato do paradigma ser empregado de empresa do mesmo grupo econômico não inviabiliza o pedido, pois é certo que deve prevalecer a tese do empregador único.

DISPOSITIVO

Ante todo o exposto, julga-se PROCEDENTE EM PARTE a demanda para condenar a reclamada na forma da fundamentação supra. Custas pela reclamada no importe de R$ 1.200,00 calculadas sob o valor de R$ 60.000,00 ora arbitrados para fins de condenação, na forma do artigo 789 da CLT.

Intimem-se as partes e a União.

Cumpra-se.

Nada mais.

Juiz do Trabalho."

17.17 QUESTÃO PRÁTICA 16

Sentença:

83ª VARA DO TRABALHO DE TRIBOBÓ DO OESTE

Processo nº 1200-34-2011 -5-07-0083.

Aos __ dias do mês de ____, do ano de 2012, às __h, na sala de audiências desta Vara do Trabalho, na presença do MM. Juiz Fulano de Tal, foi proferida a seguinte SENTENÇA:

Jurandir Macedo, qualificação, ajuizou ação trabalhista em face de Aérea Auxílio Aeroportuário Ltda., e de Aeroportos Públicos Brasileiros, empresa pública, em 30.05.2011, aduzindo que era a terceira ação em face das rés, pois não compareceu à primeira audiência das ações anteriormente ajuizadas, tendo tido notícia da sentença de extinção do feito sem resolução do mérito da primeira ação em 10.01.2009 e da segunda ação em 05.06.2009.

Afirma que a ação anterior é idêntica à presente.

Relata que foi contratado pela primeira ré em 28.04.2004 para trabalhar como auxiliar de carga e descarga de aviões, tendo como último salário o valor de R$ 1.000,00. Ao longo do contrato de trabalho, cumpria jornada das 8h às 20h, com uma hora de almoço, trabalhando em escala 12 x 36, conforme norma coletiva, pretendendo horas extras e reflexos. Afirma que carregava as malas para os aviões enquanto esses eram abastecidos, mas não recebia adicional de periculosidade, e adquiriu hérnia de disco na lombar por conta do peso carregado, pelo que requer indenização por danos morais e reintegração ou, subsidiariamente, indenização. Era descontado do vale-alimentação, mas não recebia o benefício, pretendendo a devolução do valor e a integração da utilidade. Conta que foi dispensado por justa causa, tipificada em desídia, após faltar 14 dias seguidos sem justificativa, além de outros dias alternados, que lhe foram descontados. Requer seja elidida a justa causa, com pagamento de aviso prévio, férias vencidas e proporcionais + 1/3, FGTS + 40%, seguro-desemprego e anotação de dispensa na CTPS com multa diária de RS 500,00 pelo descumprimento, além da incidência das multas dos arts. 467 e 477 da CLT. Ao longo de todo o seu contrato, diz que sempre desempenhou sua atividade no Aeroporto Internacional de Tribobó do Oeste, de administração da segunda ré, pelo que pede a condenação subsidiária da segunda ré. Dá à causa o valor de R$ 20.000,00.

Na audiência, a primeira ré apresentou defesa aduzindo, genericamente, a prescrição; que o autor foi desidioso, conforme as faltas apontadas, juntando documentação comprobatória das ausências não justificadas e diversas advertências e suspensões pelo comportamento reiterado de faltas injustificadas. Apresentou controle de ponto com jornada de 12 x 36h, com uma hora de intervalo, conforme norma coletiva da categoria. Juntou TRCT do autor, cujo valor foi negativo em razão das faltas descontadas. Afirmou que o autor não ficava em área de risco no abastecimento do avião e que não há relação entre o trabalho do autor e sua doença. Apresentou norma coletiva autorizando a substituição de vale-alimentação por pagamento em dinheiro com desconto em folha proporcional, conforme recibos juntados, comprovando os pagamentos dos valores. Afirmou que não devia as multas dos artigos 467 e 477 da CLT por não haver verba a pagar e que procederia à anotação de dispensa na CTPS com a data da defesa. Pugnou pela improcedência dos pedidos.

A segunda ré defendeu se, aduzindo ser parte ilegítima para figurar na lide, pois escolheu a primeira ré por processo licitatório, com observância da lei, comprovando documentalmente a fiscalização efetiva do contrato com a primeira ré e a relação dessa com os seus funcionários que lhe prestavam serviços. Salientou a prescrição e refutou os pedidos do autor, negando os mesmos.

O autor teve vista das defesas e dos documentos, não impugnando os mesmos. Indagadas as partes, as mesmas declararam que não tinham mais provas a produzir e se reportavam aos elementos dos autos, permanecendo inconciliáveis. O autor se recusou a fornecer a CTPS para que fosse anotada a dispensa.

É o relatório.

Decide-se:

Não há prescrição, pois o curso desta foi interrompido.

A segunda ré foi tomadora dos serviços, logo é parte legítima.

Procede o pedido de conversão da dispensa por justa causa em dispensa imotivada.

A justa causa é o maior dos castigos ao empregado. Logo, tendo havido desconto dos dias de falta, não há desídia, porque haveria dupla punição. Logo, procedem os pedidos de aviso prévio, férias vencidas e proporcionais + 1/3, FGTS + 40%, seguro-desemprego e anotação de dispensa na CTPS com multa diária de R$ 500,00 pelo descumprimento, além da incidência das multas dos artigos 467 e 477 da CLT pelo não pagamento das verbas.

Procede o pedido de indenização por danos morais, que fixo em R$ 5.000,00, pois é claro que se o autor carregava malas, sua hérnia de disco decorre da função, sendo também reconhecida a estabilidade pelo acidente de trabalho (doença profissional), que ora se convola em indenização pela projeção do contrato de trabalho, o que equivale a R$ 10.000,00.

Improcede a devolução de descontos do vale-alimentação, pois a ré provou a concessão do vale por substituição em dinheiro e autorizado em norma coletiva. Logo, também não há a integração desejada.

Procede o pedido de horas extras e reflexos, pois o autor extrapolava a jornada constitucional de 8 horas por dia.

Procede o adicional de periculosidade por analogia à Súmula 39 do TST.

Procede a condenação da segunda ré, pois havendo terceirização, esta responde subsidiariamente.

Improcedentes os demais pedidos.

Custas de R$ 600,00, pelas rés, sobre o valor da condenação estimado em R$ 30.000,00. Recolhimentos previdenciários e fiscais, conforme a lei, assim como juros e correção monetária.

Partes cientes.

Fulano de Tal

Juiz do Trabalho

Apresente a peça respectiva para defesa dos interesses da segunda ré.

17.18 QUESTÃO PRÁTICA 17

O pedido formulado numa reclamação trabalhista foi julgado procedente em parte. O juiz condenou a autora a 6 meses de detenção por crime contra a organização do trabalho, pois comprovadamente ela estava recebendo seguro desemprego nos dois primeiros meses do contrato de trabalho e por isso pediu que a empresa não assinasse sua CTPS nesse período. O magistrado reconheceu que a autora excedia a jornada em três horas diárias, mas limitou o pagamento da sobrejornada a duas horas por dia com adicional de 50%, em razão do Art. 59 da CLT. Ainda, julgou aplicável a norma de complementação de aposentadoria custeada pela empresa que estava em vigor no momento do requerimento da aposentadoria, e não a da admissão, que era mais favorável à trabalhadora, fundamentando na inexistência de direito adquirido, mas apenas expectativa de direito. Além disso, reconheceu que a acionante trabalhou 10 horas em regime de prontidão no último mês trabalhado e deferiu o pagamento de 1/3 dessas horas. Reconheceu, também, que o local de trabalho da autora era de difícil acesso e que no deslocamento ela gastava duas horas diárias, mas, por existir acordo coletivo fixando a média de 1:30 h, com transporte concedido pelo empregador, deferiu, com base no § 3º do Art. 58, da CLT, 1:30 h por dia como hora *in itinere*. Deferiu o requerimento da empresa determinando, com sustentáculo no Art. 940 do CCB, a devolução em dobro do 13º salário do ano de 2012, porque a autora o postulou integralmente, sem qualquer ressalva, quando a 1ª parcela já havia sido quitada pela empresa. As custas foram arbitradas em R$ 300,00 sobre o valor arbitrado à condenação de R$ 15.000,00. Autora: Verônica Silva; Ré: Indústria Metalúrgica Ribeiro S.A., que possui 1.600 empregados; Processo 1111-55.2012.5.03.0100, em trâmite na 100ª VT/MG.

Analisando a narrativa e considerando que a trabalhadora não se conformou com a sentença, apresente a peça pertinente à reversão da decisão, no que couber, sem criar dados ou fatos não informados.

18 Recurso Adesivo

Previsto no art. 997 do CPC, é cabível na hipótese de a ação ser procedente em parte. Em outras palavras, ambas as partes são vencidas, porém, uma delas deixa de oferecer o recurso, enquanto a outra interpõe o remédio jurídico em tempo hábil.

Quando a primeira parte (aquela que não interpôs recurso) for intimada para apresentar suas contrarrazões, poderá recorrer adesivamente.

Devem-se observar todos os pressupostos jurídicos do recurso, inclusive custas processuais e depósito recursal (se interposto por empresa).

É um recurso subordinado ao principal, ou seja, não pode haver o adesivo sem o principal, e se o recurso principal for denegado, ou em sua desistência, o outro cai por terra.

O art. 998 do CPC dispõe que o recorrente, a qualquer momento, sem a anuência do recorrido, poderá desistir do recurso.

Sendo assim, quando se tratar de matéria importante deve-se fazer o recurso normal.

ATENÇÃO!

A Súmula 283 do TST admite esse tipo de recurso na esfera trabalhista. No entanto, muitos afirmam que, como o recurso não é previsto na CLT, deve observar o prazo do CPC, como os embargos declaratórios.

Isso é um absurdo, pois ele é condicionado ao recurso previsto na CLT. Portanto, seu prazo é de oito dias, junto com as contrarrazões do recurso principal.

O gabarito da questão prática a seguir encontra-se no final desta Parte II.

18.1 QUESTÃO PRÁTICA 1

O empregador, ao comparecer pessoalmente, sem advogado, à audiência de uma ação em que é cobrado o pagamento de adicional de insalubridade, em grau máximo, sobre o salário efetivamente pago ao empregado, aduz simplesmente nada dever ao empregado. Encerrada a instrução, sem produção de outras provas, sob a alegação de falta de contestação específica dos fatos, é proferida sentença de acolhimento do pedido, com condenação do empregador ao pagamento do adicional de insalubridade, em grau máximo, calculado, porém, sobre o salário mínimo. O empregador, intimado da sentença e embora com ela não concorde, não a impugna. O empregado, por sua vez, oferece recurso ordinário, postulando a incidência do adicional de insalubridade sobre o salário que efetivamente recebia.

Questão: Como advogado contratado pelo empregador, no momento em que recebida a intimação para oferecer sua resposta, tomar a providência processual cabível com vistas a afastar a sucumbência do reclamado.

19 Recurso de Revista

19.1 CONSIDERAÇÕES SOBRE A PEÇA

Regulado pelo art. 896 da CLT, o Recurso de Revista tem prazo de oito dias e efeito devolutivo, sendo imprescindível o recolhimento de preparo para o seu conhecimento.

Na peça das razões ainda será necessário salientar os requisitos da transcendência, IN 23 do TST, e do prequestionamento, como ficará demonstrado no modelo.

Será cabível das decisões proferidas pelos Tribunais Regionais do Trabalho quando do julgamento do recurso ordinário, ou seja, quando o TRT atuar em segunda instância.

Este recurso, no entanto, não servirá para atacar matéria de fato, sendo restrito para a matéria de direito, nos termos das alíneas *a, b* e *c* do dispositivo legal citado.

Assim, poderá ser discutido no recurso em apreço:

a) divergência de súmula ou jurisprudência – ressalte-se que a Lei 9.756/1998 estabelece que a divergência jurisprudencial a ser apontada no recurso de revista deve ser de tribunal regional distinto daquele que proferiu a decisão recorrida;
b) divergência de norma coletiva; e
c) divergência da CF ou de Lei Federal.

Atualmente, com a edição da Lei 13.015/2014 caberá também divergência de súmula vinculante do STF em ambos os procedimentos.

No procedimento sumaríssimo o recurso de revista é ainda mais restrito só sendo cabível em caso de divergência de súmula e da Constituição Federal.

19.2 QUESTÃO PRÁTICA 1

"A" propôs reclamação trabalhista contra "B" pleiteando reintegração no emprego em razão de ter sido demitida no dia 20.04.2007, quando então faltavam vinte dias para ela completar os cinco meses após o parto. "B" contestou o feito alegando a inexistência de estabilidade, pois no dia alertado pela reclamante lhe foi concedido aviso prévio indenizado. A decisão julgou a ação improcedente, sob a alegação de que o art. 489 da CLT aplica o aviso prévio na contagem de tempo de serviço e, sendo assim, no seu término a estabilidade já havia expirado. Não se conformando, a reclamante interpôs o recurso cabível (Recurso Ordinário), cuja decisão manteve integralmente o julgado inicial.

Questão: Como advogado do prejudicado, atue.

19.2.1 Modelo esquemático de recurso de revista 1

EXCELENTÍSSIMO SENHOR DOUTOR DESEMBARGADOR PRESIDENTE DO EGRÉGIO TRIBUNAL REGIONAL DO TRABALHO DA _____ REGIÃO.

(Espaço de cinco linhas)

Processo nº _____

"A", já qualificada nos autos da reclamação trabalhista que move em face de "B", por seu advogado que esta subscreve, vem à presença de Vossa Excelência interpor, tempestivamente e com fulcro no art. 896, a, da CLT,

RECURSO DE REVISTA

requerendo a remessa das anexas razões ao Colendo Tribunal Superior do Trabalho, pelo que junta à presente o comprovante de pagamento das custas processuais para os devidos fins de direito.

Nesses termos,

Pede deferimento.

Local e data.

Advogado e assinatura.

OAB nº _____

RAZÕES DE RECURSO DE REVISTA

Recorrente: "A"

Recorrido: "B"

Origem: _____ Turma do Tribunal Regional do Trabalho da ____ Região.

Processo nº _____

Colendo Tribunal,
Doutos Ministros.

HISTÓRICO PROCESSUAL

A recorrente propôs reclamação trabalhista em face do recorrido pleiteando a reintegração no emprego em virtude de ter sido demitida no curso de sua estabilidade de gestante, ação esta julgada improcedente cuja decisão foi mantida na apreciação do recurso ordinário ofertado pelo peticionário.

No entanto, referida decisão não merece prosperar, pois inteiramente divorciada dos preceitos legais. Senão vejamos:

DO PREQUESTIONAMENTO

Cumpre ressaltar inicialmente que a matéria em tela foi devidamente prequestionada em tese de Embargos Declaratórios, como determina a Súmula 297 deste Tribunal.

DA TRANSCENDÊNCIA

Ressalte-se ainda que o recurso é transcendente em relação aos aspectos de natureza social, política, jurídica ou econômica do país, nos termos do art. 896-A da CLT.

DOS PRESSUPOSTOS DE ADMISSIBILIDADE

Frise-se também que o presente recurso é tempestivo, tendo o recorrente recolhido as custas processuais, estando as procurações constantes às fls._____, nos termos da IN 23 do TST.

DA DIVERGÊNCIA

Como mencionado, a decisão proferida no recurso ordinário, ao manter a decisão originária, acata a tese defensiva, como passamos a expor:

A recorrente alega ter sido demitida no dia 20.04.2007, quando então faltavam vinte dias para o quinto mês após o parto, o que, nos termos art. 10, II, b, do ADCT, lhe garantia a sua estabilidade.

A defesa admitida pelas decisões em apreço reconhece a data da demissão, mas alega que no referido dia foi concedido à obreira aviso prévio indenizado e, já que referido instituto conta como tempo de serviço, nos termos do art. 489 da CLT, na efetiva extinção do contrato de trabalho a estabilidade já havia expirado.

A Súmula 348 deste Tribunal é clara ao dispor sobre a impossibilidade de a concessão do aviso prévio ser aplicada no curso da garantia de emprego, por considerar os institutos incompatíveis.

Assim, nota-se a flagrante divergência da decisão sumulada, o que legitima o presente recurso.

CONCLUSÃO

Pelo exposto, requer o conhecimento e consequente provimento do presente apelo, revertendo assim o julgado anterior e condenando o recorrido às custas processuais em reversão, tudo por ser medida da mais pura e lídima Justiça!

Local e data.

Advogado e assinatura.

OAB nº

19.3 QUESTÃO PRÁTICA 2

"A" propôs reclamação trabalhista contra "B", denominada AÇÃO DE CUMPRIMENTO, requerendo o reajuste salarial no importe de 5% firmado em dissídio coletivo para sua categoria profissional. "B" contestou o feito alegando que o reajuste não foi repassado em razão de que, quando o sindicato foi intimado da decisão do TRT da 2ª Região, o acorrente estava suspenso em virtude de ter danificado materiais de propriedade da empresa, fato este confirmado pelo próprio reclamante em seu depoimento pessoal. Em razão disso, e levando em conta o depoimento do reclamante, o Juiz da 9ª Vara do Trabalho de São Paulo julgou improcedente a reclamação, decisão esta fundamentada na suspensão do empregado. Não se conformando, o prejudicado interpôs o recurso cabível, apelo este denegado por deserção. Por isso, a mesma parte interpôs novo recurso, desta vez com a intenção de destrancar o recurso anterior, alegando ser o prejudicado detentor da justiça gratuita. Este recurso foi provido, o que ocasionou o julgamento do recurso anteriormente denegado, cuja decisão manteve integralmente o julgado inicial.

Questão: Como advogado do prejudicado, atue.

19.3.1 Modelo esquemático de recurso de revista 2

EXCELENTÍSSIMO SENHOR DOUTOR DESEMBARGADOR PRESIDENTE DO EGRÉGIO TRIBUNAL REGIONAL DO TRABALHO DA 2ª REGIÃO.

(Espaço de cinco linhas)

Processo nº _____

"A", já qualificado nos autos da Ação de Cumprimento que move em face de "B", por seu advogado que esta subscreve, vem à presença de Vossa Excelência interpor, tempestivamente e com fulcro no art. 896, c, da CLT,

RECURSO DE REVISTA

requerendo a remessa das anexas razões ao Colendo Tribunal Superior do Trabalho, esclarecendo que deixa de recolher as custas processuais por ser beneficiário da justiça gratuita.

Nesses termos,

Pede deferimento.

Local e data.

Advogado e assinatura.

OAB nº _____

RAZÕES DE RECURSO DE REVISTA

Recorrente: "A"

Recorrido: "B"

Processo nº _____

Origem: TRT da 2ª Região. Colendo Tribunal, Doutos Ministros.

HISTÓRICO PROCESSUAL

O reclamante, ora recorrente, propôs reclamação trabalhista em face do recorrido pleiteando reajuste salarial no importe de 5% derivado de sentença normativa proferida pelo juízo a quo, reclamação esta que foi julgada improcedente, o que originou a interposição do recurso ordinário que, após julgamento do agravo de instrumento que o destrancou, foi julgado improvido.

No entanto, referida decisão não merece prosperar, pois inteiramente divorciada dos preceitos legais. Senão vejamos:

DO PREQUESTIONAMENTO

Antes de tudo, é importante frisar que a matéria objeto do presente recurso de revista foi devidamente prequestionada em tese de embargos declaratórios nos termos da Súmula 297 deste Tribunal.

DA TRANSCENDÊNCIA

Frise-se ainda que a matéria em tela é transcendente com relação aos aspectos de natureza social, política, econômica ou jurídica do País, conforme preceitua o art. 896-A da CLT.

DOS PRESSUPOSTOS DE ADMISSIBILIDADE

Ressalte-se também que o presente recurso é tempestivo, não tendo o recorrente efetuado o recolhimento das custas processuais por ser beneficiário da justiça gratuita, nos termos da IN 23 do TST, estando as procurações constantes às fls. ____.

DA DIVERGÊNCIA

A sentença originária, mantida equivocadamente na apreciação do recurso ordinário, não concedeu o reajuste ao recorrente, acatando a argumentação da recorrida, que admite que não houve o repasse em razão de que, quando o empregado foi beneficiado com o aumento, estava suspenso em razão do cometimento de falta grave.

Tal fato está em total desacordo com o art. 471 da CLT, que prerroga que o empregado que está com o contrato suspenso terá direito a todas as vantagens obtidas pela sua categoria.

Dessa forma, clara se nos configura a divergência de Lei Federal apontada, legitimando, assim, a interposição do presente recurso.

CONCLUSÃO

Pelo exposto, requer o conhecimento e consequente provimento do presente recurso, o que caracterizará a reversão dos julgados anteriores, condenado o recorrido às custas processuais, tudo por ser medida da mais pura e lídima Justiça!

Local e data.

Advogado e assinatura.

OAB nº _____

19.4 QUESTÃO PRÁTICA 3

"A" propôs reclamação trabalhista contra "B", pleiteando aviso prévio e horas extras, ação esta julgada inteiramente procedente. Não se conformando, "B" interpôs Recurso Ordinário, e concomitantemente "A" extraiu carta de sentença, iniciando a execução Provisória. Os cálculos foram homologados em R$ 20.000,00 (vinte mil reais) e o Exequente os impugnou, alertando que o prazo do aviso prévio e o adicional de horas extras estavam incorretos.

A sentença julgou a impugnação improcedente descrevendo que, como o reclamante recebia por semana, seu aviso prévio era de oito dias, nos termos do art. 487, I, da CLT, e seu adicional de horas extras foi fixado no importe de 30% em razão de sua convenção coletiva assim o prever, decisão esta integralmente mantida na apreciação do recurso interposto pelo reclamante no momento oportuno.

Questão: Como advogado de "A", atue.

19.4.1 Modelo esquemático de recurso de revista 3

EXCELENTÍSSIMO SENHOR DOUTOR DESEMBARGADOR PRESIDENTE DO EGRÉGIO TRIBUNAL REGIONAL DO TRABALHO DA ____ REGIÃO.

(Espaço de cinco linhas)

Processo nº _____

"A", já qualificado nos autos da reclamação trabalhista que move em face de "B", por seu advogado que esta subscreve, vem à presença de Vossa Excelência interpor, tempestivamente e com fulcro no art. 896, § 2º, da CLT,

RECURSO DE REVISTA

requerendo a remessa das anexas razões do Colendo Tribunal Superior do Trabalho, esclarecendo que as custas processuais serão recolhidas ao final.

Nesses termos,

Pede deferimento.

Local e data.

Advogado e assinatura.

OAB nº _____

RAZÕES DE RECURSO DE REVISTA

Recorrente: "A"

Recorrido: "B"

Origem: Tribunal Regional do Trabalho da _____ Região.

Processo nº _____

Colendo Tribunal,

Doutos Ministros.

HISTÓRICO PROCESSUAL

O recorrente propôs reclamação trabalhista em face do recorrido pleiteando horas extras e aviso prévio, ação esta julgada procedente e que originou a interposição de recurso ordinário e concomitantemente o início da execução provisória, que, após a homologação dos cálculos, obteve a impugnação do exequente e consequentemente do agravo de petição, que mantiveram a decisão homologatória.

No entanto, referida decisão não merece prosperar, pois inteiramente divorciada dos preceitos constitucionais. Senão vejamos:

DO PREQUESTIONAMENTO

Cumpre ressaltar inicialmente que a matéria objeto do presente recurso foi prequestionada em tese de embargos declaratórios, conforme determina a Súmula 297 deste Tribunal.

DA TRANSCENDÊNCIA

Ressalte-se ainda que a matéria em tela é transcendente em relação aos aspectos de natureza social, política, econômica ou jurídica do país, nos termos do art. 896-A da CLT.

DOS PRESSUPOSTOS DE ADMISSIBILIDADE

Por fim, destaca-se que o presente recurso é tempestivo, esclarecendo que as custas processuais serão recolhidas ao final, estando as procurações constantes às fls. _____, cumprindo assim a exigência da IN 23 do TST.

DA DIVERGÊNCIA

A decisão proferida no agravo de petição, no que diz respeito ao aviso prévio, está fundamentada no art. 487, I, da CLT, pelo que foi deferido ao peticionário no prazo de oito dias.

Isso porque o obreiro havia ajustado seu salário semanalmente, fato este que não pode ser admitido, em razão da clara desobediência ao art. 7°, XXI, da CF/88, que prerroga um prazo mínimo de trinta dias para o instituto.

Portanto, clara se nos configura a contradição constitucional apontada, fazendo jus o recorrente a um aviso prévio de trinta dias, nos termos da Carta Maior.

Mas isso não é tudo, pois nos cálculos homologados o juiz levou em conta o adicional de 30% para as horas extras, sob a argumentação de que referida porcentagem estava estabelecida na norma coletiva da categoria do empregado.

Por isso, notória se nos configura nova infração à Constituição Federal.

O art. 7°, XVI, da CF/88 prerroga claramente que o adicional de horas extras será de, no mínimo, 50%.

É claro que as normas coletivas, em regra, prevalecem sobre o legislado, mas desde que mais favoráveis para o empregado.

Assim, por qualquer lado que se analise a questão, nota-se a indispensabilidade de reversão do julgado, o que, desde já, se requer.

CONCLUSÃO

Pelo exposto, requer o conhecimento e consequente provimento do presente apelo, caracterizando assim a reversão do julgado proferido no agravo de petição, devendo ser fixado um adicional de horas extras de 50%, bem como um aviso prévio de trinta dias, tudo por ser medida da mais pura e lídima Justiça!

Local e data.

Advogado e assinatura.

OAB n° _____

O gabarito da questão prática a seguir encontra-se no final desta Parte II.

19.5 QUESTÃO PRÁTICA 4

"A" propôs reclamação trabalhista contra "B" pleiteando rescisão indireta em virtude de estar com salários atrasados há quatro meses. Em audiência, o reclamado pagou os salários em atraso e, em razão disso, a ação foi julgada improcedente, decisão esta mantida na apreciação do recurso interposto pelo reclamante.

Questão: Como advogado deste, atue.

20 Agravo de Instrumento

20.1 CONSIDERAÇÕES SOBRE A PEÇA

O agravo de instrumento é previsto no art. 897, *b*, da CLT, sendo um recurso absolutamente restrito no processo do trabalho.

Diferentemente do que ocorre no Processo Comum, o agravo de instrumento só é cabível das decisões que denegam seguimento a recurso.

ATENÇÃO!

Seu prazo é de oito dias e seu efeito é devolutivo, havendo necessidade de pagamento de depósito recursal, pertinente a 50% do valor depositado no recurso denegado, sendo indispensável a formação do instrumento do agravo na peça de interposição, como se demonstrará no modelo destacado.

20.2 QUESTÃO PRÁTICA 1

"A" promove reclamação trabalhista contra "B", pleiteando o pagamento de verbas rescisórias não satisfeitas, com pedido dos benefícios da justiça gratuita, instruída com a pertinente declaração, firmada sob as penas da Lei 7.115, de 29.08.1983, de que sua situação financeira não lhe permitia demanda sem prejuízo próprio ou da família. O pedido foi indeferido e julgada improcedente a reclamação. "A" foi condenado a Pagar as custas processuais. Oferecendo recurso ordinário ao Tribunal Regional do Trabalho, em que reiterou o pedido de isenção de custas, "A" não as satisfez, pelo que teve indeferido o seu processamento por deserto.

Questão: Como advogado de "A", exercite o meio útil aos interesses de seu cliente.

20.2.1 Modelo esquemático de agravo de instrumento 1

EXCELENTÍSSIMO SENHOR DOUTOR JUIZ DA VARA DO TRABALHO DE _____.

(Espaço de cinco linhas)

Processo nº _____

"A", já qualificado nos autos da reclamação trabalhista que move em face de "B", por seu advogado que esta subscreve, vem à presença de Vossa Excelência interpor, tempestivamente e com fulcro no art. 897, *b*, da CLT,

AGRAVO DE INSTRUMENTO

requerendo a remessa da anexa minuta ao Egrégio Tribunal Regional do Trabalho da _____ Região, pelo que junta as peças necessárias à formação de instrumento descritas no art. 897, § 5º, I e II, da CLT: cópia da decisão agravada, intimação, procurações, petição inicial, defesa, decisão inicial e recurso ordinário.

Nesses termos,

Pede deferimento.

Local e data.

Advogado e assinatura.

OAB nº _____

MINUTA DE AGRAVO DE INSTRUMENTO

Agravante: "A"

Agravado: "B"

Origem: _____ Vara do Trabalho de _____.

Processo nº _____

Egrégio Tribunal, Doutos Julgadores.

HISTÓRICO PROCESSUAL

O agravante propôs reclamação trabalhista em face do agravado pleiteando verbas rescisórias e justiça gratuita, ação esta que foi julgada improcedente, o que originou a interposição do recurso ordinário cujo seguimento foi denegado.

No entanto, referida decisão não merece prosperar, pois inteiramente divorciada dos preceitos legais. Senão vejamos:

DA GRATUIDADE DA JUSTIÇA

Como mencionado, junto com o pedido inicial, o agravante também requereu a concessão dos benefícios da justiça gratuita, instruindo a vestibular com a pertinente declaração, nos termos da Lei 7.115/83.

Em razão de seu indeferimento, o agravante teve seu recurso deserto, o que lhe veda o acesso ao duplo grau de jurisdição e à consequente reapreciação do pleito.

Ficou demonstrado o estado de necessidade do peticionário que, se arcar com as custas processuais, não poderá prover o seu devido sustento, bem como o de sua família.

Assim, por qualquer lado que se analise a questão, nota-se a indispensabilidade do conhecimento do recurso ordinário equivocadamente denegado, o que desde já se requer.

CONCLUSÃO

Pelo exposto, requer o conhecimento e consequente provimento do presente agravo, destrancando assim o recurso ordinário, tudo por ser medida da mais pura e lídima Justiça!

Local e data.

Advogado e assinatura.

OAB n° _____

20.3 QUESTÃO PRÁTICA 2

"A" propôs reclamação trabalhista contra "B" requerendo horas extras e reflexos, ação esta que, após regular instrução processual, foi julgada inteiramente procedente e transitada em julgado. Iniciada a execução, os cálculos foram homologados em R$ 15.000,00, o que originou a oposição de embargos à execução, cuja decisão monocrática manteve integralmente os cálculos homologados anteriormente. Assim, foi interposto Agravo de Petição, cujo seguimento foi denegado pelo juízo de admissibilidade sob a alegação de deserção, já que não foram recolhidos o depósito recursal e as custas processuais.

Questão: Como advogado do prejudicado, atue.

20.3.1 Modelo esquemático de agravo de instrumento 2

EXCELENTÍSSIMO SENHOR DOUTOR JUIZ DA _____ VARA DO TRABALHO DE _______.

(Espaço de cinco linhas)

Processo n° _____

"B", já qualificado nos autos da reclamação trabalhista que lhe move "A", por seu advogado que esta subscreve, vem à presença de Vossa Excelência interpor, tempestivamente e com fulcro no art. 897, *b*, da CLT,

AGRAVO DE INSTRUMENTO

requerendo a remessa da anexa minuta ao Egrégio Tribunal Regional do Trabalho da 12ª Região, formando nesse ato as peças necessárias ao seu instrumento, descritas no art. 897, § 5ª, I e II, da CLT: cópia da decisão agravada, procurações, petição inicial, defesa, decisão inicial e agravo de petição.

Nesses termos,

Pede deferimento.

Local e data.

Advogado e assinatura.

OAB nº _____

MINUTA DE AGRAVO DE INSTRUMENTO

Agravante: "B"

Agravado: "A"

Processo nº _____

Origem: _____ Vara do Trabalho de _____.

Egrégio Tribunal,

Doutos Julgadores.

HISTÓRICO PROCESSUAL

O agravado propôs reclamação trabalhista em face do agravante, ação esta julgada procedente e transitada em julgado. Iniciada a execução, os cálculos foram homologados em R$ 15.000,00, o que originou a oposição de embargos à execução cuja sentença manteve a homologação. Assim, foi interposto agravo de petição cujo seguimento foi denegado por deserção.

No entanto, referida decisão não merece prosperar, pois inteiramente divorciada dos preceitos legais e jurisprudenciais. Senão vejamos:

DA DESERÇÃO

Como mencionado, o agravo de petição foi considerado deserto em razão de o agravante não ter recolhido o depósito recursal e as custas processuais, fato este em total desacordo com a legislação vigente.

Primeiro porque o depósito recursal só será exigível quando ainda não houver garantia do juízo, fato este que já ocorreu no presente caso para a oposição dos embargos à execução.

A Súmula 128, II, do TST descreve claramente a desnecessidade de depósito recursal na fase executória, pois é claro que seu intuito é a garantia, ainda que parcial, do juízo, e estando este já previamente garantido, não há falar em depósito recursal.

No que diz respeito às custas processuais, não merece melhor sorte o equivocado despacho denegatório.

Isso porque o art. 789-A da CLT impõe que as custas processuais, no procedimento de execução, serão pagas ao final, não se consubstanciando como requisito de admissibilidade do agravo de petição.

Assim, por qualquer lado que se analise a questão, merece reforma a decisão denegatória, o que desde já se requer.

CONCLUSÃO

Pelo exposto, requer o conhecimento e consequente provimento do presente agravo, reformando assim o despacho que denegou seguimento ao agravo de petição, o que caracterizará seu regular processamento e consequente julgamento, tudo por ser medida da mais pura e lídima Justiça!

Local e data.

Advogado e assinatura.

OAB nº _____

21 Contrarrazões

21.1 CONSIDERAÇÕES SOBRE A PEÇA

As contrarrazões podem ser entendidas como uma espécie de contestação do recurso interposto, na qual o recorrido que as apresenta deve requerer a manutenção do julgado. O prazo é o mesmo para o recurso que se contra-arrazoa, mas, em regra, não precisam ser observados os requisitos de preparo, bem como da transcendência, prequestionamento e IN 23 do TST no caso de contrarrazões de Recurso de Revista.

21.2 QUESTÃO PRÁTICA 1

"A" propôs reclamação trabalhista contra "B", cuja decisão foi julgada totalmente procedente. Iniciada a execução, após o trânsito em julgado, foram os cálculos homologados em R$ 30.000,00. O executado, não se conformando, apresentou a medida cabível, alegando primeiramente que o juiz é amigo íntimo do advogado do exequente, fato este trazido ao processo somente neste momento processual, apesar de o executado ter participado da relação processual desde o início, já tendo conhecimento do fato desde então. Referido remédio foi julgado improcedente, o que legitimou o executado a recorrer. No entanto, referido recurso foi improvido, e o executado novamente recorreu, tendo como base a mesma alegação anterior.

Questão: Sendo intimado deste último recurso, atue.

21.2.1 Modelo esquemático de contrarrazões de recurso de revista 1

EXCELENTÍSSIMO SENHOR DOUTOR DESEMBARGADOR PRESIDENTE DO EGRÉGIO TRIBUNAL REGIONAL DO TRABALHO DA ____ REGIÃO.

(Espaço de cinco linhas)

Processo nº

"A", já qualificado nos autos da reclamação trabalhista que move em face de "B", por seu advogado que esta subscreve, vem à presença de Vossa Excelência apresentar, tempestivamente e com fulcro no art. 900 da CLT,

CONTRARRAZÕES DE RECURSO DE REVISTA

requerendo sua remessa ao Colendo Tribunal Superior do Trabalho para os devidos fins de direito.

Nesses termos,

Pede deferimento.

Local e data.

Advogado – assinatura.

OAB nº _____

CONTRARRAZÕES DE RECURSO DE REVISTA

Recorrente: "B"

Recorrido: "A"

Origem: Tribunal Regional do Trabalho da _____ Região.

Processo nº ______

Colendo Tribunal, Doutos Ministros.

HISTÓRICO PROCESSUAL

O recorrido propôs reclamação trabalhista em face do recorrente pleiteando os títulos contidos em sua inicial, ação esta julgada procedente e transitada em julgado.

Iniciada a execução, os cálculos foram homologados em R$ 30.000,00 e o recorrente opôs embargos à execução, que, após serem julgados improcedentes, originaram a interposição de agravo de petição, cuja decisão manteve a decisão originária, legitimando assim o presente recurso de revista ora contra-arrazoado.

No entanto, referida decisão não merece reparo, pois totalmente consoante com os preceitos legais. Senão vejamos:

DO NÃO CONHECIMENTO DO RECURSO DE REVISTA

Primeiramente cumpre salientar que o presente recurso de revista não deve ser conhecido, já que não atende aos permissivos indispensáveis à sua apreciação

Isso porque na fase de execução o recurso de revista é absolutamente restrito, só tendo serventia em caso de divergência com a CF, como deixa claro o § 2º do art. 896 da CLT.

E esse não é o objeto do recurso de revista, pois o recorrente requer a declaração de suspeição do juízo, instituto este previsto em Lei Federal (art. 801 da CLT), e não na Carta Maior.

MÉRITO

Da exceção de suspeição

Na remota hipótese de o item supracitado não ser admitido, fato este que trazemos apenas para argumentar, não há falar na reforma do julgado pelos seguintes motivos:

O recorrente vem alegando que o magistrado de primeiro grau é amigo íntimo do presente subscritor, fato este que não merece prosperar.

O art. 801 da CLT destaca que a suspeição do juiz somente se consubstancia em relação à pessoa do litigante, não fazendo, em nenhum momento, menção à pessoa do advogado.

Dessa forma, não há falar na presente suspeição.

Mas isso não é tudo, pois ainda que a suspeição recaia na figura do advogado, o que trazemos novamente por argumentação, o inconformismo do recorrente é descabido.

Ocorre que o recorrente tem conhecimento do fato que objetivou a exceção desde o início do processo, ficando silente até a fase de execução.

O parágrafo único do art. 801 da CLT é notório ao afirmar que a suspeição não será admitida se o recusante já tinha conhecimento da suspeição e deixou de alegá-la anteriormente, ou até mesmo se aceitou qualquer ato praticado pelo juiz recusado quando já sabia do motivo da recusa.

Assim, por qualquer lado que se analise a questão não existe nenhum motivo que possa dar provimento ao recurso.

CONCLUSÃO

Pelo exposto, requer o não conhecimento e consequente improvimento do presente recurso de revista, mantendo-se na íntegra as decisões proferidas na fase de execução, tudo por ser medida da mais pura e lídima Justiça!

Local e data.

Advogado - assinatura.

OAB nº _____

21.3 QUESTÃO PRÁTICA 2[1]

Empregada doméstica propõe reclamação trabalhista em face de sua antiga empregadora, postulando pagamento de aviso prévio correspondente a trinta

[1] À época da aplicação da prova, a EC 72/2013, que ampliou os direitos do trabalhador doméstico, não havia sido publicada.

dias, não concedido quando de sua rescisão contratual. O pedido é julgado procedente, condenando-se a empregadora a pagar à empregada o aviso prévio sobrado, arbitrando-se, para a condenação, o valor de R$ 800,00.

Inconformada, a empregadora interpõe recurso ordinário, em petição que se faz acompanhar de um único documento, correspondente ao comprovante de recolhimento das custas processuais. Alega, no recurso, que a Lei 5.859/1972 não concede à empregada doméstica o direito a aviso prévio, não se lhe aplicando o art. 487 da CLT, por conta do que dispõe o art. 7º, *a*, da mesma CLT.

Questão: Como advogado da empregada doméstica, sendo intimado do recebimento do recurso ordinário da empregadora, apresentar a peça processual adequada.

21.3.1 Modelo esquemático de contrarrazões de recurso ordinário

EXCELENTÍSSIMO SENHOR DOUTOR JUIZ DA _____ VARA DO TRABALHO DE ______.

(Espaço de cinco linhas)

Processo nº _____

"EMPREGADA DOMÉSTICA", já qualificada nos autos da reclamação trabalhista que move em face de "EMPREGADORA DOMÉSTICA", por seu advogado que esta subscreve, vem à presença de Vossa Excelência apresentar, tempestivamente e com fulcro no art. 900 da CLT,

CONTRARRAZÕES DE RECURSO ORDINÁRIO

requerendo sua remessa ao Egrégio Tribunal Regional do Trabalho da _____ Região para os devidos fins de direito.

Nesses termos,

Pede deferimento.

Local e data.

Advogado e assinatura.

OAB nº ______

CONTRARRAZÕES DE RECURSO ORDINÁRIO

Recorrente: "Empregadora Doméstica"

Recorrido: "Empregada Doméstica"

Origem: _____ Vara do Trabalho de ______.

Processo nº ______

Egrégio Tribunal, Doutos Julgadores.

HISTÓRICO PROCESSUAL

A recorrida propôs reclamação trabalhista em face da recorrente pleiteando aviso prévio, ação esta julgada procedente e que originou a interposição do recurso ordinário ora contra-arrazoado.

No entanto, referida decisão não merece reparo, pois em plena consonância com os preceitos legais. Senão vejamos:

PRELIMINARMENTE DA DESERÇÃO

A recorrente, ao interpor o recurso ordinário, não recolheu o depósito recursal de que trata o art. 899 da CLT, requisito indispensável ao conhecimento do recurso.

Portanto, não há como admitir sequer a apreciação do objeto do recurso ordinário.

MÉRITO

Do aviso prévio

A decisão recorrida condenou a empregadora ao pagamento do aviso prévio, decisão esta que deve ser mantida se o mérito chegar a ser analisado, fato este que ocorrerá somente se a preliminar exposta não for admitida, o que trazemos por mera argumentação.

A tese da recorrente baseia-se no fato de que a Lei 5.859/72 não abriga o aviso prévio, por conta da alínea a do art. 7° da CLT, que descreve que referido texto legal não se aplica aos empregados domésticos.

Todavia, a decisão em apreço está nos moldes do art. 7°, parágrafo único, da CF, e esse dispositivo concede aos domésticos o direito estabelecido no art. 7°, XXI, da Carta Maior.

Outra razão para a manutenção da decisão é o teor do art. 23 da Lei Complementar 150 de 2015, que prevê expressamente a concessão do aviso-prévio aos empregados domésticos.

Assim, por qualquer lado que se analise a questão nota-se a correção do julgado, pelo que não há falar em reparo.

CONCLUSÃO

Pelo exposto, requer o não conhecimento e consequente improvimento do recurso ordinário, mantendo integralmente a decisão originária, tudo por ser medida da mais pura e lídima Justiça!

Local e data.

Advogado e assinatura.

OAB n° ______

21.4 QUESTÃO PRÁTICA 3

"A" propôs reclamação trabalhista contra "B", cuja decisão foi totalmente procedente. Iniciada a execução definitiva foram os cálculos homologados em R$ 30.000,00 (trinta mil reais). O executado, não concordando com a homologação, apresentou a medida cabível após a garantia do Juízo, alertando primeiramente que o juiz é primo do advogado do reclamante, fato este trazido ao processo somente neste momento processual, apesar de o reclamado ter conhecimento deste fato desde a primeira audiência. Ressalta ainda que a execução foi paralisada por mais de dois anos, requerendo a aplicação da prescrição intercorrente. Referido remédio foi julgado improcedente, o que legitimou o executado a recorrer. No entanto, após o improvimento deste recurso pelo TRT, o executado, sob a mesma alegação, recorreu novamente.

Questão: Sendo intimado deste último recurso, atue.

21.5.1 Modelo esquemático de contrarrazões de recurso de revista 2

EXCELENTÍSSIMO SENHOR DOUTOR DESEMBARGADOR PRESIDENTE DO EGRÉGIO TRIBUNAL REGIONAL DO TRABALHO DA _____ REGIÃO.

(Espaço de cinco linhas)

Processo nº _____

"A", já qualificado nos autos da reclamação trabalhista que move em face de "B' ', vem à presença de Vossa Excelência, por seu advogado que esta subscreve, apresentar, tempestivamente e com fulcro no art. 900 da CLT,

CONTRARRAZÕES DE RECURSO DE REVISTA

requerendo a sua remessa ao Colendo Tribunal Superior do Trabalho para os devidos fins de direito.

Nesses termos,

Pede deferimento.

Local e data.

Advogado e assinatura.

OAB nº _____

CONTRARRAZÕES DE RECURSO DE REVISTA

Recorrente: "B"

Recorrido: "A"

Origem: TRT da _____ Região.

Processo nº ______

Colendo Tribunal. Doutos Ministros.

HISTÓRICO PROCESSUAL

O recorrido propôs reclamação trabalhista em face do recorrente pleiteando os títulos contidos em sua inicial, ação esta julgada procedente e transitada em julgado.

Iniciada a execução, os cálculos foram homologados em R$ 30.000,00 (trinta mil reais), que, após a discordância e consequente garantia do juízo, foram objeto de embargos à execução, julgados improcedentes e cuja decisão foi mantida na apreciação do agravo de petição, originando assim o recurso de revista ora contra-arrazoado.

No entanto, referida decisão não merece reparo, pois inteiramente conexa com os preceitos legais. Senão vejamos:

PRELIMINARMENTE

Da não admissibilidade do recurso de revista

A tese objeto do recurso de revista contestado diz respeito à exceção de incompetência trazida pelo art. 801 da CLT e à prescrição intercorrente com base na Súmula 327 do STF.

Ambas as questões fogem da admissibilidade do recurso de revista nesta fase processual, pois o § 2° do art. 896 da CLT é claro ao dispor que para o cabimento do recurso de revista nessa fase processual só poderá ser analisada divergência constitucional, o que notoriamente não está presente no caso.

Portanto, requer o recorrido o não conhecimento do recurso de revista e razão da falta dos permissivos no art. 896, § 2°, da CLT.

MÉRITO

Da exceção de suspeição

Caso não seja admitida a preliminar acima exposta, fato este que trazemos somente para argumentar, não há falar sobre suspeição do Julgador de primeiro grau por duas razões:

Primeiro porque o art. 801 da CLT descreve claramente que a suspeição do juiz somente pode ser caracterizada na pessoa dos litigantes, o que não é o caso, já que a fundamentação do pleito se atenta para a questão de o juiz ser primo do patrono do peticionário.

Somente por essa razão, já não haveria falar em suspeição, mas ainda é indispensável ressalvar que o recorrente tem conhecimento desse fato desde a audiência inicial, e mesmo assim restou inerte, fato este não admitido pelo parágrafo único do art. 801 da CLT, que destaca claramente que caso o juiz tenha praticado algum ato no processo não mais poderá ser alegada esta suspeição.

Por nova razão não há como admitir a tese do recurso.

Da prescrição intercorrente

Ainda pelo princípio da eventualidade, passa-se a contra-arrazoar o recurso de revista no que tange ao item pertinente.

O recorrente alega que a execução ficou paralisada por mais de dois anos, o que caracterizaria a prescrição intercorrente ventilada.

Ocorre que referida prescrição não é admitida na Justiça do Trabalho, ante o claro posicionamento do Tribunal Superior do Trabalho por meio de sua Súmula 114, que esclarece a inaplicabilidade da prescrição intercorrente no processo laboral.

Assim, por qualquer lado que se analise a questão nota-se o descabimento do recurso de revista, devendo restar intacta a decisão anterior.

CONCLUSÃO

Pelo exposto, requer o não conhecimento e consequente improvimento do presente apelo, mantendo integralmente a decisão inicial nos exatos termos descritos, tudo por ser medida da mais pura e lídima Justiça!

Local e data.

Advogado e assinatura.

OAB nº _____

O gabarito da questão prática a seguir encontra-se no final desta Parte II.

21.5 QUESTÃO PRÁTICA 4

"A" propôs reclamação trabalhista contra "B" pleiteando adicional noturno e insalubridade, ação esta que, após regular instrução processual, foi julgada improcedente, tendo o juiz configurado a prescrição bienal, fato este que originou a interposição de recurso ordinário, sob a argumentação de que o instituto não foi arguido na peça defensiva, sendo, portanto, indevida a manifestação do juízo sobre o tema.

Questão: Como advogado do empregador, e sendo intimado para se manifestar sobre a interposição deste recurso, atue.

21.6 QUESTÃO PRÁTICA 5

Em reclamação sujeita ao procedimento sumaríssimo, o empregado obtém o pagamento das diferenças da multa de 40% do FGTS sobre os índices de correção monetária não creditados em sua conta vinculada, decisão que é confirmada pelo Tribunal Regional do Trabalho, quando do julgamento do recurso ordinário da empresa. Buscando reverter a condenação, a empresa apresenta recurso de revista, citando divergência verificada em face de pronunciamento tomado por outro Tribunal Regional do Trabalho, que negou ao empregado direito à diferença da multa de 40% na mesma situação. O recurso de revista é recebido pelo presidente do Tribunal Regional do Trabalho.

Questão: Apresente, como advogado do empregado, a peça processual adequada na hipótese, indicando o seu fundamento legal.

22 Embargos no TST

22.1 CONSIDERAÇÕES SOBRE A PEÇA

Os embargos no TST estão previstos no art. 894 da CLT e atualmente, também na Lei 7.701/1988, art. 3º, III, *b*.

Antes da Lei 11.496/2007, havia três modalidades de embargos no TST, quais sejam: os embargos de divergência, os embargos infringentes e, por fim, os embargos de nulidade.

Nos termos do art. 894, II, da CLT, cabem os embargos das decisões das turmas que divergirem entre si, ou das decisões proferidas pela SDI, ou daquelas contrárias a súmula ou orientação jurisprudencial do Tribunal Superior do Trabalho ou de súmula vinculante do Supremo Tribunal Federal.

Os embargos ainda estão previstos no inciso I do art. 894 da CLT e também na Lei 7.701/88. São cabíveis apenas das decisões não unânimes proferidas em dissídios coletivos.

Os embargos de nulidade tiveram sua morte decretada pela Lei 11.496/2007, já referida. Isso porque eram interpostos de decisões proferidas pelas turmas que violassem lei federal ou Constituição Federal.

Atualmente temos, portanto, no âmbito dos dissídios individuais, apenas os embargos.

Os embargos no TST, ou embargos à SDI, são interpostos contra uma decisão de turma do TST diretamente para a SDI. Fazendo um paralelo com o recurso de revista, art. 896, *a*, em que o TST era chamado por meio de uma de suas turmas para dar a palavra final sobre quem estaria com a razão, se um TRT ou outro, os embargos no TST servem, nesse contexto, para chamar a SDI a dar, pois, a palavra final sobre quem está com a razão, se uma turma ou outra, quando evidentemente houver divergência entre as decisões proferidas por duas turmas ou contrariarem súmula de jurisprudência uniforme do TST ou súmula vinculante do STF.

No âmbito desses embargos, importante ter em mente as Súmulas 126 e 337 do TST. Existem algumas hipóteses excetivas de interposição de embargos no TST previstas na Súmula 353 do TST.

Como pressupostos do recurso de embargos também teremos as custas processuais e o depósito recursal, este último sempre nas hipóteses do recorrente ser o empregador e observadas as Súmulas 128 e 161 do TST.

ATENÇÃO!

Serão sempre duas peças, uma de interposição, endereçada ao presidente do TST, e outra de razões. Nessa peça de razões deverá haver dois tópicos específicos, um tópico para prequestionamento e outro tópico para falar dos pressupostos previstos na IN 23. Não há tópico para "transcendência".

O gabarito da questão prática a seguir encontra-se no final desta Parte II.

22.2 QUESTÃO PRÁTICA 1

Após ter sido aprovado em concurso público, Marcos foi contratado por uma companhia de saneamento básico, sociedade de economia mista, para exercer o cargo de auxiliar técnico. Quando iniciou suas atividades na empresa, Marcos passou a exercer as atribuições de cargo hierarquicamente superior ao daquele para o qual fora contratado. Diante de tal situação, ele ingressou com ação na Justiça do Trabalho, pleiteando o pagamento do salário correspondente ao cargo exercido, bem como o seu reenquadramento da função que passou a desempenhar. O juiz julgou integralmente procedentes os pedidos formulados pelo reclamante. A reclamada recorreu ao TRT, tendo sido o recurso improvido e mantida a decisão em seus exatos termos. Novamente a empregadora recorreu, dessa vez ao TST, para ver reformado o acórdão regional, tendo a primeira turma negado provimento, oportunidade em que enfrentou todos os argumentos contidos na peça recursal.

Em face dessa situação hipotética apresentada, na qualidade de advogado da companhia de saneamento básico, redija a peça processual cabível, argumentando acerca do direito de o empregado de sociedade de economia mista ser reenquadrado no cargo cujas atribuições exercia na hipótese de desvio de função; e de existência, ou não, de direito do reclamante ao percebimento das diferenças salariais entre a atividade exercida e aquela para a qual originalmente havia sido contratado.

23 Agravo Regimental

23.1 CONSIDERAÇÕES GERAIS SOBRE A PEÇA

O agravo regimental está previsto no art. 709, § 1º, da CLT e também na Lei 7.701/88, art. 2º, II, *d* e 3º, III, *c*. Além disso, é um recurso previsto na generalidade dos regimentos internos dos tribunais, e são os regimentos que esmiúçam a matéria, estabelecendo requisitos gerais, pressupostos, prazos etc. No âmbito do TST, temos o regimento interno desta Corte (Resolução 1.295 de 2008 e alterações subsequentes) estipulando, por exemplo, o prazo de 8 dias para o agravo regimental, e demais aspectos deste recurso no art. 235.

23.2 QUESTÃO PRÁTICA 1

"A" propôs reclamação trabalhista contra "B", requerendo nulidade do aviso prévio em razão de que, quando foi demitido e optou pela redução de duas horas diárias da jornada de trabalho, acabou por fazer sua jornada normal. "B" contestou o feito admitindo que o empregado não conseguiu reduzir sua jornada em duas horas, mas que recebeu as horas extras pertinentes. A sentença julgou a ação improcedente, argumentando que a reclamada de fato comprovou o pagamento das horas extras. Não se conformando, "A" interpôs o recurso cabível, cuja decisão manteve integralmente a decisão originária, o que legitimou a interposição de novo recurso igualmente improvido. Assim, mais um recurso foi interposto, tendo sido denegado seguimento por não se enquadrar em afronta a jurisprudência, súmula ou texto de lei.

Questão: Como advogado do prejudicado, atue.

23.2.1 Modelo esquemático de agravo regimental

EXCELENTÍSSIMO SENHOR DOUTOR MINISTRO PRESIDENTE DO COLENDO TRIBUNAL SUPERIOR DO TRABALHO

(Espaço de cinco linhas)

Processo nº _____

"A", já qualificado nos autos da reclamação trabalhista que move em face de "B", por seu advogado que esta subscreve, vem à presença de Vossa Excelência interpor, tempestivamente e com fulcro art. 235 do Regimento Interno do TST e art. 709, § 1°, da CLT e também Lei 7.701/1988.

AGRAVO REGIMENTAL

requerendo a remessa da anexa minuta à SDI deste Tribunal, pelos motivos de fato e direito a seguir expostos:

Nesses termos,

Pede deferimento.

Local e data.

Advogado e assinatura.

OAB nº _____

MINUTA DE AGRAVO REGIMENTAL

Agravante: "A"

Agravado: "B"

Origem: _____ Turma do TST.

Colendo Tribunal, Doutos Ministros.

HISTÓRICO PROCESSUAL

O agravante propôs reclamação trabalhista em face do agravado pleiteando a nulidade do aviso prévio, ação esta julgada inteiramente improcedente: que legitimou a interposição de recurso ordinário e de revista. Julgados improvidos, foi interposto embargo no TST, cujo seguimento foi denegado.

No entanto, referida decisão não merece prosperar, pois inteiramente divorciada dos preceitos legais. Senão vejamos:

DO SEGUIMENTO DO RECURSO

O recurso de embargos no TST já interposto não foi aceito em virtude de que não se enquadrava, segundo este Colendo Tribunal, nos permissivos exigidos por este remédio jurídico.

Tal fato não corresponde à realidade, haja vista o disposto na Lei 7.701/1988 que derrogou o art. 894 da CLT.

Isso é exatamente o que ocorre no presente caso, já que as decisões anteriores concederam horas extras ao obreiro ante a diminuição de sua jornada no curso do aviso prévio.

Os embargos equivocadamente denegados baseiam-se na divergência da Súmula 230 do TST, que descreve ser ilegal substituir a jornada reduzida do aviso prévio por horas extras.

Assim, por qualquer lado que se analise a questão não há como negar a viabilidade do recurso erroneamente trancado.

CONCLUSÃO

Pelo exposto, requer o conhecimento e consequente provimento do presente agravo regimental, o que caracterizará o seguimento dos embargos equivocadamente denegados, tudo por ser medida da mais pura e lídima Justiça!

Local e data.

Advogado e assinatura.

OAB n° _____

24 Recurso Extraordinário

Observação: consulte as considerações sobre Recurso Extraordinário no Capítulo 11 (item 11.11) da Parte I.

24.1 QUESTÃO PRÁTICA 1

"A" propôs reclamação trabalhista contra "B" pleiteando exclusividade na região norte de São Paulo para sua representação comercial, já que no contrato de prestação de serviços autônomos isto foi pactuado. Ocorre que "B" autorizou o autônomo "C" a fazer vendas nessa região. Após a apresentação de defesa, o juízo da 91ª Vara do Trabalho de São Paulo julgou a ação procedente, o que levou à interposição de recurso pelo reclamado. Neste recurso "B" alega a incompetência material da Justiça do Trabalho, já que "A" não é empregado, fato este admitido no julgamento deste recurso e mantido no julgamento de novo apelo, proferido pela 5ª Turma do TST, que garante a incompetência material da Justiça do Trabalho para este tipo de ação.

Questão: Como advogado do prejudicado, atue.

24.1.1 Modelo esquemático de recurso extraordinário

EXCELENTÍSSIMO SENHOR DOUTOR MINISTRO PRESIDENTE DO COLENDO TRIBUNAL SUPERIOR DO TRABALHO.

(Espaço de cinco linhas)

Processo nº _____

"A", já qualificado nos autos da RECLAMAÇÃO TRABALHISTA que move em face de "B", por seu advogado que esta subscreve, vem à presença de V Exa. interpor, tempestivamente e com fulcro no art. 102, III, *a*, da CF,

RECURSO EXTRAORDINÁRIO

requerendo a remessa das anexas razões ao Supremo Tribunal Federal, pelo que junta à presente o comprovante de pagamento das custas processuais, como de direito.

Nesses termos,

Pede deferimento.

Local e data.

Advogado e assinatura.

OAB nº _____

RAZÕES DE RECURSO EXTRAORDINÁRIO

Recorrente: "A"

Recorrido: "B"

Origem: SDI do TST.

Processo nº

Colendo Tribunal,

Doutos Ministros.

HISTÓRICO PROCESSUAL

O recorrente propôs reclamação trabalhista em face do recorrido pleiteando exclusividade de sua representação comercial.

Após os julgados anteriores, a SDI do TST decretou a incompetência material da Justiça do Trabalho, sob a alegação de que esta Justiça especializada deve se basear nas lides decorrentes da relação de emprego exclusivamente.

No entanto, referida decisão não merece prosperar, pois inteiramente divorciada dos preceitos legais. Senão vejamos:

DO PREQUESTIONAMENTO

Cumpre ressaltar inicialmente que a matéria objeto do presente recurso foi devidamente prequestionada em tese de embargos declaratórios, conforme determina a Súmula 297 do TST.

DA REPERCUSSÃO GERAL

Ressalte-se ainda que a matéria em tela repercute no âmbito geral em relação aos reflexos de natureza social, política, econômica e jurídica do país.

DA DIVERGÊNCIA

Como mencionado, o Tribunal Superior do Trabalho, proferindo decisão de última instância, julgou-se incompetente para dirimir o conflito da presente demanda.

Isso porque se trata de controvérsia decorrente da relação de trabalho e não de emprego.

Ocorre, porém, que a Emenda Constitucional 45/2004 alterou o art. 114 da CF, ampliando a competência da Justiça do Trabalho, que atualmente não julga só as demandas oriundas da relação de emprego, mas também da relação de trabalho.

Tal fato se extrai com a simples leitura do inciso I do dispositivo legal citado, quando descreve que "compete à Justiça do Trabalho processar e julgar as ações oriundas da relação de trabalho".

Sendo assim, por qualquer lado que se analise a questão, clara está a divergência constitucional apontada, o que denota a reforma do julgado, legitimando, assim, a interposição do presente recurso.

CONCLUSÃO

Pelo exposto, requer o conhecimento e consequente provimento do presente apelo, revertendo o julgado anterior, o que caracterizará a competência da Justiça do Trabalho, com o consequente retorno dos autos à instância de origem para novo julgamento, condenando o recorrido nas custas processuais em reversão, tudo por ser medida da mais pura e lídima Justiça!

Local e data.

Advogado - assinatura.

OAB nº _____

25 Execução

Observação: consulte as considerações sobre Execução no Capítulo 12 da Parte I.

25.1 QUESTÃO PRÁTICA 1

"A" propôs reclamação trabalhista contra "B", na qual obteve procedência de seu pedido de horas extras e verbas rescisórias, ação esta transitada em julgado. Iniciada a execução, os cálculos foram homologados em R$ 40.000,00, e o Sr. Oficial de Justiça se dirigiu à empresa de livre e espontânea vontade, em um domingo, penhorando mesas, cadeiras, computadores e armários, avaliados em R$ 110.000,00.

Questão: Como advogado de "B" e levando-se em conta ser o executado escritório de advocacia, proponha a medida cabível.

25.1.1 Modelo esquemático de embargos à execução

EXCELENTÍSSIMO SENHOR DOUTOR JUIZ DA _____ VARA DO TRABALHO DE _____.

(Espaço de cinco linhas)

Processo nº _____

"B", já qualificado nos autos da reclamação trabalhista que lhe move "A", por seu advogado que esta subscreve, vem à presença de Vossa Excelência opor, tempestivamente e com fulcro no art. 884 da CLT

EMBARGOS À EXECUÇÃO

pelos motivos de fato e de direito a seguir expostos, esclarecendo que as custas processuais serão recolhidas ao final, na forma do art. 789-A da CLT.

HISTÓRICO PROCESSUAL

O embargado propôs reclamação trabalhista em face do embargante requerendo horas extras e verbas rescisórias, ação esta julgada procedente e transitada em julgado.

Iniciada a execução, os cálculos foram homologados em R$ 40.000,00 (quarenta mil reais) e alguns bens do embargante foram penhorados.

No entanto, referida penhora não merece prosperar, pois inteiramente divorciada dos preceitos legais. Senão vejamos:

DA GARANTIA DO JUÍZO

Como mencionado, o Sr. Oficial de Justiça efetivou a penhora nas dependências do embargante de bens avaliados em R$ 110.000,00 (cento e dez mil reais), garantindo claramente a execução do julgado e legitimando os presentes embargos.

DA PENHORA NO DOMINGO

A penhora em tela já teve início equivocado, pois foi efetivada em um domingo sem que existisse nenhum tipo de autorização do juiz.

O parágrafo único do art. 770 da CLT exige claramente autorização do juiz para efetivação do ato constitucional em um domingo.

Em razão da falta desta autorização expressa, que, ante o que expõe o dispositivo legal citado, é requisito indispensável, requer a nulidade do ato nos termos descritos.

DA IMPENHORABILIDADE DO BEM

O peticionário é escritório de advocacia que depende, para seu devido funcionamento, de todos os bens objetos da penhora.

A constrição descrita teve como objeto mesas, cadeiras, computadores e armários, ou seja, utensílios indispensáveis ao andamento da empresa.

Assim, como prevê a Lei 8.009/1990 e também o art. 833, IV, do CPC, por nova razão, não há que se falar na manutenção da penhora.

DO EXCESSO DE PENHORA

Ainda que superadas as assertivas supraexpostas, fato este que trazemos apenas para argumentar, é indispensável ressaltar novamente que a execução está no importe de R$ 40.000,00 (quarenta mil reais), enquanto os bens penhorados atingem o valor de R$ 110.000,00 (cento e dez mil reais).

Notório se apresenta o excesso de penhora, nos termos do art. 874 do CPC.

Assim, por qualquer lado que se analise a questão, nota-se a inviabilidade do ato constitucional, pelo que requer sua nulidade.

DAS PROVAS

Protesta provar o alegado por todos os meios de provas em direito admitidos, especialmente pelo depoimento pessoal do embargado, oitiva de testemunhas, sem prejuízo de outras provas eventualmente cabíveis.

DA NOTIFICAÇÃO

Requer por fim a notificação do embargado para que se manifeste acerca dos itens supra-arguidos, sob pena de serem admitidos como verdadeiros, o que, por certo, ao final restará comprovado, com a consequente decretação da total procedência dos embargos à execução.

Nesses termos,

Pede deferimento.

Local e data.

Advogado e assinatura.

OAB nº _____

25.2 QUESTÃO PRÁTICA 2

"A" propôs reclamação trabalhista em face de "B", pessoa física, requerendo verbas rescisórias, 132 salário e férias. "B" contestou o feito alegando que as partes pactuaram acordo de compensação, já que o reclamante também requereu horas extras, e que recebeu todos os 13º salários e ainda gozou de todas as suas férias tempestivamente. A decisão julgou a ação procedente, condenando o reclamado a pagar todos os títulos contidos e pleiteados na inicial. "B", não se conformando, interpôs o recurso cabível ao TRT, que o julgou improvido, o que originou outro recurso, mas a este foi denegado seguimento, tendo transitado em julgado. Iniciada a execução de ofício pelo juízo da 40ª Vara do Trabalho de São José dos Campos, foi intimado o exequente para apresentação dos cálculos, que o fez no importe de R$ 85.000,00, cálculos estes que foram imediatamente homologados, mesmo não tendo, o executado, sido intimado para contestá-los. Dessa forma foi expedido o mandado de citação e penhora, mas o Sr. Oficial de Justiça não encontrou nenhum bem que pudesse ser penhorado e o processo acabou por ser arquivado em 12.03.2003. No dia 23.04.2006 o exequente requereu o desarquivamento do feito e nova tentativa de penhora foi feita, desta vez tendo sido efetivada a penhora na residência do executado de um táxi, seu único meio de subsistência, no valor de R$ 23.000,00.

Questão: Como advogado do executado, e sabendo que ele não tem bens suficientes para garantir o restante da execução, atue.

25.2.1 Modelo esquemático de exceção de pré-executividade 1

EXCELENTÍSSIMO SENHOR DOUTOR JUIZ DA 40ª VARA DO TRABALHO DE SÃO JOSÉ DOS CAMPOS.

(Espaço de cinco linhas)

Processo nº _____

"B", já qualificado nos autos da reclamação trabalhista que lhe move "A", por seu advogado que esta subscreve, vem à presença de Vossa Excelência opor, com fulcro jurisprudencial,

EXCEÇÃO DE PRÉ-EXECUTIVIDADE

pelos motivos de fato e de direito a seguir expostos, esclarecendo que as custas serão recolhidas ao final.

HISTÓRICO PROCESSUAL

O exequente propôs reclamação trabalhista em face do executado pleiteando os títulos contidos em sua inicial, ação esta julgada procedente e, após a interposição de alguns recursos, transitada em julgado.

Iniciada a execução definitiva e após a indevida homologação dos cálculos, foi efetivada a penhora de um bem do executado.

Contudo, referida penhora não merece prosperar, pois inteiramente divorciada dos preceitos legais. Senão vejamos:

DO CABIMENTO DA EXCEÇÃO

Como mencionado, foi efetivada a penhora de um bem do executado, que, como ficará demonstrado, não deve ser admitida.

Todavia, o valor do bem não garante a execução, o que impossibilita a oposição de embargos, nos termos do art. 884 da CLT.

Por isso, não tem o executado nenhum outro mecanismo de defesa, o que legitima a oposição do presente remédio.

PRELIMINARMENTE

Do cerceamento do direito de defesa

Antes do objeto central da questão, é indispensável ressaltar o equívoco do Douto Magistrado no que tange aos procedimentos que antecederam a homologação dos cálculos.

Isso porque o peticionário não foi, em nenhum momento, intimado para contestar os cálculos do exequente.

A simples leitura do art. 879, § 1º-B, da CLT denota a indispensabilidade da apresentação dos cálculos por ambas as partes, fato este que, não ocorrendo, enseja nulidade, o que desde já se requer com a consequente devolução do prazo para a devida impugnação.

MÉRITO

Da prescrição intercorrente

Logo após a equivocada homologação dos cálculos já demonstrada, o Senhor Oficial de Justiça se dirigiu às dependências do executado e nada encontrou que pudesse ser objeto de constrição, razão pela qual o processo acabou por ser arquivado em 12.03.2003.

Em 23.04.2006 foi requerido o desarquivamento, que culminou com a penhora ora rebatida.

Nota-se, portanto, a inércia do processo por mais de dois anos, o que caracteriza, nos termos da Súmula 327 do STF, a prescrição intercorrente.

Portanto, notória se nos configura a prescrição intercorrente e o arquivamento com exame de mérito da presente demanda.

Da impenhorabilidade do bem

Na remota hipótese de a prescrição suscitada não ser admitida, fato este que aceitamos por mera argumentação, por nova razão a penhora não deve ser admitida.

O bem, objeto da constrição, diz respeito a um táxi, que constitui atualmente o único mecanismo de subsistência do peticionário. O art. 833 do CPC descreve sobre essa impossibilidade.

Mais uma vez demonstrado está o equívoco no ato constitucional, pelo que requer sua liberação.

DAS PROVAS

Protesta provar o alegado por todos os meios de provas em direito admitidos, especialmente pelo depoimento pessoal do exequente, oitiva de testemunhas, sem prejuízo de outras provas que se fizerem necessárias.

DA NOTIFICAÇÃO

Requer, por fim, a notificação do exequente para que se manifeste sobre os itens supracitados, sob pena de serem admitidos como verdadeiros, o que, por certo, ao final restará comprovado com a consequente decretação da total procedência da exceção.

Nesses termos,

Pede deferimento.

Local e data.

Advogado e assinatura.

OAB nº _____

25.3 QUESTÃO PRÁTICA 3

"A" propôs reclamação trabalhista contra "B", pessoa física, pleiteando adicional noturno e aviso prévio, ação esta julgada procedente e transitada em julgado. Iniciada a execução, foram os cálculos homologados em R$ 150.000,00 e após a devida diligência do Sr. Oficial de Justiça, foi penhorado um táxi no valor de R$ 40.000,00 que constitui atualmente o único meio de subsistência de "B".

Questão: Como advogado do prejudicado atue levando em conta que ele não dispõe de bens suficientes para garantir o restante da execução.

25.3.1 Modelo esquemático de exceção de pré-executividade 2

EXCELENTÍSSIMO SENHOR DOUTOR JUIZ DA _____ VARA DO TRABALHO DE _____.

(espaço de cinco linhas)

Processo nº _____

"B", já qualificado nos autos da reclamação trabalhista que lhe move "A", por seu advogado que esta subscreve, vem à presença de Vossa Excelência apresentar a sua

EXCEÇÃO DE PRÉ-EXECUTIVIDADE

pelos motivos de fato e de direito a seguir expostos, esclarecendo que as custas processuais serão pagas ao final.

HISTÓRICO PROCESSUAL

O exequente propôs reclamação trabalhista em face do executado pleiteando os títulos contidos em sua inicial. Após regular instrução processual a ação foi julgada procedente e, diante da negativa dos recursos interpostos, transitada em julgado.

Iniciada a execução, homologados foram os cálculos e, após um arquivamento, foi efetivada a penhora de um táxi do peticionário.

No entanto, referidos atos não merecem prosperar, pois inteiramente divorciados dos preceitos legais. Senão vejamos:

DO CABIMENTO DA EXCEÇÃO DE PRÉ-EXECUTIVIDADE

Em razão de o presente mecanismo não ter previsão legal, indispensável se faz a caracterização do seu cabimento, que abaixo se demonstrará.

Conquanto já tenha ocorrido a efetivação da penhora, vislumbra-se claramente o cabimento da presente exceção.

Isso porque, além de o ato de constrição e o próprio procedimento de liquidação estarem eivados de vícios, a penhora realizada é insubsistente, não gerando ao executado a possibilidade de opor embargos à execução, pois este prescinde, necessariamente, de garantia do juízo, como denota o art. 884 da CLT.

Este é exatamente o caso em tela, já que a penhora está avaliada em R$ 40.000,00 (quarenta mil reais), enquanto a execução está no importe de R$ 150.000,00 (cento e cinquenta mil reais), pelo que demonstrado está seu cabimento.

DO BEM DE FAMÍLIA

Na remota hipótese de os fatos arguidos não serem admitidos, fato este que trazemos apenas para argumentar, frise-se também que o bem objeto da constrição é um táxi, que constitui atualmente o único mecanismo de subsistência do peticionário.

Assim, nos termos do art. 833 do CPC, bem como da Lei 8.009/1991, requer a imediata desconstrição do bem equivocadamente penhorado pelas razões já assinaladas.

DAS PROVAS

Protesta provar o alegado por todos os meios de provas admitidos em juízo, especialmente pelo depoimento pessoal do exequente e oitiva de testemunhas, sem prejuízo de outras que se fizerem necessárias.

DA NOTIFICAÇÃO

Requer por fim a notificação do exequente para que se manifeste, sob pena de os fatos serem admitidos como verdadeiros, o que, por certo, ao final restará comprovado, com a consequente decretação da total procedência da exceção.

Nesses termos,

Pede deferimento.

Local e data.

Advogado – assinatura.

OAB nº _____

25.4 QUESTÃO PRÁTICA 4

"A" promoveu reclamação trabalhista contra "B" pleiteando horas extras e adicional de insalubridade. Após a devida contestação a ação foi julgada procedente e, após o trânsito em julgado, foi iniciada a execução, quando então o reclamante apresentou seus cálculos em R$ 10.000,00, valor este não impugnado pelo reclamado, que, por essa razão, foram homologados. Requerida a penhora para a satisfação do crédito do exequente, que teve seus pleitos deferidos durante todo o contrato de trabalho, que se iniciou em 01.10.2000 e terminou em 01.08.2005, o Sr. Oficial de Justiça nada encontrou nas dependências da executada e informou tal fato ao juízo, que requereu manifestação do exequente sobre a referida certidão. O exequente se manifestou requerendo a desconsideração da pessoa jurídica do executado e pediu a penhora de bens de "C", alegando ser este sócio da executada. Ocorre que "C" se desligou do quadro societário da empresa em 05.10.1999, mas, mesmo assim, foi-lhe penhorado seu único imóvel, avaliado em R$ 150.000,00.

Questão: Como advogado de "C", atue.

25.4.1 Modelo esquemático de embargos de terceiro 1

EXCELENTÍSSIMO SENHOR DOUTOR JUIZ DA _____ VARA DO TRABALHO DE _____.

(Espaço de cinco linhas)

Processo nº _____

[Distribuição por dependência]

"C", nacionalidade, estado civil, profissão, nome da mãe, data de nascimento, n. _____ do RG, n. _____ do CPF, endereço completo com CEP, nos autos da reclamação trabalhista que "A" move contra "B", vem à presença de Vossa Excelência opor, tempestivamente e com fulcro nos arts. 674 e ss. do CPC

EMBARGOS DE TERCEIRO

pelos motivos de fato e de direito a seguir expostos, esclarecendo que as custas processuais serão recolhidas ao final, nos termos do art. 789-A da CLT.

HISTÓRICO PROCESSUAL

"A" propôs reclamação trabalhista contra "B", pleiteando os títulos contidos em sua exordial, ação esta que foi julgada procedente e transitada em julgado. Iniciada a execução e após a homologação dos cálculos foram penhorados alguns bens do peticionário.

No entanto, referida penhora não merece prosperar. Senão vejamos:

DA ILEGITIMIDADE PASSIVA

O primeiro embargado iniciou suas atividades laborativas no segundo embargado em 01.10.2000, ocasião em que o embargante já havia se desligado do quadro societário da empresa, fato este que se deu em 05.10.1999, como atestam os documentos em anexo.

Referida retirada, por si só, já demonstra o equívoco do ato de penhora, não só pelo que prerroga o art. 1.003 do CC, que descreve que a responsabilidade do sócio retirante só pode ser imposta por um limite máximo de dois anos.

Dessa forma, requer o embargante a exclusão do polo passivo da presente execução, com a consequente desconstrição.

DO EXCESSO DE PENHORA

Ainda que superada a ilegitimidade exposta, fato este que admitimos apenas para argumentar, a penhora realizada não merece prosperar. Senão vejamos:

O imóvel objeto da penhora foi avaliado em R$ 150.000,00, enquanto o crédito executado importa em R$ 10.000,00.

O art. 874 do CPC descreve que quando for alcançado um volume de bens que supere o crédito a ser satisfeito, estará caracterizado o excesso de penhora.

Esse é o caso, pois, como mencionado, o bem penhorado tem valor quinze vezes superior ao crédito do primeiro embargado, pelo que requer, por nova razão, a desconstituição do ato.

DO BEM DE FAMÍLIA

Ainda por mera argumentação, cumpre ressaltar que o bem penhorado é o único imóvel do embargante, fato este que, de acordo com o art. 1° da Lei 8.009/90, o torna impenhorável.

Sendo assim, por qualquer lado que se analise a questão nota-se a inviabilidade do ato constricional, pelo que indispensável se faz sua revogação.

DO PEDIDO

Pelo exposto, requer a desconstituição da penhora equivocadamente realizada, com a consequente liberação do imóvel do embargante.

DAS PROVAS

Protesta provar o alegado por todos os meios de provas admitidos em direito, especialmente pelo depoimento pessoal do embargado, oitiva de testemunha, sem prejuízo de outras provas que se fizerem necessárias.

DA NOTIFICAÇÃO

Requer por fim a notificação dos embargados para que contestem os itens supracitados, sob pena de serem admitidos como verdadeiros, o que, por certo, ao final restará comprovado com a consequente decretação da TOTAL PROCEDÊNCIA DOS PRESENTES EMBARGOS.

VALOR DA CAUSA

Dá-se à causa o valor de R$ _____.

Nesses termos,

Pede deferimento.

Local e data.

Advogado - assinatura.

OAB n° _____

25.5 QUESTÃO PRÁTICA 5

"A" propôs reclamação trabalhista contra "B", pleiteando verbas rescisórias, ação esta julgada procedente, o que originou a interposição de recurso ordinário ao TRT. Concomitantemente foi iniciada a execução provisória de ofício pelo juízo da 92ª Vara do Trabalho de São Paulo, sendo que, após a homologação dos cálculos, "B", que é pessoa física, teve penhorados dois veículos que foram adquiridos em 2006.

Questão: Como advogado de "C", que é esposa do executado, cujo matrimônio se deu em 2000 pelo regime de comunhão parcial de bens, atue.

25.5.1 Modelo esquemático de embargos de terceiro 2

EXCELENTÍSSIMO SENHOR DOUTOR JUIZ DA 92ª VARA DO TRABALHO DE SÃO PAULO.

Processo nº _____

[Distribuição por dependência]

"C", do CPF, endereço completo com CEP, nos autos da reclamação trabalhista que "A" move contra "B", por seu advogado que esta subscreve, vem à presença de Vossa Excelência opor, tempestivamente e com fulcro nos arts. 674 e ss. do CPC

EMBARGOS DE TERCEIRO

pelos motivos de fato e de direito a seguir expostos, esclarecendo que as custas processuais serão recolhidas ao final, nos termos do art. 789-A da CLT.

HISTÓRICO PROCESSUAL

O exequente no processo principal propôs reclamação trabalhista em face do executado pleiteando verbas rescisórias, ação esta que foi julgada procedente, originando assim a interposição de recurso ordinário.

De maneira incorreta, como a seguir se demonstrará, a execução provisória foi iniciada, culminando com a penhora de alguns bens do executado e da embargante.

No entanto, referida penhora não merece prosperar, ao menos de maneira integral, pois inteiramente divorciada dos preceitos legais. Senão vejamos:

DA EXECUÇÃO PROVISÓRIA

Como mencionado, o processo originário está na pendência de julgamento de recurso ordinário, motivo pelo qual a execução em tela é feita de maneira provisória.

Porém, o presente procedimento foi iniciado de maneira equivocada, em virtude de que o Ilustre Magistrado o iniciou de ofício.

É sabido que a execução trabalhista pode ser iniciada de ofício, desde que seja definitiva.

Isso porque, para o início da execução provisória, é indispensável a extração de carta de sentença, procedimento este que a parte interessada deve requerer por petição.

Dessa forma, o procedimento adotado pelo Meritíssimo Juízo não condiz com o art. 520, § 3º, e art. 522 do CPC, pelo que requer a nulidade da presente execução.

DA PENHORA DE BENS

Os bens objeto da penhora correspondem a dois veículos que foram adquiridos no curso do ano de 2006 pelo executado.

Todavia, referidos bens fazem parte do patrimônio da embargante, que contraiu matrimônio com o segundo embargado em 2000 pelo regime comum de bens.

Assim, não há como admitir a penhora da integralidade dos bens, pois a meação reservada à consorte, ora embargante, deve ser preservada.

Dessa forma, requer-se a manutenção da meação dos bens penhorados.

DAS PROVAS

Protesta provar o alegado por todos os meios de provas em direito admitidos, especialmente pelo depoimento pessoal dos embargados, oitiva de testemunhas, sem prejuízo de outras provas que se fizerem necessárias.

DA NOTIFICAÇÃO

Requer por fim sejam notificados os embargados para que contestem os itens supracitados, sob pena de serem admitidos como verdadeiros, o que, por certo, ao final restará comprovado, com a consequente decretação da total procedência dos embargos, nos termos expostos.

VALOR DA CAUSA

Dá-se à presente causa o valor de R$.

Nesses termos,

Pede deferimento.

Local e data.

Advogado – assinatura.

OAB nº _____

26 Agravo de Petição (art. 897, *a*, da CLT)

Observação: consulte as considerações sobre Agravo de Petição no Capítulo 12 (item 12.2) da Parte I.

26.1 CONSIDERAÇÕES SOBRE A PEÇA

O recurso agravo de petição está previsto no art. 897, *a*, da CLT e é cabível contra as decisões proferidas pelo Juiz do Trabalho na fase de execução trabalhista.

A ideia é que o recurso de agravo de petição que é endereçado ao TRT respectivo fosse mesmo cabível apenas de decisões de mérito, como por exemplo, as decisões proferidas nos embargos à execução ou nos embargos de terceiros, e servisse, pois, como um típico sucedâneo recursal contra essas decisões, papel que é exercido na fase de conhecimento, pelo recurso ordinário, previsto no art. 895 da CLT.

Contudo, face à amplitude da redação que se conferiu ao art. 897, a, que usa "das decisões do juiz", entende parte da doutrina e jurisprudência que o agravo de petição serve também para se recorrer de decisões interlocutórias terminativas da execução, como aquelas que acolhem as exceções de pré-executividade e encerram a execução na forma do art. 924 do CPC, bem como das decisões interlocutórias que causam gravames às partes, como por exemplo, aquelas que determinam levantamento de valores.

Entretanto, o que se observa na prática é que, diante do manifesto dissenso jurisprudencial quanto à aceitação dessa hipótese verificada no parágrafo supra, as partes terminam por se decidir pelo manejo mesmo do mandado de segurança, nos termos da Lei 12.016/2009, acusando violação de direito líquido e certo. Isso vem ganhando aceitação no cenário pátrio terminando, pois, por relegar o agravo de petição, como regra geral, ao manejo apenas contra as decisões de mérito proferidas na execução. É o caso, por exemplo, da execução contra sentença proferida pela vara do trabalho nos embargos à execução.

Um pressuposto de suma importância nessa peça é aquele contemplado no § 1º do art. 897 da CLT que impõe ao agravante delimitar a matéria que está sendo veiculada no agravo de petição com a finalidade de permitir que a execução siga seu rumo e destino com a parte que não tenha sido impugnada no agravo.

ATENÇÃO!

O prazo dos embargos é de 8 dias. Possui duas peças, uma de interposição, endereçada à vara do trabalho, e a minuta, endereçada ao TRT respectivo.

26.2 QUESTÃO PRÁTICA 1

Versando a reclamação trabalhista, entre outros, sobre pedido de adicional de periculosidade na base de 30% do salário auferido pelo empregado, a sentença de mérito, transitada em julgado, reconheceu a procedência parcial do pleito relativamente a alguns pedidos, tendo fixado o percentual do adicional de periculosidade em 30% do salário mínimo. Ofertados os cálculos pelo reclamante, o fez com aplicação de 30% de seu salário. Impugnados os cálculos pela reclamada ao fundamento de que a decisão liquidanda determinara a aplicação do percentual de 30% do salário mínimo, mesmo assim entendeu o juízo da execução fixar a aplicação do percentual sobre o salário do empregado, ao argumento de ocorrência de mero e evidente erro de digitação na sentença de mérito, o que se manteve na apreciação dos embargos à execução ofertados pela executada.

Questão: Como advogado, oferecer a medida judicial que entender cabível em prol da reclamada.

26.2.1 Modelo esquemático de agravo de petição 1

EXCELENTÍSSIMO SENHOR DOUTOR JUIZ DA _____ VARA DO TRABALHO DE _____.

(Espaço de cinco linhas)

Processo nº _____

"RECLAMADA", já qualificada nos autos da reclamação trabalhista que lhe move "RECLAMANTE", por seu advogado que esta subscreve, vem à presença de Vossa Excelência interpor, tempestivamente e com fulcro no art. 897, *a*, da CLT.

AGRAVO DE PETIÇÃO

requerendo a remessa da anexa minuta ao Egrégio Tribunal Regional do Trabalho da _____ Região, esclarecendo que as custas serão recolhidas ao final, art. 789-A da CLT.

PARTE INCONTROVERSA: 30% do adicional de periculosidade sobre o salário mínimo.

PARTE CONTROVERTIDA: a diferença destes para o salário do empregado.

Nesses termos,

Pede deferimento.

Local e data.

Advogado - assinatura.

OAB nº _____

MINUTA DE AGRAVO DE PETIÇÃO

Agravante: "Reclamado"

Agravado: "Reclamante"

Processo nº _____

Origem: _____ Vara do Trabalho de _____.

Egrégio Tribunal,

Doutos Julgadores.

HISTÓRICO PROCESSUAL

O agravado propôs reclamação trabalhista em face do agravante pleiteando os títulos contidos em sua inicial, ação esta julgada parcialmente procedente e transitada em julgado.

Iniciada a execução, foram os cálculos homologados, o que originou, pela discordância do agravante, a oposição de embargos à execução, que manteve a decisão homologatória.

No entanto, referida decisão não merece prosperar, pois inteiramente divorciada dos preceitos legais. Senão vejamos:

DA PARTE CONTROVERTIDA

Nos termos do § 1º do art. 897 da CLT, ressalte-se que a parte controvertida diz respeito a 30% do adicional de periculosidade sobre o salário mínimo para com o salário do empregado.

DA SENTENÇA EXEQUENDA

A decisão objeto da presente execução deferiu parcialmente os pleitos do exequente, condenando o agravante ao pagamento do adicional de periculosidade sobre o salário mínimo.

Porém, no curso do processo de execução, o juiz, ao admitir os cálculos ofertados pelo exequente, os homologou sobre o salário do empregado, argumentando evidente erro na digitação da sentença, fato este que manteve no julgamento dos embargos à execução.

Todavia, o art. 879, § 1º, da CLT é claro ao dispor sobre a impossibilidade de se modificar a sentença nessa fase processual.

Mesmo porque teve o agravado, no momento processual oportuno, ampla possibilidade de interpor recurso. O que não se pode admitir é a sua inércia no momento adequado e a reapreciação do pleito na fase de execução.

Assim, por qualquer lado que se analise a questão, claro se nos configura o equívoco cometido na fase de execução, pelo que requer a sua reforma.

CONCLUSÃO

Pelo exposto, requer o conhecimento e consequente provimento do presente recurso, para o fim de reverter a decisão proferida nos embargos à execução, fixando o adicional de periculosidade nos exatos termos da sentença de mérito, tudo por ser medida da mais pura e lídima Justiça!

Local e data.

Advogado – assinatura.

OAB nº _____

26.3 QUESTÃO PRÁTICA 2

"A" propôs reclamação trabalhista contra "B" pleiteando horas extras e verbas rescisórias, ação esta julgada procedente e transitada em julgado. Iniciada a execução, os cálculos foram homologados em R$ 25.000,00 e, após a tentativa frustrada de penhora de bens do executado, foi requerida a desconsideração da personalidade jurídica do reclamado e requerida a penhora de bens de "C", antigo sócio da reclamada que se retirou da sociedade quatro anos antes do ingresso do reclamante na mesma sociedade. Assim, o Sr. Oficial de Justiça efetivou a penhora da única residência de "C", onde ele inclusive reside com sua família, avaliada em R$ 150.000,00. Não admitindo o ato constricional, "C" opôs embargos de terceiro, cuja decisão manteve o ato de penhora na íntegra.

Questão: Como advogado de "C", atue.

26.3.1 Modelo esquemático de agravo de petição 2

EXCELENTÍSSIMO SENHOR DOUTOR JUIZ DA _____ VARA DO TRABALHO DE _____.

(Espaço de cinco linhas)

Processo nº _____

"C", já qualificado nos embargos de terceiro provenientes da reclamação trabalhista que "A" move contra "B", por seu advogado que esta subscreve, vem à presença de Vossa Excelência interpor, tempestivamente e com fulcro no art. 897, *a*, da CLT

AGRAVO DE PETIÇÃO

requerendo a remessa da anexa minuta ao Egrégio Tribunal Regional do Trabalho da _____ Região, esclarecendo que as custas processuais serão recolhidas ao final, na forma do art. 789-A da CLT.

Ressalte-se que toda a matéria é controvertida.

Nesses termos,

Pede deferimento.

Local e data.

Advogado - assinatura.

OAB nº _____

MINUTA DE AGRAVO DE PETIÇÃO

Agravante: "C"

Agravados: "A" e "B"

Processo nº _____

Origem: _____ Vara do Trabalho de _____.

Egrégio Tribunal,

Doutos Julgadores.

HISTÓRICO PROCESSUAL

O primeiro agravado propôs reclamação trabalhista em face do segundo agravado postulando horas extras e verbas rescisórias, ação esta julgada procedente e transitada em julgado.

Iniciada a execução e após a homologação dos cálculos, a residência do agravante foi penhorada.

No entanto, referida penhora não merece prosperar, pois inteiramente divorciada dos preceitos legais e jurisprudenciais. Senão vejamos:

DA PARTE CONTROVERTIDA

Nos termos do § 1º do art. 897 da CLT, ressalte-se que o bem penhorado e avaliado em R$ 150.000,00 corresponde à controvérsia de toda a matéria.

DA RETIRADA DO SÓCIO

Como mencionado, após o início da execução e consequente expedição do mandado de citação e penhora, nada foi encontrado nas dependências do segundo agravado, razão pela qual foi requerida a desconsideração da personalidade jurídica de "B", levando à penhora do bem do peticionário.

Ocorre que o agravante se retirou da sociedade quatro anos antes do início das atividades laborativas do reclamante, como já alertado nos embargos de terceiro opostos, retirada esta que impossibilita a penhora realizada.

Primeiro porque o art. 1.003 do CC destaca o limite máximo de dois anos para responsabilizar o sócio retirante.

Segundo, em razão da impossibilidade de se efetivar a penhora sobre bens de um sócio que se retirou da empresa antes da contratação do empregado que originou a obrigação.

Por todo o exposto, requer a desconstrição do bem penhorado.

DO BEM DE FAMÍLIA

Se superado o item acima exposto, fato este que trazemos apenas para argumentar, não há como admitir a penhora realizada.

Isso porque o imóvel penhorado é a única residência do agravante, onde inclusive ele reside, o que, nos termos da Lei 8.009/90, impossibilita o ato.

O Saudoso Mestre Valentin Carrion, em sua CLT comentada, 32. ed., Saraiva, p. 745, destaca:

"São impenhoráveis, salvo exceções, o imóvel, único, utilizado para residência permanente".

Por nova razão, o ato constricional merece revisão.

DO EXCESSO DE PENHORA

Ainda pelo princípio da eventualidade, é indispensável ressalvar que o bem penhorado tem o valor muito superior à importância fixada na presente execução, como se demonstrará:

Claro afigura-se, pois, o excesso de penhora repudiado pelo art. 874, inciso I, do CPC.

Por nova razão, o bem penhorado merece sua devida liberação.

CONCLUSÃO

Pelo exposto, requer o conhecimento e consequente provimento do presente recurso para o fim de anular a penhora ilegalmente realizada, tudo por ser medida da mais pura e lídima Justiça!

Local e data.

Advogado – assinatura.

OAB nº _____

26.4 QUESTÃO PRÁTICA 3

Formalizada a penhora sobre bens pessoais do sócio, a empresa é devidamente intimada da constrição. Passados dois meses, é designado leilão, a ocorrer trinta dias depois, intimando-se a empresa e, igualmente, o sócio, proprietário do imóvel, o qual, no prazo de quinze dias da sua ciência do leilão, apresenta embargos de terceiro. Os embargos são liminarmente indeferidos, sob o seguinte fundamento: "indefiro o processamento dos embargos de terceiro, por manifesta intempestividade, tendo em vista a não observância do prazo previsto no art. 884, *caput*, da CLT".

Questão: Apresentar, como advogado do sócio, a medida processual adequada.

26.4.1 Modelo esquemático de agravo de petição 3

EXCELENTÍSSIMO SENHOR DOUTOR JUIZ DA _____ VARA DO TRABALHO DE _____.

(Espaço de cinco linhas)

Processo nº _____

"SÓCIO", já qualificado nos embargos de terceiro provenientes da reclamação trabalhista que "Reclamante" move em face do "Reclamado", por seu advogado que esta subscreve, vem à presença de Vossa Excelência, interpor, tempestivamente e com fulcro no art. 897, *a*, da CLT

AGRAVO DE PETIÇÃO

requerendo a remessa da anexa minuta ao Egrégio Tribunal Regional do Trabalho da _____ Região, esclarecendo que as custas processuais serão recolhidas ao final, na forma do art. 789-A da CLT.

PARTE CONTROVERTIDA: toda a matéria.

Nesses termos,

Pede deferimento.

Local e data.

Advogado – assinatura.

OAB nº _____

MINUTA DE AGRAVO DE PETIÇÃO

Agravante: "Sócio"

Agravados: "Reclamante" e "Reclamado"

Origem: _____ Vara do Trabalho de _____.

Processo nº _____

Egrégio Tribunal,

Doutos Julgadores.

HISTÓRICO PROCESSUAL

O embargante obteve a constrição de seus bens decorrentes da execução trabalhista existente entre os agravados.

Assim, o agravante opôs embargos de terceiro, indeferidos liminarmente por intempestividade.

No entanto, referida decisão não merece prosperar, pois inteiramente divorciada dos preceitos legais. Senão vejamos:

DA DELIMITAÇÃO DA MATÉRIA

Antes de tudo, e com fulcro no § 1º do art. 897 da CLT, cumpre ressaltar que toda a matéria é controvertida, já que o presente agravo decorre da decisão de embargos de terceiro.

DA TEMPESTIVIDADE

Como mencionado, os embargos de terceiro opostos foram indeferidos sob a seguinte argumentação:

"Indefiro o processamento dos embargos de terceiro, por manifesta intempestividade, tendo em vista a não observância do prazo previsto no art. 884, *caput*, da CLT".

Todavia, não há como aceitar referido indeferimento. Isso porque a fundamentação trazida à tela diz respeito aos embargos à execução, e não aos embargos de terceiro.

Como sabemos, a CLT é totalmente omissa acerca dos embargos de terceiro, pelo que, diante do que dispõe o art. 769 consolidado, aplica-se subsidiariamente o CPC em seus arts. 674 e ss.

É impossível levar como base a penhora para contagem do prazo dos embargos de terceiro, que, apesar de ser de cinco dias, conta-se dos atos de alienação judicial.

Assim, por qualquer lado que se analise a questão nota-se a tempestividade dos embargos de terceiro, o que caracteriza o equívoco do julgado que claramente merece reforma.

CONCLUSÃO

Diante do exposto, requer o conhecimento e consequente provimento do presente apelo, a fim de anular a equivocada decisão proferida nos embargos de terceiro, com o consequente retorno dos autos para a apreciação do remédio denegado, tudo por ser medida da mais pura e lídima Justiça!

Local e data.

Advogado – assinatura.

OAB nº _____

O gabarito da questão prática a seguir encontra-se no final desta Parte II.

26.5 QUESTÃO PRÁTICA 4

"A" propôs reclamação trabalhista em face de "B" pleiteando horas extras e verbas rescisórias. "B" contestou o feito e a ação foi julgada procedente e transitada em julgado. Iniciada a execução, o juiz homologou os cálculos em R$ 25.000,00, sendo expedido mandado de citação e penhora para o reclamado.

No entanto, o senhor oficial de justiça nada encontrou no local e o exequente requereu a desconsideração da personalidade jurídica, pedindo a penhora dos bens de "C". Apesar de "C" ter se retirado da empresa quatro anos antes no início das atividades laborativas do reclamante, lhe foi penhorado seu único imóvel, onde inclusive residia, avaliado em R$ 150.000,00. Assim, "C" interpôs embargos de terceiro e a sentença manteve integralmente a penhora.

Questão: Como advogado de "C", atue.

27 Modelo de Parecer

27.1 QUESTÃO PRÁTICA 1

João da Silva, policial militar, presta serviços com pessoalidade às quartas, sextas-feiras e sábados das 22 às 4 horas, percebendo R$ 800,00 mensais. Joaquim dos Reis trabalha diariamente há seis anos para a casa lotérica Invicta como apontador e coletor de apostas do "jogo do bicho".

Questão: Ambos os trabalhadores o contratam como advogado para elaborar parecer em relação à existência ou não de vínculo de emprego nestas atividades. Assim, elabore o requerido, mencionando ainda como a jurisprudência tem se posicionado nesse sentido.

27.1.1 Modelo esquemático de parecer

PARECER

Consulente: JOÃO DA SILVA e JOAQUIM DOS REIS

Consulta: Existência de vínculo de emprego do policial militar e do apontador de "jogo do bicho".

HISTÓRICO

João da Silva, ora primeiro consulente, é policial militar, mas também presta serviços para uma empresa privada, cumprindo com todos os requisitos do art. 3° da CLT.

Em razão de o estatuto profissional de sua categoria assim prever, no sentido de penalizar severamente o policial militar que presta serviço em outra atividade, pretende saber se existe vínculo de emprego para com a empresa privada.

Já Joaquim dos Reis, segundo consulente, trabalha por razoável período de tempo como apontador e coletor de apostas do "jogo do bicho", pretendendo saber igualmente se existe a possibilidade de reconhecimento de vínculo de emprego para sua atividade, já que se trata claramente de atividade ilícita.

Em razão do requerido, passamos a dispor a possibilidade do reconhecimento do vínculo de emprego, ressalvando a postura utilizada pelo maior órgão da Justiça do Trabalho. Senão vejamos:

DO POLICIAL MILITAR

É bem verdade que o Estatuto do Policial Militar veda expressamente a participação de seus integrantes em qualquer outro tipo de atividade.

Claramente tal proibição encontra amparo, pois a atividade desses profissionais despende esforço psicológico e físico excessivo, razão pela qual deve aproveitar seus períodos de descanso de maneira correta, angariando novas forças para nova jornada de trabalho.

Todavia, não nos podemos furtar da realidade dos fatos ocorridos no nosso país.

Isso porque a remuneração percebida pelos policiais militares praticamente os obriga a trabalhar em outras funções, razão pela qual não é raro ver esses trabalhadores fazendo os populares "bicos" para garantir sua subsistência e de seus familiares.

No entanto, a partir do momento em que esses referidos "bicos" passam a ser habituais, constata-se o preenchimento dos requisitos necessários ao reconhecimento do vínculo empregatício previstos no art. 3° da CLT.

O caso em apreço tem se tornado cada vez mais comum nos tribunais trabalhistas, razão pela qual o Tribunal Superior do Trabalho editou a Súmula 386, que passamos a destacar:

"Policial Militar. Reconhecimento de vínculo empregatício com empresa privada. Preenchidos os requisitos do art. 3° da CLT, é legítimo o reconhecimento da relação de emprego entre policial militar e empresa privada, independentemente do eventual cabimento de penalidade disciplinar prevista no Estatuto do Policial Militar".

Entendemos acertada a decisão, já que a Justiça do Trabalho não tem competência para se intrometer no Estatuto, nas penalidades e até mesmo na Justiça Militar.

Sendo assim, apesar de poder ser penalizado na esfera militar, o Sr. João da Silva, diante do exposto, poderá e deverá conseguir seu vínculo de emprego perante a Justiça do Trabalho.

DA ATIVIDADE DO "JOGO DO BICHO"

O Sr. Joaquim dos Reis, já destacado como segundo consulente, trabalha há seis anos como apontador e coletor de apostas do "jogo do bicho" para a casa lotérica Invicta.

Por essa razão, e também entendendo que trabalha com pessoalidade, habitualidade, subordinação e onerosidade, tem interesse no reconhecimento do contrato de emprego.

O caso em tela se nos afigura um pouco mais complexo, em razão da clara ilicitude da atividade.

Não devemos esquecer que a propositura de qualquer demanda depende do preenchimento das condições da ação, e uma delas diz respeito à necessidade do objeto lícito, que claramente não é o caso.

Ato contínuo, o TST se posicionou, por meio da OJ 199 da SDI - 1, afirmando a nulidade absoluta do contrato de trabalho decorrente do exercício de atividade ilícita.

Por essa razão, mais uma vez vislumbramos a possibilidade de o vínculo ser reconhecido.

CONCLUSÃO

Por todo o exposto, viabilizamos a possibilidade de reconhecimento do vínculo de emprego, claro no que tange ao primeiro caso do policial militar, e também, mas certamente com um pouco mais de dificuldade, reconhecimento do vínculo empregatício para o segundo caso, pertinente ao apontador de "jogo do bicho".

Sem mais,

Subscrevo-me.

Local e data.

Nome - assinatura.

OAB nº _____

Gabaritos dos Modelos de Peças Práticas

1. GABARITO DO CAPÍTULO I – PETIÇÃO INICIAL

Questão *prática 1:* modelo esquemático de petição inicial 1.

Questão prática 2: modelo esquemático de petição inicial 2.

Questão prática 3: modelo esquemático de petição inicial 3.

Questão prática 4: Reclamação Trabalhista, pelo rito ordinário, com fulcro nos arts. 840 da CLT e 319 do CPC, em face da sucessora Engels Equipamentos de Indústrias S/A., na forma do art. 10 e 448 da CLT, a ser distribuída para uma das Varas do Trabalho de Parnaíba/PI, local da prestação dos serviços, não em Teresina, atual sede da sucessora, pleiteando: integração dos valores pagos por fora nos ganhos do reclamante com reflexos em verbas contratuais e rescisórias, com base no art. 457, § 1º, da CLT; devolução de R$ 1.550,11 descontados do reclamante pelos danos causados, já que não havia disposição contratual autorizando o aludido desconto, fundamentado no art. 462, § 1º, da CLT, aduzindo, ademais, que o dano não foi causado de forma culposa e sim fortuita; ressarcimento do montante de R$ 5.555,55 descontados a título de contribuição confederativa, já que o empregado não era filiado à sindicato algum. Sendo assim, impõe-se a aplicação da OJ 17 da SDC do TST, da Súmula 666 do STF, e também analogicamente precedente normativo 119 do TST; 2 horas extras diárias em virtude da extrapolação da jornada de trabalho, na forma dos arts. 58 e 59 da CLT e do art. 7º, inciso XIII, da CF, pedindo, ainda, reflexos em verbas contratuais e rescisórias; 1 hora extra diária decorrente da suspensão dos intervalos intrajornada, com respaldo no art. 71, § 4º, da CLT e na OJ 307 da SDI-1 do TST, bem como reflexos em verbas contratuais e rescisórias na forma da OJ 354 da SDI-1 do TST; ressarcimento do dia de trabalho descontado em virtude de ausência para doação voluntária de sangue, como regra do art. 473, inciso IV, já que devidamente comprovada pelo reclamante perante a reclamada; indenização por danos morais, a ser arbitrada pelo juízo, decorrente do acidente de trabalho sofrido que causou diversas sequelas físicas ao obreiro, com fundamento nos arts. 5º, V e X da CF, 186 e 927 do Código Civil e no art. 8º, parágrafo único, da CLT; indenização por danos materiais no importe de R$ 13.333,33 relativos a medicamentos e atendimentos médicos em consequência do acidente sofrido; não deve haver pedido de reintegração ou indenização correspondente, já que o acidente se deu em 2007 e o empregado ficou na empresa até 2011, não havendo que se evocar a aplicação do art. 118 da Lei 8.213/1991; pedir aviso prévio proporcional, uma vez que a dispensa ocorreu já na vigência da Lei 12.506/2011, que incide a proporcionalidade de 3 dias para cada ano de contrato de trabalho, além dos 30 dias para o primeiro ano de contrato. Assim, tendo sido contratado em 01.11.2000 e sido dispensado em 01.11.2011, ele possui no total 11 anos de contrato, portanto, o aviso prévio proporcional seria exatamente de 63 dias, porém, tendo sido pago apenas 30 dias quando da dispensa, pleiteia-se pedir 33 dias de diferença, com a projeção do mesmo em férias e 13º salário proporcional; pedir multa dos arts. 467 e 477, § 8º da CLT.

Questão prática 5: Reclamação trabalhista pelo rito ordinário, na forma do art. 840 da CLT e do art. 319 do CPC, já que havendo a necessidade de citação por edital, como descrito no enunciado do problema, não poderá tramitar pelo rito sumaríssimo, endereçada para Camboriú/SC: pedir horas extras decorrente da redução da jornada noturna, como dispõem os arts. 58 e 59 da CLT, com reflexos em verbas contratuais e rescisórias; adicional noturno, inclusive sobre as horas prorrogadas, fundamentado no art. 73, § 5º, da CLT e na Súmula 60 do TST; integração do adicional de periculosidade na base de cálculo das horas extras e adicional noturno (Súmula 264 e OJ 97 da SDI-1); *verbas rescisórias (aviso prévio indenizado, saldo de salário equivalente a vinte e seis dias trabalhados no mês de fevereiro de 2010, férias proporcionais no importe de 6/12 +1/3, décimo terceiro salário de 2010 no importe de 3/12, guias para liberação dos depósitos do* FGTS *e multa rescisória de 40% e liberação das guias SD – seguro-desemprego, multas dos arts. 477, § 8º, e 467 da CLT); danos morais em virtude do constrangimento sofrido pelo obreiro, a ser arbitrado pelo juízo, com fulcro nos arts. 186 e 927 do Código Civil e no art. 5º, V e X, da CF, bem como no art. 8º da* CLT.

Questão *prática* 6: Reclamação Trabalhista perante uma das Varas do Trabalho de São Paulo, requerendo uma hora integral em razão de o intervalo concedido ser somente de 30 minutos, com base na Súmula 437, I, TST c/c o art. 71, § 4º, da CLT, com 50% de adicional, levando-se em conta os reflexos nas verbas contratuais e rescisórias, nos termos da Súmula 437, III, TST. Em razão de ser detentor de categoria profissional diferenciada (art. 511, § 3º, da CLT), por ser motorista, pleitear ainda a diferença salarial no importe de R$ 2,00 por hora, que igualmente gerarão reflexos nas verbas contratuais e rescisórias, destacando uma por uma.

Questão prática 7: Reclamação trabalhista, pleiteando horas extras, além da 6ª diária, em razão de trabalhar em turnos ininterruptos de revezamento, com fundamento no art. 7º, XIV, da CF e na Súmula 423 do TST, e reflexos em verbas contratuais e rescisórias; adicional de insalubridade, na forma do art. 192 da CLT, e reflexos em verbas contratuais e rescisórias (Súmula 139 do TST), o que será apurado com perícia técnica na forma do art. 195, § 2º, da CLT; 1 hora extra diária em razão da violação do intervalo intrajornada, com base no art. 71, § 4º, da CLT e na Súmula 437, I e IV, do TST, e reflexos em verbas contratuais e rescisórias, com fulcro na Súmula 437, III, do TST; adicional noturno, como regram o art. 73 da CLT, a Súmula 213 do STF e a OJ 395 da SDI-1 do TST, e reflexos em verbas contratuais e rescisórias.

Questão prática 8: Reclamação Trabalhista, destacando que atualmente o STF entende que a aposentadoria não é mais causa de extinção do contrato de trabalho, e que, portanto, a multa do FGTS é mesmo devida sobre todo o período laborado, inclusive sobre o período anterior a aposentadoria, conforme a OJ 361 da SDI-1 do TST.

Questão prática 9: Reclamação trabalhista, endereçada para uma das Varas do Trabalho de São Paulo/SP, pleiteando adicional de horas extras, na forma da Súmula 340 do TST, já que era comissionado, em razão de exceder a jornada diária de 8 horas e semanal de 44 horas, e reflexos em verbas contratuais e rescisória; integração em férias e 13º salário pelo pagamento das metas (5%) e verbas rescisórias, multas dos arts. 467 e 477, § 8º, da CLT e guias TRCT e SD.

Questão prática 10: Reclamação trabalhista com pedido de tutela antecipada, na forma dos arts. 840 da CLT, 300 do CPC, 659, X, da CLT (analogicamente) pleiteando: reintegração (art. 118 da Lei 8.213/1991 e Súmula 378, II, do TST) ou indenização equivalente na forma do art. 496 e Súmula 396 do TST; sucessivamente, verbas rescisórias (saldo salarial, aviso-prévio, férias + 1/3, 13º salário, multa de 40% sobre os depósitos fundiários, FGTS sobre verbas rescisórias, multas dos artigos 467 e 477, § 8º, da CLT, e guias TRCT e SD); adicional de insalubridade e reflexos; 4 horas extras semanais e reflexos.

Questão prática 11: Reclamação trabalhista pleiteando indenização pertinente a um mês de salário para cada ano de serviço prestado sob o regime decenal, com base no art. 478 da CLT.

Questão prática 12: Reclamação trabalhista contra a empresa "C" em razão da sucessão prevista nos arts. 10 e 448 da CLT, requerendo 2 horas extras diárias ou 12 horas semanais e reflexos nas verbas contratuais e rescisórias, com fulcro nos arts. 7º, XVI, da CF e 227 da CLT e na Súmula 178 do TST; pleitear também verbas rescisórias, multas dos arts. 467 e 477, § 8º, da CLT e guias do TRCT e SD.

Questão prática 13: Reclamação trabalhista, endereçada a uma das Varas do Trabalho de Osasco, requerendo primeiramente vínculo de emprego do período inicial, com fulcro nos arts. 3º e 29 da CLT, e depósitos fundiários e previdenciários deste período. Em seguida, pleitear 10 horas extras semanais, com base no art. 59, § 1º, da CLT e no art. 7º, XIII, da CF, com reflexos nas verbas contratuais e rescisórias. Requerer rescisão indireta do contrato de trabalho, fundamentado no art. 483, *d*, da CLT e no Decreto 368/1968, com o pagamento das verbas rescisórias e multa do art. 467 da CLT e guias TRCT e SD.

Questão prática 14: Reclamação trabalhista, pleiteando pagamento de 2 horas extras diárias, na forma do art. 59, § 1º, da CLT e do art. 7º, XIII, da CF, com reflexos em verbas contratuais e rescisórias. Não havia pagamento da gratificação a que se refere o art. 62, parágrafo único, da CLT nem prova efetiva do exercício do cargo de confiança.

Questão prática 15: Ação trabalhista questionando a natureza jurídica da rescisão contratual e, consequentemente, pleiteando as verbas rescisórias decorrentes de dispensa sem justa causa, especialmente do saldo salarial do mês de abril, do aviso-prévio indenizado (integração para todos os efeitos legais – art. 487, § 6º, da CLT), das férias vencidas e proporcionais mais 1/3 constitucional, do 13º salário proporcional e dos recolhimentos do FGTS (8% + 40%), além da entrega das guias do seguro-desemprego sob pena de indenização compensatória. As verbas rescisórias incontroversas deverão ser pagas na data do comparecimento à Justiça do Trabalho sob pena de aplicação das disposições do art. 467 da CLT, e também a multa do art. 477 pelo não pagamento de verba rescisória (saldo de salário). Deverá pleitear, também, horas extras decorrentes do excesso diário da jornada especial de trabalho (art. 227 da CLT), e da violação do intervalo (Súmula 437, I e IV, do TST) com reflexos nos DSR, nas férias gozadas e indenizadas mais 1/3 CF , nos 13ºs salários de todo o contrato, no aviso prévio e nos recolhimentos do FGTS (8% + 40%). Nos reflexos das extras decorrentes da violação do intervalo, citar também a Súmula 437, III, TST.

Questão prática 16: Reclamação trabalhista com pedido de tutela antecipada, requerendo a reintegração do empregado, com base no art. 659, X, da CLT, ou indenização pelo período correspondente, e pleiteando também os salários dos meses de exames escolares.

Questão prática 17: Reclamação Trabalhista pleiteando equivalência salarial, baseado no art. 460 da CLT.

Questão prática 18: Reclamação trabalhista, com pedido de reintegração no emprego, a ser deferido liminarmente, na forma do art. 659, X, da CLT, além de pagamento de salários, do 13º salário, do FGTS e dos demais títulos vencidos e a vencer desde o afastamento até a efetiva reintegração.

Questão prática 19: Reclamação trabalhista endereçada à Vara de Parnaíba/PI; devendo ser ajuizada em face da sucessora (Banco Eu Quero Tcha S/A), com fulcro nos arts. 840 da CLT e 319 do CPC; pedir sucessão trabalhista, com fulcro nos arts. 10 e 448 da CLT; solicitar quebra de caixa, com apoio na Súmula 247 do

TST; demandar faltas com base no art. 473, I, da CLT; requerer salário substituição com respaldo na Súmula 159, I, do TST; requestar reversão da justa causa, com fundamento na revogação do art. 508 da CLT, e por não ter previsão em lei para tal dispensa, isto é, por ofender o princípio da legalidade; pedir verbas rescisórias (aviso prévio proporcional de 90 dias, férias proporcionais de 3/12, 13º proporcional de 6/12, guias TRCT e SD); postular FGTS sobre as verbas rescisórias, salvo nas férias proporcionais, e multa de 40% sobre o FGTS; solicitar justiça gratuita com suporte no art. 790, § 3º, da CLT, dos arts. 98 e ss. do novo CPC.

Questão prática 20: Elaboração de petição inicial de ação de consignação em pagamento, baseada nos arts. 539 a 549 do CPC, com endereçamento ao Juiz do Trabalho de uma das Varas de Maceió e qualificação das partes, sendo a empresa a consignante e a ex-empregada consignatária.

Aviso prévio proporcional ao tempo de serviço – o examinando deve identificar o direito e realizar a oferta do aviso prévio de forma proporcional ao tempo de serviço na razão de 42 dias.

Saldo salarial – o examinando deve identificar o direito e realizar a oferta do saldo salarial de 11 dias do mês de outubro de 2012.

13° salário proporcional – o examinando deve identificar o direito e realizar a oferta do 13° salário proporcional de 11/12.

Férias em dobro 2010/2011 – o examinando, identificando que as férias 2010/2011 não foram concedidas e, uma vez que o período concessivo já fluiu, deverá ofertá-las em dobro com acréscimo de 1/3.

Férias simples 2011/2012 – o examinando, identificando que as férias 2011/2012 não foram concedidas, deverá ofertá-las de forma simples com acréscimo de 1/3.

Férias proporcionais – o examinando deve identificar o direito e realizar a oferta das férias proporcionais na razão de 2/12 com acréscimo de 1/3.

FGTS – deverão ser oferecidas as guias para saque do FGTS ou TRCT, fazendo-se menção ao depósito da indenização de 40%.

Seguro desemprego – deverão ser oferecidos os formulários para percepção do seguro desemprego.

CTPS – uma vez que a CTPS permanece com a consignante, a devolução deverá ser requerida na ação consignatória.

Telefone celular – uma vez que é possível a consignação de coisa, o examinando deverá requerer a devolução do aparelho celular.

2. GABARITO DO CAPÍTULO 2 – PROCEDIMENTO SUMARÍSSIMO

Questão prática 1: Modelo esquemático de petição inicial pelo rito sumaríssimo.

3. GABARITO DO CAPÍTULO 3 – TUTELA RESCISÓRIA DE URGÊNCIA

Questão prática 1: Modelo esquemático de reclamação trabalhista com pedido de tutela provisória de urgência.

Questão prática 2: Modelo esquemático de petição inicial de reclamação trabalhista com pedido de tutela provisória de urgência.

4. GABARITO DO CAPÍTULO 4 – TUTELA PROVISÓRIA CAUTELAR

Questão prática 1: Modelo esquemático de tutela provisória cautelar de arresto.

5. GABARITO DO CAPÍTULO 5 – AÇÃO MONITÓRIA

Questão prática 1: Propor ação monitória, com base nos arts. 700 a 702 do CPC, requerendo a expedição de mandado de pagamento e dando à causa o valor de R$ 18.000,00.

6. GABARITO DO CAPÍTULO 6 – AÇÃO DE CUMPRIMENTO

Questão prática 1: Ação de cumprimento, com base no art. 872 da CLT, perante a Vara do Trabalho de Balneário Camboriú, atestando a desnecessidade do trânsito em julgado da decisão normativa, nos termos do art. 7º, § 6º, da Lei 7.701/1988 e da Súmula 246 do TST.

7. GABARITO DO CAPÍTULO 7 – AÇÃO DE EXECUÇÃO DE TÍTULO EXTRAJUDICIAL

Questão prática 1: Ação de execução requerendo todas as parcelas inadimplidas com a multa de 100%, totalizando, como valor dado à causa, R$ 36.000,00, e requerendo mandado de citação e penhora no valor correspondente.

8. GABARITO DO CAPÍTULO 8 – DISSÍDIO COLETIVO

Questão prática 1: Propor ação de dissídio coletivo perante o TRT da 9ª Região, com base no art. 856 da CLT c/c o art. 114, § 2º, da CF, pretendendo o reajuste de 15% para os empregados do ramo.

9. GABARITO DO CAPÍTULO 9 – AÇÃO RESCISÓRIA

Questão *prática 1:* Modelo esquemático de ação rescisória com pedido de tutela antecipada 1.

Questão prática 2: Modelo esquemático de ação rescisória.

Questão prática 3: Modelo esquemático de ação rescisória com pedido de tutela antecipada 2.

Questão prática 4: Ação rescisória do acórdão proferido pelo Tribunal Regional do Trabalho, ajuizada perante o mesmo Tribunal com fundamento de violação literal de lei (ou violação da norma jurídica, inciso V do art. 966 do CPC), já que contra empregado menor não corre prescrição (art. 440 da CLT).

10. GABARITO DO CAPÍTULO 10 – MANDADO DE SEGURANÇA

Questão prática 1: Modelo esquemático de mandado de segurança com pedido de liminar.

Questão prática 2: Modelo esquemático de mandado de segurança.

Questão prática 3: A medida cabível é mandado de segurança, com base no art. 5º, LXIX, da CF/1988, e na Lei 12.016/2009. Primeiro, deve-se argumentar que não há recurso próprio a impugnar tutela antecipada concedida antes da sentença (Súmula 414, item II, do TST). Em seguida, que o art. 468, parágrafo único, da CLT permite a reversão do empregado ao cargo antes ocupado quando deixar de exercer função de confiança, sendo que só não será possível redução salarial (art. 7º, VI, da CF/1988), quando esta for percebida por empregado, decorrente do exercício de função de confiança gratificada, por mais de dez anos, haja vista o princípio da estabilidade financeira, quando então incorporara ao seu salário (Súmula 372, item I, do TST). Contudo, no caso, não será devida nem a incorporação da gratificação nem o pagamento das diferenças salariais correspondentes, a contar da data da supressão da vantagem, pois a empregada não satisfez os requisitos contidos na Súmula 372, item I, do TST.

Endereçamento: Presidente do TRT.

11. GABARITO DO CAPÍTULO 11 – INQUÉRITO JUDICIAL

Questão prática 1: Modelo esquemático de inquérito judicial.

12. GABARITO DO CAPÍTULO 12 – *HABEAS CORPUS*

Questão prática 1: Habeas corpus, perante o TRT da 2ª Região, pleiteando a libertação de "C", com base na OJ 89 da SDI-2 do TST.

Confira-se ainda a Súmula Vinculante 25: "É ilícita a prisão civil de depositário infiel, qualquer que seja a modalidade do depósito."

13. GABARITO DO CAPÍTULO 13 – CONSIGNAÇÃO EM PAGAMENTO

Questão *prática 1:* Modelo esquemático de ação de consignação em pagamento.

Questão prática 2: Modelo esquemático de ação de consignação em pagamento.

Questão prática 3: Consignação em pagamento, com base no art. 539 do CPC, requerendo a consignação dos salários em atraso, evitando a rescisão indireta prevista no art. 483, *d*, da CLT.

Questão prática 4: Elaboração de uma petição inicial de ação de consignação em pagamento, baseada nos artigos 539 a 549 do CPC, com endereçamento ao Juiz do Trabalho de uma das Varas de Maceió e qualificação das partes, sendo a empresa a consignante e a ex-empregada, consignatária.

Aviso prévio proporcional ao tempo de serviço – o examinando deve identificar o direito e realizar a oferta do aviso prévio de forma proporcional ao tempo de serviço na razão de 42 dias.

Saldo salarial – o examinando deve identificar o direito e realizar a oferta do saldo salarial de 11 dias do mês de outubro de 2012.

13º salário proporcional – o examinando deve identificar o direito e realizar a oferta do 13º salário proporcional de 11/12.

Férias em dobro 2010/2011 – o examinando, identificando que as férias 2010/2011 não foram concedidas e, uma vez que o período concessivo já fluiu, deverá ofertá-las em dobro com acréscimo de 1/3.

Férias simples 2011/2012 – o examinando, identificando que as férias 2011/2012 não foram concedidas, deverá ofertá-las de forma simples com acréscimo de 1/3.

Férias proporcionais – o examinando deve identificar o direito e realizar a oferta das férias proporcionais na razão de 2/12 com acréscimo de 1/3.

FGTS – deverão ser oferecidas as guias para saque do FGTS ou TRCT, fazendo-se menção ao depósito da indenização de 40%.

Seguro desemprego – deverão ser oferecidos os formulários para percepção do seguro desemprego.

CTPS – uma vez que a CTPS permanece com a consignante, a devolução deverá ser requerida na ação consignatória.

Telefone celular – uma vez que é possível a consignação de coisa, o examinando deverá requerer a devolução do aparelho celular.

14. GABARITO DO CAPÍTULO 14 – CORREIÇÃO PARCIAL

Questão prática 1: Correição parcial prevista nos arts. 682, XI, e 709, I, da CLT, destacando a existência do depoimento pessoal. Ressaltar que a oitiva de testemunhas deve existir, com base na Súmula 357 do TST, ressalvando que os protestos têm admissibilidade implícita no art. 795 da CLT, que descreve que as nulidades devem ser arguidas num primeiro momento sob pena de preclusão.

15. GABARITO DO CAPÍTULO 15 – CONTESTAÇÃO

Questão prática 1: Modelo esquemático de contestação.

Questão prática 2: Modelo esquemático de exceção de incompetência relativa e de contestação.

Questão prática 3: Modelo esquemático de contestação.

Questão prática 4: Contestação endereçada à 1ª Vara do Trabalho de Boa Esperança/MG, apontando o processo 1234/2010 com fulcro no art. 847 da CLT; inicialmente arguir inépcia do pedido de danos morais já que o reclamante não aponta causa de pedir, apontando como fundamento o art. 330 do CPC; arguir prescrição quinquenal com base no art. 7º, inciso XXIX, da CF; impugnar a solicitação de horas extras com apoio no art. 62, II, parágrafo único, da CLT e na Súmula 287 do TST; impugnar o pedido das benesses da CCT usando a Súmula 277 do TST; impugnar o pedido de reintegração ou indenização, respaldado na OJ 369 da SDI-1, aduzindo que o delegado sindical não possui garantia de emprego; impugnar o pedido de quebra de caixa aduzindo que o reclamante não exerce função que enseje a percepção da parcela, já que suas funções não denotam a possibilidade de erros involuntários de contagem dado o manuseio constante de dinheiro; impugnar o pedido de equiparação salarial embasado no art. 461, § 4º, da CLT aduzindo que o paradigma em readaptação impede a equiparação; impugnar o pedido de férias vencidas, com fulcro no art. 133, II, da CLT, já que a licença remunerada superior a 30 dias impede o direito a férias; impugnar o requerimento de honorários advocatícios, pois não estão preenchidos os requisitos da Lei 5.584/1970 e das Súmulas 219 e 329 do TST. Requerimentos finais: acolhimento da inépcia, prescrição quinquenal e improcedência dos pedidos.

Questão prática 5: 1) Contestação, com fundamento no art. 847 da CLT, com encaminhamento ao Excelentíssimo Senhor Juiz do Trabalho da 85ª Vara do Trabalho do Rio de Janeiro/RJ, indicação das partes e referência ao número do processo (nº 0055.2010.5.01.0085). 2) Preliminar de inépcia da petição inicial em relação ao pedido de pagamento do décimo terceiro salário. Isso porque o autor afirmou que não foi pago o décimo terceiro salário do ano de 2009 e postulou o pagamento do décimo terceiro salário do ano de 2008. Logo, deve requerer a extinção do processo sem resolução do mérito quanto a esse pedido, com fundamento nos arts. 484 e 330, I, § 1º do CPC. Alternativamente, pode o examinando, tendo considerado a data como erro material contido no enunciado da questão, impugnar o pedido de pagamento de décimo terceiro salário, alegando o seu pagamento ou aduzindo que este não é devido em sua integralidade, mas apenas de forma proporcional em virtude do período em que o autor esteve afastado, em gozo de benefício previdenciário, quando se encontrava suspenso o contrato de trabalho. 3) Prejudicial de prescrição quinquenal, o examinando deve suscitar a prejudicial de prescrição quinquenal, com fundamento no art. 7º, inciso XXIX, da CRFB/1988 ou no art. 11, inciso I, da CLT, a fim de que sejam consideradas prescritas as parcelas anteriores a 10.01.2006, ou as parcelas anteriores aos cinco anos que antecederam à data do ajuizamento da ação. 4) Estabilidade e pedido de reintegração ou indenização substitutiva impugnando o pedido, aduzindo que o art. 55 da Lei 5.764/1971 assegura a garantia de emprego apenas aos empregados eleitos diretores de cooperativas, não abrangendo os membros suplentes, nos termos da OJ 253 da SDI-1 do C. TST. 5) Horas extraordinárias e reflexos. Impugnar o pedido, alegando que o autor exercia atividade externa incompatível com a fixação de horário de trabalho, estando esta condição devidamente anotada em sua CTPS, o que atrai a incidência do art. 62, I, da CLT. Logo, indevido o pagamento de horas extraordinárias e reflexos. 6) Férias relativas ao período aquisitivo 2007/2008, impugnar o pedido, afirmando que o autor admitiu que esteve afastado por 07 (sete) meses durante o período aquisitivo com percepção de benefício previdenciário (auxílio-doença), o que implica a perda do direito às férias, nos termos do art. 133, IV, da CLT. 7) Equiparação salarial. Impugnar o pedido, aduzindo que o reclamante não foi contemporâneo do paradigma, uma vez que foi contratado em razão de seu falecimento. Essa ausência de contemporaneidade ou simultaneidade na prestação de serviços entre o equiparando e o paradigma apontado obsta a equiparação salarial. Na verdade, ocorreu a substituição de cargo vago. Deve-se invocar a Súmula 6, IV, ou a Súmula 159, II, ambas do TST. 8) Vales-transportes. Alegar que a ré não estaria obrigada a conceder o vale-transporte, já que proporcionava transporte coletivo fretado para o deslocamento residência-trabalho e vice-versa a seus empregados, nos termos do art. 4º do Decreto 95.247/1987. 9) Requerimentos. Requerer o acolhimento da prejudicial de prescrição quinquenal e, no mérito, a improcedência dos pedidos. Também deve-se protestar por todos os meios de prova admitidos em Direito, notadamente o depoimento pessoal e as provas documentais e testemunhais.

Questão prática 6: Contestação arguindo a extinção do processo, sem julgamento do mérito, com fulcro no inciso VI do art. 485 do CPC, por ilegitimidade de parte, tendo em vista que a reclamação deveria ter sido interposta contra a pessoa jurídica "B". No mérito, arguir despedimento por justa causa pelas faltas injustificadas ao serviço, não havendo que falar no pagamento do aviso-prévio, das férias proporcionais acrescidas da gratificação de 1/3, do 13º salário proporcional, do levantamento dos depósitos do FGTS, da multa de 40%, do seguro-desemprego e da multa estabelecida no § 8º do art. 477 da CLT, porque a empresa não incorreu em mora.

Questão prática 7: Peça de contestação, arguir inicialmente a prescrição quinquenal na forma dos arts. 7º, XXIX, da CF, 11, I, da CLT e da Súmula 308 do TST, requerendo a improcedência do pedido de horas extras, já que a reclamante exercia cargo de confiança bancária com apoio do § 2º do art. 224 da CLT; pela eventualidade, caso algo seja deferido à obreira, impugnar o requerimento de incidência de juros já que o banco reclamado está em liquidação extrajudicial, com fulcro na Súmula 304 do TST; impugnar o requerimento de honorários advocatícios, usando a Lei 5.584/1970 e as Súmulas 219 e 329 do TST, já que não preenchidos os requisitos, em especial a insuficiência financeira, ou, se devidos, 20% como requerido na inicial (Súmula 219 do TST). Na mesma peça de defesa, formular pedido de reconvenção para pleitear a condenação da reclamante à devolução do empréstimo não descontado, para isso citar o art. 477, § 5º, da CLT informando que o desconto na rescisão deve ser limitado.

Questão prática 8: Contestação, alegando prescrição quinquenal, na forma dos art. 7º, XXIX, da CF, 11, I, da CLT, e da Súmula 308 do TST. No mérito, aduzir que não há direito ao respectivo adicional de transferência, já que ocorrera transferência definitiva, com base no § 3º do art. 469 da CLT e na OJ 113 da SDI-1; que inexiste direito à equiparação salarial, pois entre reclamante e paradigma havia diferença de tempo de serviço superior a dois anos na função (§ 1º do art. 461 da CLT); e que a assistência médica e odontológica não são requerimentos finais. Requerer, inicialmente, o acolhimento da prejudicial de prescrição quinquenal e, por fim, a improcedência dos pedidos feitos na inicial.

Questão prática 9: Contestação arguindo prescrição quinquenal, na forma dos arts. 7º, XXIX, da CF, 11, I, da CLT e da Súmula 308 do TST. No mérito, impugnar o pedido de horas extras, aduzindo que são indevidas ante a exceção do art. 62, I, da CLT; impugnar o pedido de horas de sobreaviso, aduzindo que o uso do BIP não dá direito a horas de sobreaviso, como se extrai do entendimento fixado na Súmula 428 do TST; por fim, impugnar o pedido de salário indireto, alegando que o veículo e o combustível não caracterizam salário utilidade, eis que fornecido para o trabalho, como se extrai do art. 458, § 2º, I, da CLT e da Súmula 367, I, do TST. Nos requerimentos finais, requerer, inicialmente, o acolhimento da prejudicial de prescrição quinquenal e, por fim, a improcedência dos pedidos feitos na inicial.

Questão prática 10: Elaboração de uma peça com formato de contestação, com endereçamento à 2ª Vara de Goiânia, indicação das partes e número do processo.

Prescrição parcial – Na defesa dos interesses do cliente, o examinando deve arguir prescrição parcial (quinquenal) em relação aos supostos direitos anteriores a 12.12.2007 (5 anos do ajuizamento da ação).

Aviso prévio proporcional ao tempo de serviço – o examinando deve identificar que o aviso prévio proporcional não era devido porque a dispensa ocorreu antes da alteração legislativa, na forma da Lei nº 12.506, de 11 de outubro de 2011 ou da Súmula 441 do TST.

Multa art. 477, § 8º, da CLT – o examinando deve sustentar que as verbas resilitórias foram pagas no prazo legal, afastando o direito à multa do artigo 477, § 8º, da CLT.

Entrega do relógio – o examinando deve identificar ser indevida obrigação de fazer, pois a alteração da norma interna ocorreu antes da admissão da trabalhadora, que, assim, não tem o direito postulado, na forma da Súmula 51, I, do TST.

Intervalo intrajornada – o examinando deve identificar que, de acordo com a carga horária cumprida, não havia direito a qualquer intervalo (CLT, artigo 71, § 1º).

Participação nos lucros – o examinando deve identificar que a verba referente à PL, por força de Lei, não reflete em qualquer outro direito, na forma da Lei 10.101/2000, art. 3º.

Questão prática 11: Oferecer contestação com arguição de compensação até o limite do crédito do ex-empregado, conforme o art. 767 da CLT, e formular, nos termos do art. 343, pedido de reconvenção na mesma peça da defesa para cobrar o que exceder o art. 343. Na contestação, é lícito ao réu propor reconvenção para manifestar pretensão própria, conexa com a ação principal ou com o fundamento da defesa.

Questão prática 12[2]*:* Contestação, alegando, primeiramente, prescrição quinquenal (art. 7º, XXIX, da CF, art. 11, I, da CLT e Súmula 308 do TST) e que o reclamante era empregado doméstico (caseiro), fazendo jus ao recebimento de horas extras, diferenças de férias posto gozadas apenas vinte dias (*atualmente possui direito a 30 dias*, LC 150/2015), e recolhimentos do Simples Doméstico, argumentando, ainda, que o salário mensal e os repousos semanais já estão remunerados. Mesmo que assim não fosse, os motivos alegados não constituem fundamento para rescisão indireta do contrato de trabalho. Indevida a multa do art. 467, por se tratar de pedido de rescisão indireta do contrato. Igualmente, indevida a multa do art. 477 da CLT, eis que não há que se falar em atraso no pagamento de verbas rescisórias, pois a rescisão está sendo discutida em juízo.

Questão prática 13: Apresentar contestação à ação rescisória, na forma do art. 970 do CPC, arguindo preliminar de deserção tendo em vista que não foi feito o depósito de 20% a que se refere o art. 836 da CLT; preliminar de inépcia já que não há texto de lei ofendido; preliminar de inépcia, já que houve ataque de um despacho, e não de uma sentença de mérito, e não cabe rescisória de despacho; no mérito, arguir a decadência da rescisória, uma vez proposta fora do prazo legal previsto; aduzir ainda que não cabe rescisória de súmula, pelo que não se insere no art. 966, V, do CPC, e ainda que assim não fosse, pela Súmula 245 do TST, o depósito deve ser feito no prazo do recurso.

---

2 À época da aplicação da prova, a EC 72/2013, que ampliou os direitos do trabalhador doméstico, não havia sido publicada.

Questão prática 14: Fazer primeiro uma peça de exceção de incompetência. Na segunda peça, elaborar uma contestação, prevista no art. 847 da CLT, que deverá abordar especialmente os seguintes tópicos: (a) incompetência do Juízo de São Paulo, tendo em vista o pedido de provimento com eficácia nacional (OJ-SDI-II 130); (b) limitação da eficácia do provimento ao Estado de São Paulo; (c) não cabimento da ação civil pública, ante a natureza individual heterogênea do direito reclamado; (d) impossibilidade de acolhimento do pedido, tendo em conta a possibilidade de pagar salários diferentes a empregados que executam tarefas diversas.

Questão *prática 15:* Apresentar exceção de incompetência, com fulcro no art. 799 da CLT, aduzindo a violação do art. 651 da CLT, requerendo a remessa do processo para uma das Varas do Trabalho de Campinas onde sempre se deu a prestação dos serviços, sendo indevida a distribuição perante São Paulo. Apresentar contestação, com fulcro no art. 847 da CLT, arguindo preliminarmente prescrição quinquenal. Aduzir que o art. 543, § 3º, da CLT, o art. 8º, VIII, da CF e a OJ 369 da SDI-1, do TST, não reservam estabilidade ao delegado sindical e ainda que assim fosse, a justa causa cometida a quebraria. Tais fatos inviabilizam a aplicação do art. 300 do CPC. Alegar, ainda, que por ser vendedor externo não teria direito às horas extras, conforme o art. 62, I, da CLT e que de acordo com o § 2 º do art. 457 da CLT e a Súmula 101 do TST, as diárias não integram a remuneração, salvo se ultrapassarem a 50% do salário do empregado, o que não é o caso. Pedir, por fim, a compensação de R$ 32.000,00 relativos às avarias do veículo.

Questão prática 16: Contestação apresentada na 1ª Vara do Trabalho de São Paulo/SP. 1) Arguir, inicialmente, a prejudicial de prescrição quinquenal com fundamento no art. 7º, XXIX, da CF, no art. 11 da CLT, e na Súmula 308, I, do TST; 2) impugnar o pedido de adicional noturno suprimido com fundamento na Súmula 265 do TST; 3) impugnar o pedido de salário utilidade com fundamento na Súmula 367, II, TST; 4) argumentar descontos indevidos, fundamentado na Súmula 342 do TST, em razão da autorização expressa da empregada; 5) das diárias: estas não têm natureza salarial com fulcro na Súmula 101, do TST; 6) honorários advocatícios: a obreira era assistida por advogado particular, logo o pedido deve ser improcedente com fundamento na Súmula 219, I e V, do TST, e no art. 14, § 1º, da Lei 5.584/1970; 7) requerimentos finais: requerer o acolhimento da prejudicial de prescrição quinquenal e a improcedência dos pedidos; 8) também deve-se protestar por todos os meios de prova admitidos em Direito, notadamente o depoimento pessoal e as provas documentais e testemunhais.

Questão prática 17:

1) Elaboração de contestação, com fulcro no art. 847 da CLT, com endereçamento e qualificação das partes, além do número do processo.

2) Prescrição parcial – Na defesa dos interesses, o examinando deve arguir prescrição parcial (quinquenal) em relação aos supostos direitos anteriores a 12.04.2007 (5 anos do ajuizamento da ação).

3) Revista – Deve ser sustentado que a revista em bolsas não pode ser considerada revista íntima, mas, sim, pessoal, conforme jurisprudência majoritária no TST, pois não há contato físico nem exposição visual de parte do corpo, além de ser feita em lugar reservado e separadamente, de modo que não estariam presentes os requisitos dos arts. 186 e 927 do Código Civil. Não houve excesso no poder diretivo/fiscalizatório. A revista foi realizada com equilíbrio, respeitando a ponderação de interesses. Pelo princípio da eventualidade, o examinando deve sustentar que o valor postulado está exagerado, pois não considera a capacidade econômica da reclamada (empresa de pequeno porte), devendo ser diminuído caso haja condenação, adequando-se ao princípio da razoabilidade.

4) Assédio moral – Deve ser sustentado que, conceitualmente, o assédio exige reiteração de atos. Assim, uma desavença esporádica não caracteriza assédio moral. Ademais, o próprio trabalhador reconhece que deu ensejo à punição, de modo que não estariam presentes os requisitos dos arts. 186 e 927 do Código Civil. Pelo princípio da eventualidade, o examinando deve sustentar que o valor postulado está exagerado, pois não considera a capacidade econômica da reclamada (empresa de pequeno porte), devendo ser diminuído caso haja condenação, adequando-se ao princípio da razoabilidade.

5) Hora extra – Deve ser sustentado que a norma coletiva pode validamente dispor sobre a extensão do horário no caso de turno ininterrupto de revezamento e, nesse caso, não se cogita o pagamento de sobrejornada.

6) Férias – Deve ser sustentado que a quantidade de faltas injustificadas (6) gera o direito a 24 dias de férias. Como apenas 1/3 podem ser convertidos em pecúnia, a empresa agiu corretamente ao transformar oito dias em dinheiro, que é o limite no caso concreto.

7) 13° salário – Deve ser sustentado que a 1° parcela do 13° salário, para ser recebida juntamente com as férias, deve ser requerida no mês de janeiro, o que não foi observado pelo reclamante, retirando-lhe assim o direito potestativo.

8) *Ticket* refeição e vale-transporte – Deve ser sustentado que, suspenso que foi o contrato pelo afastamento por prazo superior a 15 dias em razão de doença, o empregado não faz jus aos benefícios que se relacionam com a prestação dos serviços, entre eles o *ticket* refeição e o vale-transporte.

9) Alteração da data pagamento – Deve ser sustentado que, de acordo com o TST, a mudança da data de pagamento, respeitado o prazo máximo de tolerância legal, é alteração contratual possível, não sendo considerada ilegal. Trata-se de novação objetiva lícita.

10) Encerramento requerendo o acolhimento da prejudicial de prescrição parcial e, no mérito, a improcedência dos pedidos. Indicar a produção de provas.

16. GABARITO DO CAPÍTULO 16 – EMBARGOS DE DECLARAÇÃO

Questão prática 1: Modelo esquemático de embargos de declaração 1.

Questão prática 2: Modelo esquemático de embargos de declaração 2.

Questão prática 3: Embargos declaratórios arguindo omissão no que diz respeito à prescrição, requerendo também efeito modificativo no julgado.

Questão prática 4: A peça processual a ser apresentada corresponde ao recurso de embargos de declaração, previsto no art. 897-A da CLT e no art. 1.022 do CPC, diante da omissão verificada na sentença, que não se pronunciou sobre o reflexo do adicional de insalubridade em 13º salário e FGTS, acrescido de multa de 40%, na forma da Súmula 139 do TST.

Questão prática 5: A peça processual adequada ao caso corresponde ao recurso de embargos de declaração, com pedido de efeito modificativo, nos termos do art. 897-A da CLT, indicando-se o manifesto equívoco do julgado embargado no exame dos pressupostos extrínsecos do agravo de instrumento.

Questão prática 6: Embargos declaratórios arguindo contradição do julgado ao declarar o pagamento do intervalo como verba de natureza indenizatória e condenar ao pagamento de reflexos, estes só aplicáveis quando se tratar de verba de natureza salarial.

17. GABARITO DO CAPÍTULO 17 – RECURSO ORDINÁRIO

Questão prática 1: Modelo esquemático de recurso ordinário e de razões de recurso ordinário 1.

Questão prática 2: Modelo esquemático de recurso ordinário e de razões de recurso ordinário 2.

Questão prática 3: Modelo esquemático de recurso ordinário e de razões de recurso ordinário 3.

Questão prática 4: Modelo esquemático de recurso ordinário e de razões de recurso ordinário 4.

Questão prática 5: “B” é o recorrente-reclamado.

O recurso é ordinário e deverá ser endereçado ao MM. Juiz do Trabalho, prolator da R. Sentença, de Primeira Instância, com pedido de remessa ao Egrégio Tribunal Regional competente. As razões deverão versar sobre ato de indisciplina (art. 482, *h*, da CLT).

Na peça recursal, o recorrente deverá indicar as verbas rescisórias, especificando-as, sem dar os valores correspondentes de cada uma, às quais teria direito o recorrido-reclamante se houver reforma, pelo acórdão da R. Sentença de Primeira Instância. Deverá, outrossim, mencionar a tempestividade do recurso, do depósito garantidor do Juízo Trabalhista e do pagamento das custas processuais.

Questão prática 6: Recurso ordinário alegando que, para a existência da equiparação salarial, devem ter o reclamante e o paradigma trabalhado na mesma localidade (art. 461 da CLT).

Questão prática 7: Recurso ordinário encaminhado à Vara do Trabalho, e razões dirigidas ao TRT, requerendo a reforma do julgado sob o fundamento de que o empregado só teria direito à estabilidade acidentária se tivesse se licenciado por mais de 15 dias, conforme o art. 118 da Lei 8.213/1991 e a Súmula 378 do TST. Não deve haver depósito recursal, tendo em vista que a condenação consubstancia-se numa obrigação de fazer e apenas condenações em pecúnia, na forma da Súmula 161 do TST, ensejam depósito recursal.

Questão prática 8: Recurso ordinário requerendo nulidade da sentença, com retorno dos autos à Vara de origem, uma vez que o pedido precisa de periculosidade e depende de prova pericial para ser deferido, mesmo no caso de revelia, tudo nos termos do art. 195, da CLT, § 2º.

Questão prática 9: Recurso ordinário requerendo a reforma da sentença de primeiro grau. Eis que, pelo não comparecimento da reclamada à audiência, e aplicada a pena de confissão quanto à matéria fática, são reputados verdadeiros os fatos afirmados pelo reclamante, nos termos do art. 344 do CPC, portanto, desnecessária a oitiva de testemunhas porque a confissão faz prova do fato constitutivo da equiparação salarial.

Questão prática 10: Recurso ordinário, com fundamento central de que a Metalúrgica KLM Ltda. não responde, nem mesmo de forma subsidiária, por ser dona da obra (OJ 191 da SBDI-1 do TST), devendo ser excluída da lide.

Questão prática 11: A peça processual a ser apresentada corresponde ao recurso ordinário, no qual deverá ser suscitada, em primeiro lugar, a nulidade da decisão, uma vez que, como resulta do disposto no art. 841, *caput,* da CLT, entre a notificação da parte e a audiência deve haver o interregno mínimo de cinco dias, prazo que constitui desdobramento da garantia constitucional do devido processo legal. Em segundo lugar, deverá a reclamada invocar a prescrição total, tendo em vista o transcurso de mais de dois anos entre a rescisão do contrato de trabalho e o ajuizamento da reclamação.

Questão prática 12: A medida processual a ser apresentada corresponde ao recurso ordinário, interposto perante a Vara do Trabalho, para ser julgado pelo Tribunal Regional do Trabalho. No recurso deve-se invocar a competência da Justiça do Trabalho para processamento do mandado de segurança, nos termos do art. 114, VII, da Constituição. Deve-se, ainda, pedir o imediato julgamento do mérito pelo Tribunal, diante da possibilidade de aplicação do art. 1.013, § 3º, do CPC.

Questão prática 13: A medida processual seria o Recurso Ordinário, dirigido à própria Vara do Trabalho, requerendo remessa ao Tribunal Regional do Trabalho e postulando o reconhecimento do vínculo de emprego. A competência, de toda forma, seria mesmo da Justiça do Trabalho, consoante redação do art. 114 da CF, decorrente da Emenda Constitucional 45/2004 que ampliou a competência trabalhista, passando a abranger tanto as relações de trabalho quanto as de emprego. Por seu turno, o vínculo de emprego, na espécie, decorre de matéria sumulada, estampada na Súmula 386 do Colendo TST.

Questão *prática 14:* Recurso ordinário, com fulcro no art. 895, I, da CLT, indicando corretamente as partes, dados do processo, com duas petições, sendo a de interposição para a Vara do Trabalho de São João de Pádua e a das razões para o TRT da Região, e que não está havendo recolhimento das custas porque a procedência do pedido foi parcial; Revelia e confissão – deve ser postulada a aplicação da pena de revelia em desfavor da 2ª ré porque ela não contestou o feito, em que pese citada. Não se pode aproveitar a defesa de uma das litisconsortes em favor da outra, tudo nos termos dos arts. 345, I, do CPC e 844 da CLT; Inépcia – deve ser afastada em razão do Princípio da Informalidade do Processo do Trabalho (art. 840 da CLT), além do que o silêncio da ex-empregadora quanto ao período oficioso equivale à confissão; Prescrição quinquenal - Sustentar que o juiz não poderia conhecer de ofício da prescrição quinquenal/parcial, fundamentando no caráter protetivo do Direito do Trabalho, tornando o art. 332, § 1º, do CPC inaplicável na seara trabalhista; Horas extras - deveria ser deferida a hora intervalar de forma integral (Súmula 437, III, do TST), insurgindo-se quanto ao adicional normativo de 40%, porque a lei não admite que ele seja inferior a 50% (CF, art. 7º, XVI), e requerendo também os reflexos nas verbas contratuais e rescisórias nos termos da Súmula 437, III, do TST; Insalubridade - O juiz não está vinculado ao agente nem ao grau indicados pela parte, pelo princípio da primazia da realidade, sobretudo por conta da aferição do agente maléfico por perícia técnica, nos termos da Súmula 293 do TST; Multa (477, § 8º, da CLT) - Ainda que tenha pago a indenização no prazo legal, a homologação ocorreu em atraso, o que gera prejuízo ao trabalhador, situação que autoriza o pagamento da multa do art. 477, § 8º, da CLT; Anotação de dispensa na CTPS - O prazo relativo ao aviso-prévio é computado para todos os fins, inclusive anotação de dispensa na CTPS (OJ 82 do TST e art. 487, § 1º, da CLT); Dano moral - Há violação à personalidade do reclamante, pois há exposição de partes do corpo a contragosto do empregado, sendo irrelevante que a fiscalização seja feita por pessoa do mesmo sexo, autorizando, assim, a condenação em dano moral, bem como aborde que a revista íntima, proibida para mulheres, é extensível aos homens pelo princípio da isonomia (CF, art. 5º, I, e art. 1º da Lei 13.271/2016); Honorários advocatícios - Estão presentes os requisitos autorizadores da condenação em honorários advocatícios, nos termos da Súmula 219 do TST e da Lei 5.584/1970, arts. 14 e 16; Honorários periciais - A sucumbência foi totalmente da empresa, que arcará com o valor total, devolvendo-o corrigido nos moldes da OJ 198 do TST; Juros e correção monetária - Os juros e correção monetária são pedidos implícitos, que independem de requerimento da parte e, portanto, são cabíveis, nos termos da Súmula 211 do TST; Responsabilidade da 2ª ré – Não pode haver a desconsideração da personalidade jurídica, pois os sócios da empresa devedora não figuram no polo passivo, e a desconsideração é a medida excepcional. Assim, se não houver êxito na execução da 1ª ré, deve ser redirecionado à 2ª demandada de forma subsidiária; Do pedido – Como requerimentos finais, pedir o conhecimento e consequente provimento do recurso visando à reforma da sentença.

Questão prática 15: A medida processual será o Recurso Ordinário, com fulcro no art. 895, I, da CLT, endereçado à 20ª Vara do Trabalho de Teresina/PI, requerendo a remessa das anexas razões ao TRT da 22ª Região, tendo recolhido custas e depósito recursal. 1) Integração da PLR: a sentença deve ser reformada, pois a PLR não tem natureza salarial, nos termos do art. 7, XI, da CF; 2) Descontos indevidos: o julgado deve ser reformado, pois o desconto é lícito, como prevê o art. 462, § 1º, da CLT; 3) Gueltas: também não merece prosperar a R. Sentença, pois as gueltas não geram reflexos nas horas extras e aviso prévio, com fundamento na Súmula 354, do TST; 4) Férias: como a reclamante teve 7 faltas injustificadas, o empregador agiu de acordo com a Lei, com fundamento no art. 130 da CLT, devendo ser pedida a reforma da R. Decisão; 5) Equiparação salarial: o pedido de equiparação salarial não deve prosperar, tendo em vista que os empregadores são diferentes, com fundamento no art. 461 da CLT. 6) Conclusão: requerer o conhecimento e o consequente provimento do recurso visando à reforma da sentença, condenando às custas processuais em reversão.

Questão prática 16:

Recurso ordinário, interposto pela 2ª ré, com citação do art. 895, I, da CLT; apresentação formal de duas peças, sendo uma dirigida ao juiz de 1º grau com indicação do recolhimento de custas e depósito recursal, e outra ao TRT com as razões recursais.

– Arguição porque o curso prescricional só admite uma interrupção e, no caso, o biênio constitucional já havia fluído a partir da 1ª interrupção.

– Citação do art. 202 do CCB.

Prescrição parcial

– Arguição para limitar eventual condenação aos 5 anos anteriores ao ajuizamento da ação.

– Citação do art. 7º, XXIX, da CRFB/1988, do art. 1º da CLT ou da Súmula 308, I.

Preliminar de ilegitimidade passiva ou no mérito, arguição de ausência de responsabilidade

– A recorrente é parte ilegítima, pois em razão da sua natureza jurídica, contratando através de licitação, não tem responsabilidade legal.

– Citação da Lei 8.666/1993, art. 71, § 1º.

ou

– Inaceitável a responsabilidade subsidiária porque houve fiscalização do contrato.

– Citação da Súmula 331, V, do TST ou da Lei 8.666/1993, art. 71, § 1º.

Justa causa

– O autor recebeu diversas punições anteriores, conforme fatos e documentos inimpugnados, mas não alterou seu comportamento. Ou, a justa causa deve ser mantida porque o desconto pelas faltas não é considerado punição (não há *bis in idem*) e o empregado manteve o comportamento reprovável.

Estabilidade provisória (doença profissional)/dano moral

– Não comprovado o nexo causal entre a doença e o trabalho, não há doença profissional, garantia no emprego, nem direito à indenização.

– Ônus da prova do autor, indicando o art. 818, da CLT, ou o art. 373, I, do CPC, ou a Súmula 378, II, do TST.

Periculosidade

– Imprescindível a realização de perícia e citação do art. 195, § 2º, da CLT, ou descabida a analogia com atividade diversa para deferimento da verba.

Horas extras

– Indevida porque a escala (compensação) é prevista em norma coletiva.

– Citação da CF/1988, art. 7º, XIII, da Súmula 85, I, do TST, da OJ 323 do TST, ou a PA S1T MTE 81.

Requerimentos finais

Requerimento de que o recurso seja conhecido (admitido) e provido para julgar improcedente o pedido da inicial.

Questão prática 17: Elaboração de um recurso ordinário interposto pela reclamante, com direcionamento do recurso ao juiz de 1º grau e destinação das razões recursais ao TRT.

Incompetência absoluta – o examinando deverá manifestar-se no sentido de que a Justiça do Trabalho não tem competência criminal OU que houve afronta ao princípio do devido processo legal, pois o magistrado não poderia – no bojo de reclamação trabalhista – apreciar eventual prática de conduta criminosa OU que a apreciação de eventual crime é da Justiça Federal Comum. Indicação do art. 5º, LIV ou do 114 ou do 109, IV ou VI da CF/1988, OU Súmula 115 TFR, OU CLT, art. 652, OU ADI 3684-0.

Hora extras – o examinando deve sustentar que as horas extras não devem ficar limitadas às 2 previstas no art. 59, da CLT em razão do princípio da primazia da realidade, na forma da Súmula 376, I, do TST, sob pena de enriquecimento ilícito do empregador.

Complementação aposentadoria – Tendo em vista que a alteração posterior foi prejudicial à trabalhadora, o examinando deve sustentar que a complementação dos proventos da aposentadoria deve ser regida pelas normas em vigor na data da admissão da empregada – princípio da inalterabilidade contratual lesiva OU não se trata de mera expectativa de direito, mas sim direito adquirido. Indicação da CF/1988, art. 5º, XXXVI, OU Súmula 288 OU 51, I, do TST, OU art. 468 da CLT, OU art. 131 do CCB, OU art. 6º, *caput* ou § 2º, da LINDB.

Diferença prontidão – O examinando deve sustentar que, de acordo com a modelagem legal, as horas de prontidão devem ser pagas na razão de 2/3 da hora normal, na forma do art. 244, § 3º, da CLT.

Hora *in itinere* – O examinando deve sustentar que a hora *in itinere* é total – duas horas –, pois a norma coletiva não se aplica a empresas de grande porte, como é o caso da ré, que é uma sociedade anônima com 1600 empregados. Indicação do § 3º do art. 58 da CLT, OU art. 3º, *caput*, ou 30, § 3º, I, da Lei Complementar 123/2006.

Art. 940 do CCB – O examinando deve sustentar ser inaplicável ao processo do trabalho o disposto no art. 940 do CCB em razão do princípio da proteção. Não há aplicação subsidiária deste dispositivo por força do art. 8º, parágrafo único, da CLT.

18. GABARITO DO CAPÍTULO 18 – RECURSO ADESIVO

Questão prática 1: A peça processual a ser apresentada corresponde ao recurso ordinário, interposto sob forma adesiva, com alegação de nulidade da sentença, em decorrência de não realização de perícia para apuração de insalubridade, obrigatória diante do disposto no art. 195, § 2º, da CLT.

19. GABARITO DO CAPÍTULO 19 – RECURSO DE REVISTA

Questão prática 1: Modelo esquemático de recurso de revista 1.

Questão prática 2: Modelo esquemático de recurso de revista 2.

Questão prática 3: Modelo esquemático de recurso de revista 3.

Questão prática 4: Recurso de revista apontando divergência do julgado com relação à Súmula 13 do TST.

20. GABARITO DO CAPÍTULO 20 – AGRAVO DE INSTRUMENTO

Questão prática 1: Modelo esquemático de minuta de agravo de instrumento 1.

Questão prática 2: Modelo esquemático de agravo de instrumento 2.

21. GABARITO DO CAPÍTULO 21 – CONTRARRAZÕES

Questão prática 1: Modelo esquemático de contrarrazões de recurso de revista 1.

Questão prática 2: Modelo esquemático de contrarrazões de recurso ordinário.

Questão prática 3: Modelo esquemático de contrarrazões de recurso de revista 2.

Questão prática 4: Contrarrazões de recurso ordinário alegando que a prescrição bienal pode e deve ser arguida de ofício pelo juiz (art. 240 do CPC).

Questão prática 5: A peça processual a ser apresentada corresponde às contrarrazões de recurso de revista, nos termos do art. 900 da CLT. Na petição, deverá o advogado sublinhar o não cabimento do recurso de revista, fundado em divergência jurisprudencial com acórdão de Tribunal Regional, diante do que dispõe o art. 896, § 6º, da CLT (atual § 9º do art. 896 da CLT, com a redação dada pela Lei 13.015/2014), discutindo, em seguida, o acerto da decisão recorrida, amparada pela jurisprudência do Tribunal Superior do Trabalho.

22. GABARITO DO CAPÍTULO 22 – EMBARGOS NO TST

Questão prática 1: A peça deve ser a de embargos à SDI-1, dirigida ao presidente do TST. A jurisprudência do TST segue orientação do STF a respeito da matéria, no sentido de ser clara a determinação constitucional quanto à necessidade de submissão à concurso público para que se tenha acesso a cargo ou emprego público (art. 37, II, da CF), não sendo possível que se interprete a referida condição como exigível apenas no ingresso na carreira. Por isso, há vedação constitucional de reenquadramento de servidor público. A OJ 125 da SDI-1 do TST, no entanto, estabelece que o simples desvio não gera direito a novo reenquadramento, mas apenas as diferenças salariais.

23. GABARITO DO CAPÍTULO 23 – AGRAVO REGIMENTAL

Questão prática 1: Modelo esquemático de agravo regimental.

24. GABARITO DO CAPÍTULO 24 – RECURSO EXTRAORDINÁRIO

Questão prática 1: Modelo esquemático de recurso extraordinário.

25. GABARITO DO CAPÍTULO 25 – EXECUÇÃO

Questão prática 1: Modelo esquemático de embargos à execução.

Questão prática 2: Modelo esquemático de pré-executivade 1.

Questão prática 3: Modelo esquemático de pré-executivade 2.

Questão prática 4: Modelo esquemático de embargos de terceiro 1.

Questão prática 5: Modelo esquemático de embargos de terceiro 2.

26. GABARITO DO CAPÍTULO 26 – AGRAVO DE PETIÇÃO (ART. 897, *A*, DA CLT)

Questão prática 1: Modelo esquemático de agravo de petição 1.

Questão prática 2: Modelo esquemático de agravo de petição 2.

Questão prática 3: Modelo esquemático de agravo de petição 3.

Questão prática 4: Agravo de petição endereçado à Vara do Trabalho, escrevendo toda a matéria como controvertida. Na minuta, alegar excesso de penhora, com fulcro no art. 874, I, do CPC e bem de família, da Lei 8.009/1990. Arguir também ilegitimidade de parte, art. 1.003 do CC.

27. GABARITO DO CAPÍTULO 27 – MODELO DE PARECER

Questão prática 1: modelo esquemático de parecer.

Parte III

Questões Discursivas

Tempo médio de estudo: **35 horas**

Questões Discursivas

1. Explique, fundamentando, as consequências da sucessão de empresas para efeitos de responsabilidade trabalhista.
2. "A" promoveu reclamação trabalhista contra a empresa "B", reivindicando verbas relacionadas com direitos da rescisão contratual sem justa causa, incluindo horas extras a serem apuradas em execução. Deu à causa o valor de R$ 5.000,00 para efeito de custas. À reclamação foi atribuído o rito sumaríssimo. Qual a providência que o juiz deverá tomar sobre o caso?
3. Como são constituídas e instituídas as Comissões de Conciliação Prévia?
4. O Sindicato é legitimado a propor reclamação trabalhista na qualidade de substituto processual de todos os empregados?
5. Cabe, de imediato, algum recurso das decisões interlocutórias na Justiça do Trabalho?
6. Os embargos de declaração ofertados por uma das partes suspendem o prazo do recurso principal para ambas?
7. Os embargos de declaração, pelo entendimento da Justiça do Trabalho, podem ocasionar modificação no julgado? Justifique sua resposta.
8. Especificar o número de testemunhas que cada parte pode ouvir, na Justiça do Trabalho, em processo de rito sumaríssimo, em processo de rito ordinário e em inquérito judicial para apuração de falta grave de empregado estável.
9. Quando a sentença normativa deva produzir efeitos em área territorial alcançada, em parte, pela jurisdição do Tribunal Regional do Trabalho da 2ª

Região, sediado na cidade de São Paulo-SP e, em outra parte, pela jurisdição do Tribunal Regional do Trabalho da 15ª Região, com sede na cidade de Campinas-SP, indaga-se qual o Tribunal competente para processar, conciliar e julgar os dissídios coletivos? Responda e aponte o fundamento legal.

10. Por meio de recente reclamatória trabalhista, o empregado pretende o pagamento de adicional de insalubridade, invocando, a seu favor, direito adquirido. Como advogado, ofereça o argumento básico para a defesa.

11. Se o contrato a termo firmado com empregado que percebe salário por hora se extinguir no sábado e o empregador lhe pagar o domingo, o contrato de trabalho passaria a ser por prazo indeterminado?

12. Independentemente da eventual condenação no pagamento das custas processuais, qual a penalidade imposta ao empregado causante de dois arquivamentos sucessivos de reclamações trabalhistas?

13. Decretada a prisão de depositário infiel por Juiz de Vara do Trabalho, como e a quem pleitear o relaxamento da constrição? Explique e justifique.

14. Acordo celebrado entre as partes no curso de reclamação trabalhista individual e homologado judicialmente pode ser anulado? Responda e fundamente.

15. Uma das Turmas de certo Tribunal Regional do Trabalho aplicou a multa de 1% sobre o valor de condenação ao entendimento de que o recurso ordinário interposto tinha escopo nitidamente protelatório. A decisão comporta reapreciação? Como, por que e por quem?

16. Empregado demitido por justa causa, por ter, dolosamente, provocado danos ao empregador no montante de R$ 20.000,00, ajuizou reclamação trabalhista para haver direitos rescisórios no valor líquido de R$ 11.000,00. O empregador poderá ressarcir-se dos danos sofridos? Atenda à questão e justifique.

17. Arguida exceção de litispendência entre dissídio individual e dissídio coletivo, insta saber quais os pontos básicos a serem levantados pela parte que a impugnar. Desenvolva o tema.

18. Transcorridos dois anos e um mês da rescisão de contrato de trabalho, sem anotação em CTPS, o empregado ingressa em juízo com ação declaratória, objetivando o reconhecimento da existência da relação de emprego pela Justiça do Trabalho. Diante dessa situação, explique o seu posicionamento quanto à ampla legitimidade e oportunidade da pretensão.

19. Em ação trabalhista, o pedido da inicial visa à incorporação dos benefícios conquistados, após o término do prazo constante do acordo ou convenção coletiva. Como advogado da empresa, deduza e fundamente sua atuação.

20. Oficial de Justiça de Vara da Justiça do Trabalho retornou ao estabelecimento comercial do executado para efetuar penhora, em domingo. O débito era no valor de R$ 6.000,00 (seis mil reais) e o bem constritado avaliado em R$ 86.000,00 (oitenta e seis mil reais). Como advogado da empresa, como deverá proceder?

21. Para evitar o pagamento da multa prevista no § 8º do art. 477 da CLT, se o ex-empregado, com tempo de serviço superior a um ano, se recusar a receber o pagamento das verbas rescisórias ou não comparecer ao Sindicato/Ministério do Trabalho para homologação da rescisão, de que meio processual poderá socorrer-se o empregador e em que prazo, já que tem a prova da recusa e/ou do não comparecimento àqueles órgãos?

22. Qual a natureza jurídica da exceção de pré-executividade e qual a finalidade de sua oposição? Qual o legitimado: o empregado-exequente ou o empregador-executado? Até que momento processual poderá ser arguida?

23. Pelo princípio da subsidiariedade, cabe Agravo Retido no processo trabalhista? Responda e fundamente.

24. Motorista doméstico admitido em 02.02.1994, percebendo como último salário R$ 1.500,00 mensais, e dispensado em 20.12.2000, propõe Reclamação Trabalhista em 19.12.2002, assistido por seu sindicato de classe, pleiteando a condenação do empregador no pagamento de: diferenças de férias de todo o período, à alegação de que gozou apenas 20 dias anuais; horas extras, por trabalhar dez horas diárias; FGTS de todo o contrato e multa de 40% sobre o FGTS; além de honorários advocatícios. Como advogado do empregador, use os argumentos e fundamentos em seu benefício. Explicite.

25. Pode haver, e quando, prorrogação de competência no processo trabalhista de juiz incompetente? Fundamente.

26. O fato de existir pedido de reconhecimento de relação de emprego altera o rito processual a ser seguido, de sumaríssimo para sumário? Justifique.

27. Por que, nos Embargos à Execução, é vedado discutir questões já resolvidas pela sentença proferida no processo de conhecimento?

28. Na contestação ao pleito judicial de reconhecimento de vínculo empregatício, em que estão presentes o interesse de agir e a legitimidade das partes, formulado por representante comercial autônomo, deve arguir-se a incompetência *ratione materiae* da Justiça do Trabalho, a carência da ação ou a improcedência da reclamação? Fundamente.

29. No direito do trabalho, sem se considerar a vontade das partes, existem duas situações previstas em lei em que ocorre a responsabilidade solidária, pelos créditos do empregado, entre duas ou mais empresas. Quais são essas situações e quais os dispositivos legais que as preveem?

30. Cabem mandado de segurança, correição parcial, embargos declaratórios ou outra medida judicial contra sentença transitada em julgado, proferida por juiz incompetente em razão da matéria? Em caso positivo, explicitar com fundamentação.

31. Explique se a convenção coletiva de trabalho obriga inclusive as empresas que, embora integrantes da categoria econômica, não são filiadas ao Sindicato envolvido na negociação e tampouco tenham participado diretamente dessa negociação.

32. A luz do que estabelecem a Constituição Federal e a Lei 4.886/65, a competência para conhecer e julgar ação de reconhecimento de vínculo empregatício, proposta por representante comercial, é da Justiça Comum ou da Justiça do Trabalho?

33. Compete à Justiça do Trabalho julgar controvérsia relacionada com impugnação ao resultado de eleição em sindicato profissional, sob a alegação de fraude na coleta dos votos? Fundamente.

34. Pode o empregador que enfrenta relevante crise de mercado, alegando força maior, nos termos do art. 501 da CLT, pagar aos empregados dispensados metade da indenização que seria devida em circunstâncias normais? Por quê? Fundamente.

35. Em ação ajuizada por empregado, com pedido de pagamento de adicional de insalubridade e de equiparação salarial, sendo revel e confesso o reclamado, como deve proceder o juiz? Fundamente.

36. A ação de consignação em pagamento é compatível com o processo do trabalho? Explique.

37. É possível pactuar-se com o empregado bancário, sujeito a jornada de seis horas de trabalho, a prestação de duas horas extras por dia, mediante acordo feito no momento da celebração do contrato de trabalho?

38. Caso o empregado considere seu contrato de trabalho rescindido, imputando ao empregador descumprimento de obrigação imposta por lei e cessando, de imediato, a prestação de serviço, pode ainda pretender receber o pagamento de valor correspondente ao aviso prévio?

39. Em audiência de instrução, pretendendo o reclamante ouvir, como testemunha, pessoa com a qual mantém laços de amizade íntima, o que deverá fazer o advogado do reclamado e em que momento deverá manifestar-se?

40. A quem cabe pagar as custas quando a ação trabalhista ajuizada pelo empregado em face do empregador é julgada parcialmente procedente? Justifique sua resposta.

41. É possível alterar norma interna da empresa que estabelece até 15 minutos de tolerância em relação ao horário de trabalho, a fim de estabelecer padrão mais rigoroso, de tolerância de somente 10 minutos, tendo em conta o que dispõe o art. 58, § 1º, da CLT? Justifique sua resposta.

42. Advogado empregado, eleito dirigente do Sindicato dos Advogados, pode ser dispensado sem justa causa da Faculdade de Direito em que, como professor, leciona prática forense? Por quê?

43. O empregado que, contratado como garçom, recebe mensalmente gorjetas em montante correspondente a não menos do que R$ 1.000,00 pode ainda cobrar de seu empregador o pagamento do salário mínimo? Justifique sua resposta.

44. Qual o meio processual adequado para cobrar importância cujo pagamento está previsto em acordo celebrado perante comissão de conciliação instituída no âmbito da categoria profissional do empregado?

45. Em ação proposta por um sindicato de empregados em face de outro sindicato de empregados, envolvendo disputa a respeito da representação da categoria, o sindicato vencido pode ser condenado, segundo o entendimento firmado pelo Tribunal Superior do Trabalho, no pagamento de honorários advocatícios? Fundamente.

46. Empregado nomeado chefe de delegacia sindical no interior do Estado, na forma do art. 517, § 2º, da CLT, tem estabilidade no emprego? Por quê?

47. José, logo que completou 16 anos de idade, é admitido como empregado em 2001. Um ano depois, em 2002, é dispensado. Caso venha a ajuizar sua ação apenas no início de 2005, pode a empresa invocar, com sucesso, a ocorrência de prescrição?

48. Se, depois de apresentada a defesa, é adiada a audiência, sendo que ambas as partes, reclamante e reclamado, deixam de comparecer à audiência em prosseguimento em que deveriam depor sob expressa cominação de confissão em caso de ausência, como deverá o juiz resolver as questões controvertidas a respeito dos fatos?

49. Sendo dois os reclamantes em ação trabalhista sujeita ao procedimento comum, quantas testemunhas cada um deles poderá ouvir? Justifique.

50. Como se chama o regime de trabalho em que o empregado, sujeito a condições normais de trabalho, de modo que poderia prestar serviços 8 horas por dia, é contratado para trabalhar apenas 4 horas por dia, durante 5 dias por semana? Quais suas implicações jurídicas? Fundamente legalmente.

51. Caso o empregador receba, de dois diferentes sindicatos profissionais, comunicado de cobrança de contribuição sindical, ambos se dizendo representantes dos empregados, como deverá proceder?

52. Após cinco meses de trabalho como vigia em um supermercado, Luiz recebeu advertência por escrito de seu empregador por ter praticado ato de improbidade em razão do consumo não registrado de dois litros de refrigerante e diversos outros alimentos durante o plantão noturno. Dois meses após esse fato, foi novamente advertido por chegar atrasado ao trabalho, sanção que se repetiu, pelo mesmo motivo, na semana seguinte. Finalmente, depois de formalizar a inscrição de sua candidatura ao cargo de presidente do sindicato profissional ao qual era vinculado, foi convocado por seu empregador e dispensado sob a alegação de falta grave, resultante das sanções antes aplicadas. Em face do caso hipotético apresentado acima, discorra sobre o acerto ou desacerto da conduta empresarial, abordando, necessariamente, os seguintes aspectos: a) justa causa e critérios para o seu reconhecimento; b) eleição sindical: inscrição e efeitos sobre o contrato de trabalho.

53. O advogado da empresa Delta, munido do instrumento de procuração, compareceu a uma audiência de conciliação, à qual o preposto da reclamada não compareceu. Diante dessa situação hipotética, responda, de forma justificada, à seguinte pergunta: Deve ser aplicada a revelia à empresa Delta?

54. Um reclamante ajuizou reclamação trabalhista, com pedido de tutela provisória, postulando a sua reintegração no emprego, em razão de ter sido eleito dirigente sindical, conforme era do conhecimento da empresa. O juiz, ao analisar a petição inicial, entendeu estarem presentes os requisitos do art. 300 do CPC e deferiu a tutela provisória, antes mesmo de citar o réu. Quando o réu foi intimado da decisão, impetrou mandado de segurança visando à sua cassação, com pedido de liminar. No entanto, a liminar foi indeferida, uma vez que o juiz entendeu não estarem presentes o perigo da demora e a fumaça do bom direito. Considerando essa situação hipotética, redija, de forma fundamentada, um texto em que aborde o remédio processual cabível contra a decisão que indeferiu a liminar e o prazo para sua interposição. Esclareça, ainda, se há previsão legal específica que determina ao juiz do trabalho a concessão de medida liminar para se reintegrar dirigente sindical despedido pelo empregador.

55. De acordo com a abalizada doutrina, o salário é conceituado como a totalidade das percepções econômicas dos trabalhadores, qualquer que seja a forma ou o meio de pagamento, que retribuam o trabalho, os períodos de interrupção do contrato e os descansos computáveis na jornada de trabalho. Na ordenação normativa pátria, existem diversos princípios básicos de proteção jurídica ao salário. Considerando o texto acima como referência inicial, elabore um texto em que sejam apresentados os conceitos de dois importantes princípios básicos de proteção jurídica ao salário.

56. Imagine que o caseiro de determinada residência de veraneio, tendo trabalhando como empregado, embora sem registro formal do contrato de trabalho, ao ser dispensado sem justa causa e ingressando com reclamação trabalhista fará jus a que direitos? Fundamentar a resposta.

57. É correto afirmar, diante da regra do art. 29, *caput*, da CLT, que o contrato de trabalho é contrato do tipo solene? Por quê?

58. O empregado que, em reconvenção, é condenado a restituir certo valor à empresa, está obrigado a realizar depósito recursal, caso pretenda impugnar a decisão? Fundamentar.

59. Flávio, empregado da pessoa jurídica Ômega, foi admitido em janeiro de 2002. Desde fevereiro de 2006 a empresa Ômega tem efetuado seu pagamento com 10 dias de atraso em média. Inconformado com a situação, Flávio procurou diversas vezes a chefia do departamento de recursos humanos da Ômega afirmando que passava por dificuldades financeiras, pois os repetidos atrasos o obrigaram a contrair dívida de R$ 2.000,00. O chefe do departamento de recursos humanos sempre dizia para Flávio que se acalmasse, pois a empresa passava por dificuldade financeira, mas que esta era uma situação momentânea e que tudo iria se regularizar em breve. Em 22.04.2006, Flávio pediu demissão, após o atraso de 15 dias no pagamento do seu salário. Flávio recebeu, no dia 27.04.2006, com a homologação do sindicato de sua categoria, todas as verbas a que teria direito, descontado o aviso prévio não cumprido. No dia 30.04.2006, Flávio ajuizou a reclamação trabalhista pleiteando a decretação da rescisão indireta de seu contrato individual de trabalho, com base na assertiva de descumprimento contratual da empresa Ômega, e, por conseguinte, sua condenação ao pagamento das verbas rescisórias devidas nesta modalidade de rescisão contratual. Com base na ordenação normativa vigente e no entendimento jurisprudencial e doutrinário prevalecente, elabore texto dissertativo a respeito da validade ou não do pedido de demissão de Flávio, considerando sua pretensão de decretação judicial de rescisão indireta de seu contrato individual de trabalho.

60. Em certo estabelecimento, em função de ordem do empregador, gerentes iniciam o dia de trabalho convocando, um a um, vários empregados até uma determinada sala. Cada empregado, ao sair da referida sala, relata aos demais trabalhadores a mesma situação, isto é, os gerentes informam ao empregado que deve assinar vários recibos salariais em branco, e quem se recusar vai ser sumariamente dispensado, sem que a empresa pague verbas rescisórias e sem que seja formalizada a dispensa por ato do empregador. Após cerca de quarenta empregados passarem por tal situação e os outros 200 trabalhadores demonstrarem muito temor, pois seriam os próximos, o empregado Zé, que não exerce cargo no sindicato da categoria nem é sindicalizado, convoca os colegas para que parem de trabalhar e se retirem do estabelecimento, de forma a iniciar um protesto na rua, o que se realiza com sucesso, já que os gerentes cessam a prática acima descrita. Com base no caso exposto, responda aos itens a seguir, empregando os argumentos jurídicos apropriados e a fundamentação legal pertinente ao caso. a) Tendo em vista a Constituição Federal e a legislação ordinária e também os princípios do Direito do Trabalho, é possível qualificar tal movimento paredista dos trabalhadores como uma greve? b) Tendo em vista os princípios gerais de direito, é possível considerar legítimo o ato do empregado Zé e a adesão dos demais empregados?

61. Reginaldo ingressou com ação contra seu ex-empregador, e, por não comparecer, o feito foi arquivado. Trinta dias após, ajuizou nova ação com os mesmos pedidos, mas dela desistiu porque não mais nutria confiança em seu advogado, o que foi homologado pelo magistrado. Contratou um novo profissional e, 60 dias depois, demandou novamente, mas, por não ter cumprido exigência determinada pelo juiz para emendar a petição inicial, o feito foi extinto sem resolução do mérito. Com base no relatado, responda aos itens a seguir, empregando os argumentos jurídicos apropriados e a fundamentação legal pertinente ao caso. a) Para propor uma nova ação, Reginaldo deverá aguardar algum período? Em caso afirmativo, qual seria? b) Quais são as hipóteses que ensejam a perempção no Processo do Trabalho?

62. José da Silva foi contratado pela empresa Boa Vista Ltda., que integra grupo econômico com a empresa Boa Esperança Ltda., para exercer a função de vendedor empregado. Durante a mesma jornada de trabalho, ele vendia os produtos comercializados pela Boa Vista Ltda. e pela Boa Esperança Ltda., com a supervisão dos gerentes de ambas as empresas. Diante dessa situação hipotética, e considerando que a sua CTPS somente foi anotada pela empresa Boa Vista Ltda., responda, de forma fundamentada, às indagações abaixo à luz da jurisprudência do Tribunal Superior do Trabalho:

a) Qual é a natureza da responsabilidade solidária das empresas que integram grupo econômico para efeitos da relação de emprego: é ativa e/ou passiva?

b) É correto afirmar que José da Silva mantinha vínculos de emprego distintos com as empresas Boa Vista Ltda. e Boa Esperança Ltda.?

63. Inconformada com uma sentença desfavorável aos seus interesses, a empresa dela recorre. Contudo, entendeu o magistrado que o recurso era intempestivo, e a ele negou seguimento. Ciente disso, a reclamada interpôs recurso de agravo de instrumento no 5º (quinto) dia e efetuou o depósito adicional previsto no art. 899 da CLT no 8º (oitavo) dia do prazo recursal. Novamente o juiz negou seguimento ao agravo de instrumento, argumentando que ele estava deserto. Diante dessa situação hipotética, responda, de forma fundamentada, às seguintes indagações:

a) Há alguma medida que possa ser tomada pela recorrente contra a última decisão do juiz? Em caso afirmativo, qual?

b) O que significa deserção? No caso em exame, o agravo de instrumento estava deserto? Justifique.

64. Em 15.04.2008, João Carlos de Almeida foi contratado pela Engelétrica S.A. para trabalhar na construção das barragens da Hidrelétrica de Belo Monte. Entretanto, em virtude da grande distância entre o local de trabalho e a cidade mais próxima, o empregador lhe forneceu habitação durante toda a vigência do contrato. Dispensado sem justa causa em 13.08.2010, João Carlos ajuizou ação trabalhista visando à inclusão da ajuda-habitação na sua remuneração e o pagamento dos reflexos daí decorrentes, uma vez que a moradia constituiu salário *in natura*, compondo a contraprestação ajustada pelas partes. Com base na situação concreta, responda aos itens a seguir, empregando os argumentos jurídicos apropriados e a fundamentação legal pertinente ao caso. a) Qual é o critério apto a definir a natureza jurídica da prestação entregue ao empregado pelo empregador? b) Nesta hipótese em especial, a habitação fornecida pela Engelétrica S.A. deve ou não integrar a remuneração de João Carlos de Almeida? Por quê?

65. João da Silva ajuizou reclamação trabalhista em face da Cooperativa Multifuncional Ltda. e do Posto de Gasolina Boa Viagem Ltda. Na petição inicial, afirmou que foi obrigado a se filiar à cooperativa para prestar serviços como frentista no segundo reclamado, de forma pessoal e subordinada. Alegou, ainda, que jamais compareceu à sede da primeira ré, nem foi convocado para qualquer assembleia. Por fim, aduziu que foi dispensado sem justa causa, quando do término do contrato de prestação de serviços celebrado entre os reclamados. Postulou a declaração do vínculo de emprego com a sociedade cooperativa e a sua condenação no pagamento de verbas decorrentes da execução e da ruptura do pacto laboral, além do reconhecimento da responsabilidade subsidiária do segundo réu, na condição de tomador dos serviços prestados, nos termos da Súmula 331, item IV, do TST. Na contestação, a primeira ré suscitou preliminar de impossibilidade jurídica do pedido, uma vez que o art. 442, parágrafo único, da CLT prevê a inexistência do vínculo de emprego entre a cooperativa e seus associados. No mérito, sustentou a validade da relação cooperativista entre as partes, refutando a configuração dos requisitos inerentes à relação empregatícia. O segundo reclamado, na peça de defesa, afirmou que o reclamante lhe prestou serviços na condição de cooperado e que não pode ser condenado no pagamento de verbas trabalhistas se não foi empregador. Na instrução processual, restou demonstrada pela prova testemunhal produzida nos autos a intermediação ilícita de mão de obra, funcionando a cooperativa como mera fornecedora de trabalhadores ao posto de gasolina. Com base na situação hipotética, responda aos itens a seguir, empregando os argumentos jurídicos apropriados e a fundamentação legal pertinente ao caso.

a) É cabível a alegação de alguma preliminar?

b) Cabe o pedido de declaração de vínculo de emprego com a primeira ré e o de condenação subsidiária do segundo reclamado?

66. Um Estado da Federação realizou concurso público para notário. Nelson, aprovado em segundo lugar no certame, recebeu a delegação de um cartório extrajudicial. Lá chegando, verificou que a parte administrativa estava extremamente desorganizada, o que explicava as sucessivas reclamações contra aquela serventia na Corregedoria. Em razão disso, Nelson explicou ao tabelião anterior que não tinha interesse em aproveitar as pessoas que lá atuavam, pois lá iria alocar empregados da sua confiança. Informado disso, o tabelião anterior dispensou todos os empregados. Alguns dias depois, no mesmo local e com novos empregados, Nelson iniciou seus serviços como notário. Um dos ex-empregados dispensados pelo tabelião anterior ajuizou reclamação trabalhista contra Nelson, postulando diversos direitos lesados ao longo do contrato, trazendo como argumento jurídico a ocorrência de sucessão.

Com base no caso acima, responda aos itens a seguir, empregando os argumentos jurídicos apropriados e a fundamentação legal pertinente ao caso.

a) Quais são os requisitos para a ocorrência de sucessão na esfera trabalhista?

b) No caso em tela, Nelson é sucessor?

67. Cara Pintada Ltda., empresa de distribuição e venda do ramo de cosméticos, sofreu reclamação trabalhista por parte do ex-empregado Jorge Taicon Grilo, que postula diferenças salariais com base em desvio de função, pagamento de horas extras e repercussão das referidas verbas nas parcelas contratuais e resilitórias. A ação foi movida também em face da empresa Cara Pintada S.A., indústria de cosméticos, componente, segundo alegação, do mesmo grupo econômico. Com base nas provas produzidas nos autos, em 01.08.2010 a sentença de 1º grau deu procedência aos pedidos, vindo a ser confirmada pelo TRT, já que foi negado provimento ao recurso interposto pela primeira empresa. O recurso do empregado foi, no entanto, provido, para condenação da segunda empresa como responsável solidária, porque foi considerada componente do grupo econômico da empresa de cosméticos. Da decisão, não houve recurso. A sentença de conhecimento foi liquidada, chegando-se ao valor de R$ 58.000,00. Dessa decisão também não houve recurso. Iniciou-se então a execução, quando sobreveio a falência da empresa Cara Pintada Ltda., noticiada nos autos. Em razão da falência, o administrador da massa requer a extinção da execução na Justiça do Trabalho, sob o fundamento de que o juízo universal da Vara Empresarial da Justiça Comum se tornou o competente para apreciação de todas as questões relacionadas à falência, e todos os créditos passaram ao juízo universal.

Em resposta, sustenta o advogado do reclamante que a execução contra a massa deve prosseguir na Justiça do Trabalho quanto ao depósito recursal e contra a empresa responsável solidária em relação ao excedente, requerendo a liberação imediata do referido depósito recursal de R$ 5.889,50 como parte do pagamento. Diante da situação narrada, responda aos itens a seguir, empregando os argumentos jurídicos apropriados e a fundamentação legal pertinente ao caso. a) A execução quanto à massa falida deve prosseguir na Justiça do Trabalho em relação ao valor do depósito recursal? b) O pedido de liberação do valor depositado a título de depósito recursal deve ser atendido ou deve ser carreado à massa, para distribuição posterior entre os credores da massa? c) Pode a execução voltar-se, na própria Justiça do Trabalho, quanto ao excedente do depósito recursal, contra a empresa responsável solidária?

68. Marcos José, administrador, foi contratado pela empresa Mão de Obra em 05.03.2001. Em 12.12.2003, foi dispensado por justa causa, sob a alegação de ter praticado ato de improbidade. Naquela ocasião, Marcos foi acusado pelo seu empregador de ter furtado um notebook da empresa, pois o levou para casa no dia 10.03.2003 e, apesar de sucessivos pedidos de devolução, até aquele momento não o havia feito. Ocorre que, além de dispensar o empregado por justa causa, no mesmo dia o empregador foi à delegacia e efetuou um boletim de ocorrência. Três meses depois, em 12.03.2004, foi aberto inquérito policial, cujo resultado foi encaminhado ao Ministério Público estadual. Em 15.05.2004, o promotor de justiça apresentou denúncia em face de Marcos, requerendo a sua condenação. O processo criminal se desenvolveu ao longo de quase cinco anos, tendo sido proferida a sentença judicial definitiva em 12.04.2009, absolvendo Marcos José da acusação por falta de provas. Em vista dessa decisão, Marcos resolveu ajuizar ação trabalhista em face do seu antigo empregador, o que foi feito em 14.02.2010. Na petição inicial, Marcos requereu a reversão da sua dispensa para sem justa causa, bem como o pagamento de aviso prévio, férias proporcionais e indenização de 40% sobre o FGTS.

Com base na situação concreta, responda aos itens a seguir, empregando os argumentos jurídicos apropriados e a fundamentação legal pertinente ao caso.

a) As pretensões formuladas por Marcos estão prescritas?

b) O resultado do processo criminal vinculará juridicamente o resultado do processo do trabalho?

69. O Banco Ômega S.A. ajuizou ação de interdito proibitório em face do Sindicato dos Bancários de determinado Município, nos termos do art. 567 do CPC, postulando a expedição de mandado proibitório, para obrigar o réu a suspender ou a não mais praticar, durante a realização de movimento paredista, atos destinados a molestar a posse mansa e pacífica do autor sobre os imóveis de sua propriedade, com a retirada de pessoas, veículos, cavaletes, correntes, cadeados, faixas e objetos que impeçam a entrada de qualquer empregado ao local de trabalho, abstendo-se, também, de realizar piquetes com utilização de aparelhos de som, sob pena de aplicação de multa diária no valor de R$ 10.000,00 (dez mil reais), por agência. Em contestação, o sindicato-réu sustentou que a realização de piquetes decorre do legítimo exercício do direito de greve assegurado pelo art. 9º da Constituição da República e que o fechamento das agências bancárias visa a garantir a adesão de todos os empregados ao movimento grevista. Com base na situação hipotética, responda aos itens a seguir, empregando os argumentos jurídicos apropriados e a fundamentação legal pertinente ao caso.

a) Qual será a Justiça competente para julgar essa ação de interdito proibitório?
b) Durante a greve, é lícita a realização de piquetes pelo Sindicato com utilização de carros de som?
c) Procede a pretensão veiculada na ação no sentido de que o réu se abstenha de impedir o acesso dos empregados às agências bancárias?

70. Em ação trabalhista, a parte reclamante postulou a condenação da empresa reclamada no pagamento de horas extraordinárias e sua projeção nas parcelas contratuais e resilitórias especificadas na inicial. Ao pregão da Vara trabalhista respondeu o empregado-reclamante, assistido do seu advogado. Pela empresa, compareceu o advogado, munido de procuração e defesa escrita, que explicou ao juiz que o preposto do empregador-reclamado estaria retido no trânsito, conforme telefonema recebido. Na referida defesa, recebida pelo Juiz, a empresa alega que o reclamante não trabalhou no horário apontado na inicial e argui a prescrição da ação, por ter a resilição contratual ocorrido mais de dois anos depois do ajuizamento da reclamação trabalhista, o que restou confirmado após a exibição da CTPS e esclarecimentos prestados pelo reclamante. Em face dessa situação hipotética, responda, de forma fundamentada, às indagações a seguir. a) Que requerimento o advogado do reclamante deverá fazer diante da situação descrita? Estabeleça ainda as razões do requerimento. b) Com base em fundamentos jurídicos pertinentes à seara trabalhista, o pedido deverá ser julgado procedente ou improcedente?

71. Um membro do conselho fiscal de sindicato representante de determinada categoria profissional ajuizou reclamação trabalhista com pedido de antecipação dos efeitos da tutela, postulando a sua reintegração no emprego, em razão de ter sido imotivadamente dispensado. O reclamante fundamentou sua pretensão na estabilidade provisória assegurada ao dirigente sindical, prevista nos artigos 543, § 3º, da CLT e 8º, inciso VIII, da Constituição da República de 1988, desde o registro de sua candidatura até 01 (um) anos após o término de seu mandato. O juiz concedeu, em sede liminar, a tutela provisória requerida pelo autor, determinando a sua imediata reintegração, fundamentando sua decisão no fato de que os membros do conselho fiscal, assim como os integrantes da diretoria, exercem a administração do sindicato, nos termos do artigo 522, *caput*, da CLT, sendo eleitos pela assembleia geral. Com base em fundamentos jurídicos determinantes da situação problema acima alinhada, responda às indagações a seguir. a) O juiz agiu com acerto ao determinar a reintegração imediata do reclamante? b) Que medida judicial seria adotada pelo reclamado contra esta decisão antecipatória?

72. Na audiência inaugural de um processo na Justiça do Trabalho que tramita pelo rito sumaríssimo, o advogado do réu apresentou sua contestação com documentos e, ato contínuo, requereu o adiamento em virtude da ausência da testemunha Jussara Freire que, apesar de comprovadamente convidada, não compareceu. O advogado do autor, em contraditório, protestou, uma vez que a audiência é una no processo do trabalho, não admitindo adiamentos. O juiz deferiu o requerimento de adiamento, registrou o protesto em ata e remarcou a audiência para o início da fase instrutória. No dia designado para a audiência de instrução, a testemunha Jussara Freire não apenas compareceu, como esteve presente, dentro da sala de audiências, durante todo o depoimento da testemunha trazida pelo autor. No momento da sua oitiva, o advogado do autor a contraditou, sob o argumento vício procedimental para esse inquirição, ao que o advogado do réu protestou. Antes de o juiz decidir o incidente processual, o advogado do réu se antecipou e requereu a substituição da testemunha. Diante da situação narrada, analise o deferimento do adiamento da audiência pelo juiz, bem como a contradita apresentada pelo advogado do autor e o requerimento de substituição elaborado pelo advogado do réu.

73. Em reclamação trabalhista ajuizada em face da empresa "Y", José postula assinatura da CTPS, horas extras e diferenças salariais com fundamento em equiparação salarial e pagamento de adicional de periculosidade. Na defesa oferecida, a empresa nega ter o empregado direito à assinatura da CTPS, dizendo ter o obreiro trabalhado como autônomo; quanto às horas extras, nega o horário alegado, se reportando aos controles de frequência, que demonstram, segundo alega, que o reclamante não as realizava; e, quanto às diferenças salariais, sustenta que o reclamante era mais veloz e perfeito na execução do serviço do que o paradigma apontado. Considerando as normas processuais sobre a distribuição do ônus da prova, estabeleça, através de fundamentos jurídicos, a quem cabe o ônus da prova em relação a cada uma das alegações contidas na defesa apresentada pelo reclamado?

74. Vindo de sua cidade natal, Aracaju, José foi contratado na cidade do Rio de Janeiro, para trabalhar como pedreiro, em Santiago do Chile, para empregador de nacionalidade uruguaia. Naquela cidade lhe prestou serviços por dois anos, ao término dos quais foi ali dispensado. Retornando ao Brasil, o trabalhador ajuizou reclamação trabalhista, mas o Juiz, em atendimento a requerimento do reclamado, extinguiu o processo, sob o fundamento de que a competência para apreciar a questão é da justiça uruguaia, correspondente à nacionalidade do ex-empregador. Considere que entre Brasil, Chile e Uruguai não existe tratado definindo a questão da competência para a hipótese narrada.

a) O Juiz agiu acertadamente em sua decisão? Justifique.

b) Informe se cabe recurso da decisão proferida, estabelecendo, se for o caso, o recurso cabível e, por fim, em que momento processual pode ser impugnada a referida decisão. Justifique a resposta.

75. Determinada empresa, visando a estimular o comparecimento pontual de seus empregados, estipulou em norma interna que o empregado que chegasse até 10 minutos antes do horário ganharia R$ 3,00 no dia, e o que chegasse até 15 minutos atrasado teria de pagar R$ 1,00 no dia. Tanto a adição quanto o desconto seriam feitos no contracheque mensal e não excluiriam a adição de hora extra pela chegada antecipada nem o desconto pelos atrasos, como já era feito. Com base no relatado acima, responda aos itens a seguir, empregando os argumentos jurídicos apropriados e a fundamentação legal pertinente ao caso. a) É válida a norma interna em questão, em ambos os aspectos? b) De que poder o empregador se valeu para criá-la?

76. José de Souza ajuizou reclamação trabalhista em face da empresa Alfa Vigilância Ltda., postulando o pagamento dos valores correspondentes aos intervalos intrajornada não gozados, acrescidos de 50% (cinquenta por cento), com fundamento no artigo 71, §4º, da CLT, bem como das diferenças decorrentes da integração dessas quantias nas verbas contratuais e resilitórias. Na peça de defesa, a reclamada alegou que a supressão dos intervalos para repouso e alimentação foi autorizada em acordo coletivo firmado com o sindicato representante da categoria profissional do reclamante, colacionando cópia do referido instrumento normativo cuja vigência alcançava todo o período contratual do autor. Aduziu, ainda, que a parcela prevista no artigo 71, §4º, da CLT possui natureza indenizatória, sendo descabidas as repercussões postuladas na inicial. Com base na situação hipotética, responda aos itens a seguir, empregando os argumentos jurídicos apropriados e a fundamentação legal pertinente ao caso. a) Procede o pedido de pagamento dos valores correspondentes aos intervalos intrajornada não gozados pelo reclamante? b) A parcela prevista no artigo 71, §4º, da CLT deve integrar ou não a base de cálculo das verbas contratuais e resilitórias do empregado que não tenha gozado dos intervalos intrajornada?

77. Carlos Machado foi admitido pela Construtora Y S.A. em 18/2/2005. Depois de desenvolver regularmente suas atividades por mais de um ano, Carlos requereu a concessão de férias, ao que foi atendido. Iniciado o período de descanso anual em 18/4/2006, o empregado não recebeu o seu pagamento, devido a um equívoco administrativo do empregador. Depois de algumas ligações para o departamento pessoal, Carlos conseguiu resolver o problema, recebendo o pagamento das férias no dia 10/5/2006. De volta ao trabalho em 19/5/2006, o empregado foi ao departamento pessoal da empresa requerer uma reparação pelo ocorrido. Contudo, além de não ter sido atendido, Carlos foi dispensado sem justa causa. Dias depois do despedimento, Carlos ajuizou ação trabalhista, pleiteando o pagamento dobrado das férias usufruídas, como também indenização por dano moral em face da dispensa arbitrária efetuada pelo empregador. Em defesa, a Construtora Y S.A. alegou que houve um mero atraso no pagamento das férias por erro administrativo, mas que o pagamento foi feito, inexistindo amparo legal para o pedido de novo pagamento em dobro. Outrossim, a empregadora afirmou que despediu Carlos sem justa causa, por meio do exercício regular do seu direito potestativo, não havendo falar em indenização por dano moral. Em face da situação concreta, responda aos itens a seguir, empregando os argumentos jurídicos apropriados e a fundamentação legal pertinente ao caso. a) Carlos faz jus ao pagamento dobrado das férias? Por quê? b) Carlos terá direito a receber indenização por dano moral?

78. Juventino, brasileiro, residente e domiciliado em João Pessoa, foi contratado pela empresa Engenho Engenharia S.A., com sede em Salvador, para trabalhar como mestre de obras. Após dois anos trabalhando em João Pessoa, foi transferido para trabalhar no Japão, onde ficou por três anos. Retornando ao Brasil, após laborar por um mês, foi dispensado imotivadamente. Insatisfeito, ajuizou ação trabalhista requerendo que lhe fossem pagos todos os direitos previstos na legislação brasileira no período em que trabalhou fora do país, pois no Japão tinha apenas 7 dias de férias por ano, não tinha FGTS e a jornada de trabalho era de 9 horas. O juiz julgou o pedido improcedente fundamentando a decisão no princípio da lei do local da prestação de serviços; logo, aplicação da lei brasileira no Brasil, e a japonesa no Japão, mesmo porque Juventino trabalhou mais tempo fora do que dentro do Brasil. Essa decisão foi acertada? Por quê? Fundamente.

79. João da Silva exercia o cargo de caixa executivo no Banco Estrela S.A., trabalhando 8 (oito) horas diárias, com intervalo para repouso e alimentação de 1 (uma) hora, de segunda-feira a sexta-feira, e recebia gratificação de função de 1/3 (um terço) do salário do seu posto efetivo. Posteriormente, foi designado para a função de confiança de gerente do departamento de pessoal, recebendo gratificação de 50% (cinquenta por cento) do salário do cargo efetivo. Nesse período, a sua jornada era das 10h às 21h, de segunda-feira a sexta-feira, com 1 (uma) hora de intervalo intrajornada. Diante dessa situação hipotética, e considerando que João da Silva, após 12 (doze) anos de exercício na função de gerente, foi revertido, sem justo motivo, para o seu cargo efetivo, com a supressão de sua gratificação de função, responda, de forma fundamentada, às seguintes indagações: a) Na função de caixa executivo, João ocupava cargo de confiança bancário? Ele prestava horas extraordinárias no exercício dessa função? b) Na função de gerente do departamento de pessoal, João prestava horas extraordinárias? c) Foi válida a reversão de João para o seu cargo efetivo? A gratificação de função poderia ter sido suprimida?

80. Cristiano é empregador de Denílson, de quem é amigo pessoal, motivo pelo qual aceitou ser fiador no contrato de locação residencial desse empregado. Ocorre que Denílson, durante quatro meses, não pagou aluguel e encargos, tendo Cristiano sido executado pela quantia de R$ 3.000,00 na condição de fiador. Para vingar-se, Cristiano dispensou Denílson. Este, a seu turno, ingressou com reclamação trabalhista contra a empresa de Cristiano, valendo-se do procedimento sumaríssimo, no qual almeja a quantia total de R$ 12.000,00. Em defesa, a empresa sustenta que nada é devido, mas, se houver vitória total ou parcial do trabalhador, pretende a compensação dos R$ 3.000,00 que Cristiano foi obrigado a pagar pelos aluguéis atrasados que o ex-empregado devia ao seu locador. Com base no relatado, responda aos itens a seguir, utilizando os argumentos jurídicos apropriados e a fundamentação legal pertinente ao caso. a) A fase processual para alegar o instituto da compensação, como pretendido pela ré, foi adequada? b) A tese de defesa poderá ser acolhida? c) Qual é a diferença entre compensação e dedução?

81. Um recurso de revista é interposto em face de acórdão proferido por Tribunal Regional do Trabalho em recurso ordinário, em dissídio individual, sendo encaminhado ao Presidente do Regional. Diante desta situação hipotética, responda, de forma fundamentada, às seguintes indagações: a) Se o Presidente admitir o recurso de revista somente quanto a parte das matérias veiculadas, cabe a interposição de agravo de instrumento? b) É cabível a oposição de embargos de declaração contra decisão de admissibilidade do recurso de revista?

82. Felipe Homem de Sorte foi contratado pela empresa Piratininga Comércio de Metais Ltda., para exercer a função de auxiliar administrativo. Após um ano de serviços prestados, sem que tivesse praticado qualquer ato desabonador de sua conduta, recusou-se a cumprir ordem manifestamente legal de seu superior hierárquico, por discordar de juízo de mérito daquele, em relação à tomada de uma decisão administrativa. De pronto foi verbalmente admoestado, alertado para que o ato não se repetisse e sobre a gravidade do ilícito contratual cometido. No mesmo dia, ao final do expediente, foi chamado à sala de Diretor da empresa, que lhe comunicou a decisão de lhe impor suspensão contratual por 20 (vinte) dias, em virtude da falta cometida. Em face da situação acima, responda, de forma fundamentada, aos seguintes itens:

a) São válidas as punições aplicadas pelo empregador?

b) Se a ordem original fosse ilegal, o que poderia o empregado fazer?

83. Prolatada sentença, impugnada via recurso recebido apenas em seu efeito devolutivo, em processo judicial movido por ente coletivo obreiro em face de sindicato patronal, onde se busca o estabelecimento de normas coletivas, inclusive reajuste salarial, a empresa GAMA SERVIÇOS LTDA. deixou de implementar o reajuste salarial deferido. Sabendo-se que tal sentença foi prolatada em 05/07/2009 e o recurso interposto ainda não foi apreciado, responda aos itens a seguir, empregando os argumentos jurídicos apropriados e a fundamentação legal pertinente ao caso. a) Na qualidade de advogado procurado por empregado da referida empresa, após 06/07/2011, qual medida judicial deve ser proposta para garantir a imediata aplicabilidade do reajuste salarial concedido na sentença? b) Qual o termo a quo prescricional a ser considerado para efeito de exigibilidade dos créditos referentes ao reajuste salarial concedido?

84. Joana e Guilherme, ambos com 30 anos de idade, ajuizaram reclamação trabalhista plúrima contra um Município, dos quais são empregados nos moldes da CLT, postulando diversos direitos lesados. A sentença, proferida de forma líquida, julgou o pedido procedente em parte e condenou o réu ao pagamento de R$ 13.000,00 para Joana e R$ 22.000,00 para Guilherme. Com base na hipótese apresentada, responda aos itens a seguir. A) Analise se a sentença proferida estará sujeita ao duplo grau de jurisdição obrigatório. B) Caso a sentença transite em julgado nos termos originais, de que forma será feito o pagamento da dívida aos exequentes?

85. Francisco é empregado numa empresa de máquinas e trabalha externamente. Em termos salariais, Francisco é comissionista puro, recebendo 20% sobre as vendas por ele realizadas mensalmente. Em determinado mês Francisco efetuou uma venda de R$ 50.000,00 em 10 parcelas mensais, daí porque o empregador lhe disse que pagará a comissão de acordo com o vencimento das parcelas. A partir do caso apresentado, responda aos itens a seguir. A) Se uma das parcelas não for paga pelo comprador, como deve proceder o empregador de Francisco em relação ao pagamento da comissão correspondente? Justifique. B) Se as parcelas estivessem sendo pagas normalmente e Francisco fosse dispensado seis meses após a realização da venda, como fica a situação da comissão vincenda?

86. Uma determinada empresa aplica a seguinte jornada de trabalho: os empregados trabalham durante sete dias das 8:00 às 17:00 h com intervalo de uma hora para refeição e folgam no 8° dia – e assim sucessivamente. Além disso, recebem um bônus de dois dias fruitivos por mês, nos quais podem faltar quando desejarem, sem qualquer desconto no salário, desde que avisem previamente à chefia. A partir da situação apresentada, responda aos seguintes itens. A) Qual é o efeito do repouso semanal remunerado no contrato de trabalho e onde se encontra o normativo de regência desse direito? B) Analise, segundo a legislação em vigor, a política de repouso remunerado adotada pela empresa.

87. O juízo trabalhista da 90ª Vara do Trabalho de Fortaleza comunicou à empresa X quanto a inserção do seu nome no Banco Nacional de Devedores Trabalhistas. A respeito disso, responda às indagações abaixo:

a) Em que situações o nome do devedor é inscrito no BNDT (Banco Nacional de Devedores Trabalhistas)?

b) Qual(is) é(são) a(s) consequência(s) da inserção do nome de uma empresa no BNDT (Banco Nacional de Devedores Trabalhistas), com emissão de certidão positiva?

88. Jéssica é gerente de uma sapataria e é responsável por oito funcionários da filial, orientando as atividades e fiscalizando as tarefas por eles realizadas, tomando todas as medidas necessárias para o bom andamento dos serviços, inclusive punindo-os, quando necessário. Jéssica cumpre jornada de 2º a 6ª feira das 10:00 h às 20:00 h com intervalo de uma hora para refeição e aos sábados das 10:00 às 17:00 h com pausa alimentar de uma hora e meia. No seu contracheque existem, na coluna de crédito, os títulos "salário" – R$ 3.000,00 – e "gratificação de função" – R$ 1.000,00. Com base na hipótese acima, responda aos itens a seguir. a) Quais são os elementos necessários para que um empregado seja considerado ocupante de cargo de confiança? b) Analise e justifique se é possível à empregada em questão reivindicar o pagamento de horas extras. O examinando deve fundamentar corretamente sua resposta. A simples menção ou transcrição do dispositivo legal não pontua.

89. Numa reclamação trabalhista movida em litisconsórcio passivo, o autor e a empresa reclamada "X" (sociedade de economia mista) foram vencidos reciprocamente em alguns pedidos, tendo ambos se quedado inertes no prazo recursal. Porém, a empresa reclamada "Y" (pessoa jurídica de direito privado), vencida também em relação a alguns pedidos na referida ação trabalhista, interpôs recurso ordinário, com observância dos pressupostos legais de admissibilidade, tendo inclusive efetuado o preparo. Em seguida, o Juiz do Trabalho notificou as partes para que oferecessem suas razões de contrariedade, em igual prazo ao que teve o recorrente. Considerando os fatos narrados acima, responda, de forma fundamentada, aos itens a seguir. Analise a possibilidade de o autor recorrer, ou não, dos pedidos em que foi vencido, e de que maneira isso se daria, se possível for. B) Caso ambas as empresas tivessem recorrido ordinariamente, e tendo a empresa "Y" requerido sua exclusão da lide, analise e justifique quanto à necessidade, ou não, de a reclamada "X" efetuar preparo. A simples menção ou transcrição do dispositivo legal não pontua.

90. Demétrio ajuizou reclamação trabalhista pleiteando o pagamento de multas previstas no instrumento normativo de sua categoria, cujo destinatário é o empregado lesado, em virtude do descumprimento, pelo empregador, da quitação do adicional de 50% sobre as horas extras e do acréscimo de 1/3 nas férias. Em contestação, a reclamada sustentou que tais multas eram indevidas porque se tratava de meras repetições de dispositivo legal, sendo que a CLT não prevê multa para o empregador nessas hipóteses. Adiciona e comprova que, no tocante à multa pelo descumprimento do terço de férias, isso já é objeto de ação anterior ajuizada pelo mesmo reclamante e que tramita em outra Vara, atualmente em fase de recurso.

Responda, justificadamente, aos itens a seguir. A) Analise se são válidas as multas previstas no instrumento normativo. B) Informe que fenômeno jurídico processual ocorreu em relação ao pedido de multa pela ausência de pagamento do terço das férias. A simples menção ou transcrição do dispositivo legal não pontua.

91. Pedro trabalhou numa empresa de 10.02.2011 a 20.05.2013, quando foi dispensado sem justa causa e recebeu as verbas devidas. Após, ajuizou ação pleiteando a participação nos lucros (PL) de 2013, prevista em acordo coletivo, requerendo que o cálculo fosse proporcional ao tempo trabalhado. Defendendo-se, a empresa advoga que a parcela é indevida porque uma das condições para o recebimento da PL, prevista no acordo coletivo, é que o empregado esteja com o contrato em vigor no mês de dezembro de 2013, o que não ocorre no caso. Diante dessa situação, responda: a) Pedro tem direito à participação proporcional nos lucros de 2013? Justifique sua resposta. b) Analise se a participação nos lucros está sujeita a alguma incidência tributária. Justifique sua resposta. A simples menção ou transcrição do dispositivo legal não pontua.

92. Roberto interpôs Recurso Ordinário ao ter ciência de que foi julgado improcedente o seu pedido de reconhecimento de vínculo empregatício em face da empresa Novatec Línea Computadores Ltda. Ele não juntou declaração de miserabilidade na petição inicial e no recurso, mas requereu, em pedido expresso no apelo, o benefício da gratuidade de justiça, afirmando não ter recursos para recolher o valor das custas sem prejuízo do seu sustento e de sua família. O juiz prolator da sentença negou seguimento ao recurso, considerando-o deserto. Diante deste panorama, responda justificadamente: A) Considerando que Roberto não juntou a declaração de miserabilidade, analise se é possível o deferimento da gratuidade de justiça na hipótese retratada. B) Analise se, tecnicamente, a decisão que negou seguimento ao recurso está correta. A simples menção ou transcrição do dispositivo legal não pontua.

93. João, empregado da empresa Beta, sentiu-se mal durante o exercício da sua atividade e procurou o departamento médico do empregador, que lhe concedeu 15 (quinze) dias de afastamento do trabalho para o devido tratamento. Após o decurso do prazo, João retornou ao seu mister, mas, 10 (dez) dias depois, voltou a sentir o mesmo problema de saúde, tendo sido encaminhado ao INSS, onde obteve benefício de auxílio doença comum. Diante da situação, responda, justificadamente, aos itens a seguir. A) A quem competirá o pagamento do salário em relação aos primeiros 15 dias de afastamento? B) Caso o INSS concedesse de plano a João, dada a gravidade da situação, a aposentadoria por invalidez comum, que efeito jurídico o benefício previdenciário teria sobre o contrato de trabalho? A simples menção ou transcrição do dispositivo legal não pontua.

94. Em reclamação trabalhista movida por uma empregada contra o ex-empregador, o pedido de indenização por dano moral foi julgado improcedente na sentença. Inconformada, a empregada recorreu e o TRT deferiu parcialmente este pedido. Irresignada com o valor deferido, que entendia insuficiente, a empregada ainda manejou recurso de revista, sendo mantida pelo TST a quantia já fixada. Adveio em seguida o trânsito em julgado. Diante dessa situação, responda aos seguintes itens. A) A partir de quando será computada a correção monetária do pedido de dano moral? Justifique sua resposta. B) Se os juros não fossem requeridos na petição inicial, analise se haveria julgamento *extra petita* se o juiz os deferisse. Justifique sua resposta. A simples menção ou transcrição do dispositivo legal não pontua.

95. Numa reclamação trabalhista, o autor formulou pedido de verbas resilitórias e horas extras. Na 1ª audiência, ocorrida 40 dias após o desligamento, a empresa reconheceu que não pagou as verbas devidas pela saída e requereu o seu adiamento, em virtude da ausência de suas testemunhas, o que foi deferido. Na 2ª audiência, agora com a presença das testemunhas, ofereceu, no início da sessão, o pagamento das verbas resilitórias incontroversas adicionadas da multa do art. 477, § 8º, da CLT. Diante dessa situação, responda se a empresa, nessa situação, fica sujeita a algum pagamento adicional em relação às verbas da ruptura. Justifique sua resposta.

96. Sebastião é empregado no Restaurante Galeto Delicioso Ltda., exercendo a função de garçom, com salário mensal de R$ 1.000,00 (um mil reais), que é equivalente ao piso salarial da categoria profissional previsto em convenção coletiva de trabalho. Apesar de o restaurante não incluir as gorjetas nas notas de serviço, estas são oferecidas espontaneamente pelos clientes. Diante desta situação hipotética, responda, de forma fundamentada, às indagações a seguir. A) Qual é a natureza jurídica da gorjeta? Justifique. B) Analise a pretensão de Sebastião, feita ao empregador, de ter o valor das gorjetas integrado na base de cálculo do FGTS.

97. Opostos embargos declaratórios pelo reclamante com pedido de efeito modificativo, o juiz confere-lhes provimento e adiciona à condenação o pagamento de uma verba que não havia sido apreciada na sentença, apesar de requerida na petição inicial. Ciente disso, a empresa rebela-se afirmando que deveria ter sido observado o contraditório e, assim, que ela deveria ter tido a oportunidade de se manifestar. Como isso não aconteceu, sustenta ser nula a decisão dos embargos. Diante disso, responda justificadamente, aos itens a seguir. A) Comente se é possível que os embargos de declaração tenham efeito modificativo do julgado. B) Comente se procede a alegação empresarial quanto à nulidade da decisão dos embargos declaratórios opostos contra sentença não submetidos ao contraditório.

98. A Fazenda Pública Estadual é condenada, pela Justiça do Trabalho, na condição de tomadora de serviços terceirizados, ao pagamento de verbas trabalhistas devidas ao empregado da empresa prestadora de serviços. Diante disso, responda, justificadamente, aos itens a seguir. A) Qual é o prazo que a Fazenda Pública Estadual terá para opor embargos de declaração? B) Confirmada a sentença e sobrevindo a execução, que prazo a Fazenda Pública Estadual terá, de acordo com a Lei, para ajuizar embargos de devedor?

99. Numa determinada escola uma professora irá casar-se no dia 10 e uma auxiliar de Secretaria, no dia 15 do mesmo mês. A direção comunicou que concederá nove dias de licença para a professora e três dias de licença para a auxiliar de Secretaria. Ciente disso, a auxiliar foi à direção reclamar contra o tratamento discriminatório, alegando violação ao princípio da isonomia. Diante disso, responda justificadamente. A) Analise se a direção do colégio agiu corretamente na concessão de prazos diferenciados de licença. B) Qual é o efeito jurídico da licença gala no contrato de trabalho e como ficará a questão do salário neste período?

Gabaritos das Questões Discursivas

1. A sucessão trabalhista é instituto previsto no art. 10 e 448 da CLT e gera a responsabilização da parte sucessora pelos débitos trabalhistas da parte sucedida. Os requisitos da sucessão no Brasil atualmente são: transferência da atividade produtiva de uma empresa para outra; continuidade dessa atividade por outra pessoa; e, para alguns autores, um terceiro requisito seria a necessidade de continuidade do próprio contrato de trabalho do trabalhador, ou seja, para que a sucessora seja responsável por crédito trabalhista, deverá ter tomado o trabalho desse trabalhador, como é o caso dos cartórios não oficializados. No caso destes, previstos no art. 236 da CF e na Lei 8.935/1994, entende o TST, por meio de sua SDI, que apenas haverá sucessão se o novo titular do cartório for responsável pelos débitos trabalhistas de empregados que também tenham sido seus empregados. Assim, se o empregado já tiver sido dispensado quando o novo titular assumiu, então, ele não pode responsabilizar o novo titular pelo seu crédito, caso não consiga cobrar a dívida daquele que tenha sido seu empregador. Ainda no que tange à sucessão trabalhista, importante estudar também as OJ 92 da SDI-1 (sucessão nos municípios), OJ 225 da SDI-1 (sucessão na concessão de serviços públicos) e OJ 261 da SDI-1 (sucessão nos bancos).

2. A providência judicial a ser tomada pelo juízo corresponde ao arquivamento da reclamação trabalhista com base no art. 852-B, § 1º, da CLT.

3. Pela Lei 9.958, de 12 de janeiro de 2000, art. 625-A da CLT, as Comissões de Conciliação Prévia poderão ser constituídas por Grupos de Empresas ou ter caráter intersindical. As Empresas e os Sindicatos podem instituir Comissões de Conciliação Prévia, de composição paritária, com representan-

tes dos empregados e dos empregadores, com a atribuição de tentar conciliar os conflitos individuais do trabalho. A instituição empresarial está regulada no art. 625-B, e a instituição sindical no art. 625-C, ambos da CLT. Observe-se o teor das ADIs 2.139 e 2.160.

4. É facultativo ao sindicato, independentemente da outorga de poderes, propor reclamação, na qualidade de substitutivo processual de seus associados, com o objetivo de assegurar a estes a percepção de valores salariais corrigidos por força de lei ou de instrumento normativo, e, também, a defesa dos direitos e interesses coletivos ou individuais da categoria, como se extrai do art. 8º, III, da CF. Observe-se, nesse sentido, que a Súmula 310 do TST, que tratava da substituição processual, e por consequência limitava os poderes de atuação sindical, foi cancelada. A própria Lei 7.347/1985, que trata da ação civil pública e possui ampla aplicação no processo do trabalho, contempla em seu art. 5º a legitimidade ao sindicato para a defesa dos interesses da categoria. Importante, por fim, destacar que o sindicato tem sido ferrenho defensor dos direitos individuais homogêneos da categoria, direitos estes previstos no art. 81 do Código de Defesa do Consumidor. Exemplo corriqueiro é exatamente o caso de uma empresa que não fornece equipamento de proteção individual para nenhum de seus milhares de empregados, devendo o sindicato entrar em cena para pleitear que a esta seja condenada na obrigação de fazer, qual seja, conceder equipamentos a todos os seus empregados.

5. Prevalece no processo do trabalho o princípio da irrecorribilidade imediata das decisões interlocutórias, princípio que se extrai do art. 893, § 1º, da CLT. Assim, as decisões interlocutórias, cujo conceito encontramos no art. 203 do CPC, só poderão ser atacadas no processo do trabalho, quando do julgamento das decisões definitivas. Deve-se ressaltar, contudo, que a despeito do princípio em comento há na jurisprudência a consagração de algumas hipóteses que dada a sua importância, poderão ser impugnadas de imediato. Essas hipóteses estão elencadas na Súmula 214 do TST. Assim, o agravo de instrumento, que no processo civil brasileiro é usado para impugnar as decisões interlocutórias tendentes a gerar prejuízos às partes, no processo do trabalho não se presta a essa finalidade, já que aqui o agravo de instrumento apenas serve para destrancar recursos aos quais denegou-se seguimento. Importante observar ainda, dentro desse mesmo contexto, o quanto se extrai da Súmula 414 do TST, no que tange, especificamente à tutela provisória impugnada por meio de mandado de segurança.

6. Nos termos do art. 1.026 do CPC, aplicado subsidiariamente no processo do trabalho por força do art. 769 da CLT, haverá interrupção do prazo no caso de manejo de embargos de declaração. Observe-se que a Súmula 213 do TST, editada antes da nova redação do art. 1.026 do CPC e que previa a suspensão, encontra-se atualmente cancelada. Importante citar também a OJ 357 da SDI-1, no que tange aos recursos extemporâneos, ou seja, interpostos antes da publicação.

7. Sim, nos termos do Enunciado 278 do Tribunal Superior do Trabalho.

8. No rito sumaríssimo: 2; no rito ordinário: 3; no inquérito judicial: 6.

9. A competência é do Tribunal Regional do Trabalho da 2ª Região, nos termos do art. 12 da Lei 7.520, de 15.07.1986, que criou o Tribunal Regional do Trabalho da 15ª Região, com redação dada pela Lei 9.254, de 03.01.1996.

10. A lei não admite direito adquirido para o caso (art. 194 da CLT), pois trata-se de adicional condicionado à apuração de existência ou não de insalubridade.

    Não há direito adquirido. Inteligência do Enunciado 248 do TST. Cite-se ainda, analogicamente, o caso do adicional noturno que será suprimido caso o obreiro passe a laborar na jornada diária e não mais noturna (22 às 5h), como se extrai da Súmula 265 do TST.

11. O pagamento do domingo significa a remuneração do repouso semanal e não se constitui em prorrogação do ajuste. Esse é o entendimento que se extrai da Lei 605/1949.

12. Nos termos dos arts. 731 e 732 da CLT, o empregado sofre a perda, pelo prazo de 6 meses, do direito de reclamar perante a Justiça do Trabalho, já que estará configurada assim a perempção trabalhista, que não se confunde com a perempção que se extrai do art. 486, caput e §2º do CPC. A outra hipótese de perempção trabalhista está prevista no art. 786 da CLT.

13. Mesmo havendo previsão expressa na CF, art. 5º, LXVII, para o depositário infiel, o fato é que atualmente, com a edição da Súmula Vinculante 25 do STF, em atenção ao quanto previsto no Pacto de San Jose da Costa Rica, não haverá mais prisão de depositário infiel. Contudo, se mesmo diante deste contexto houver referida prisão, poderá a parte impetrar habeas corpus na própria Justiça do Trabalho, diretamente ao TRT, caso esta tenha sido decretada pelo juiz da Vara do Trabalho. Nesse contexto, observar também a nova OJ 156 da SDI-2 do TST atribuindo competência ao TST para no HC, em caso de indeferimento deste impetrado no TRT. Já que se está a tecer considerações sobre a figura do depositário infiel, estudar também as OJ 89 da SDI-2 do TST.

14. Sim, por meio de ação rescisória, conforme razões do Enunciado 259 do TST.

15. Recurso inominado ao Pleno do próprio Tribunal Regional, conforme art. 678, I, *c*, item I, da CLT.

16. Sim, utilizando-se da reconvenção, prevista no art. 343 do CPC e no art. 769 CLT.

17. Não ocorre litispendência, porque não há identidade de partes. O objeto também não é o mesmo, pois no dissídio coletivo o objeto é a criação de normas, estabelecendo novas condições de trabalho, enquanto no individual o objeto são direitos já concretizados. A discordância desses elementos afasta a existência de litispendência. Nesse sentido, vide, analogicamente, o art. 103 do Código de Defesa do Consumidor.

18. Ação declaratória, por sua natureza, é imprescritível, pois não implica pretensão de exercício de direito, mas apenas da declaração da existência ou não de relação jurídica. O fluxo do tempo, nesse caso, não conspira contra o titular do direito, pois não se trata de exercê-lo, mas de dizê-lo existente, como se extrai do art. 11, I, da CLT.

19. Visando fomentar as negociações coletivas, o Colendo TST terminou por alterar entendimento na Súmula 277, I, no sentido de que as benesses conquistadas em norma coletiva (acordo ou convenção coletiva de trabalho) aderem ao contrato de trabalho do empregado, podendo apenas serem suprimidas quando houver nova negociação coletiva. Esse entendimento não fere o direito adquirido do trabalhador, como por muito tempo questionou parcela da doutrina, nem tampouco rompe com o princípio da condição mais benéfica, faceta que é do princípio da proteção.

20. O advogado da empresa deverá requerer ao juízo da execução a nulidade do ato da penhora, por realizada em domingo sem autorização judicial (parágrafo único do art. 770 da CLT), e também excesso de penhora, como se extrai do inciso I do art. 874 do CPC.

21. Ação de consignação em pagamento perante a Justiça do Trabalho, com fulcro nos arts. 539 a 549 do CPC, com a prova da recusa e/ou do não comparecimento para a homologação, inexistindo prazo para sua propositura.

22. A Exceção de pré-executividade tem natureza de incidente processual, pela qual poder-se-á impedir o prosseguimento de execução nula ou anômala, visando obstar a irregular penhora de bens. Tem legitimidade para opô-la o empregador-executado, antes da efetivação da penhora de seus bens, já que, se garantido o juízo, é lhe facultado opor Embargos à execução. Prevista nas Súmulas 397 do TST e 393 do STJ.

23. Não. O processo do trabalho rege-se pelo princípio da irrecorribilidade das decisões interlocutórias. É o agravo de instrumento que serve para destrancar recurso – art. 897, b, da CLT –, inexistindo previsão de Agravo Retido no art. 893 da CLT. Para que não se alegue preclusão, a parte deverá consignar protesto. É o quanto se extrai do art. 795 da CLT.

24. Primeiramente, deve ser arguida a prescrição dos direitos anteriores a 19/12/1997 (art. 7º, XXIX, da Constituição Federal). As horas extraordinárias, o FGTS e a multa de 40% são indevidos, pois não se encontram dentre os direitos assegurados pelo parágrafo único do art. 7º da CF. Indevidos os honorários advocatícios por não serem preenchidas as condições da Lei 5.584/1970, já que percebia salário superior a dois mínimos, não tendo oferecido declaração de insuficiência financeira. Quanto às férias, atualmente confere-se ao doméstico o direito de 30 dias corridos, nos termos do art. 17 da LC 150/2015.

25. Pode. Quando o reclamado não opuser exceção declinatória do foro e/ou juízo no prazo legal (art. 65 do CPC aplicado subsidiariamente).

26. Não, se a parte cumprir os requisitos estabelecidos nos arts. 852-A e B da CLT.

27. Porque o processo de conhecimento já se extinguiu com a formação da coisa julgada material, ficando o devedor sujeito ao que foi decidido, devendo cumprir a obrigação no prazo e no modo estabelecidos, como se extrai do art. 879, § 1º, da CLT e do art. 509, § 4º do CPC, e também, do princípio da fidelidade do título.

28. Deve ser arguida a improcedência da reclamação, porque o mérito da causa deverá ser apreciado, já que se discute a existência da relação empregatícia. Aplicação do inciso I do art. 487 do CPC.

29. Quando se tratar de empresas do mesmo grupo econômico (§ 2º do art. 2º da CLT), e entre a empresa de trabalho temporário e a empresa tomadora, em caso de falência da primeira (art. 16 da Lei 6.019/1974). Aduza-se, ademais, que em havendo terceirização ilícita, em desacordo com o que estatui a Súmula 331 do TST, também haverá a responsabilidade solidária da tomadora e prestadora de serviços, como se extrai do art. 9º da CLT e art. 942, parágrafo único, do Código Civil. Temos, além disso, a responsabilidade solidária dos membros do consórcio de empregadores rurais prevista na Lei 5.889/1973. Há ainda leve previsão de responsabilidade solidária na Lei dos Portuários, juntamente com o OGMO – Lei 12.815/2013.

30. Ação rescisória, se a sentença transitou em julgado há menos de dois anos, com fundamento no inciso II do art. 966 do CPC. No processo do trabalho temos previsão da ação rescisória no art. 836 da CLT.

31. Sim, diante do caráter normativo da convenção coletiva de trabalho, conforme o art. 611, *caput,* da CLT.

32. Tratando-se de discussão sobre relação de emprego, a competência é da Justiça do Trabalho, conforme o art. 114, I, da CF.

33. De acordo com a nova competência da Justiça do Trabalho dada pela EC 45/2004, que alterou o art. 114, II, da CF, sim. Observe-se que com a nova redação desse inciso, a Súmula 222 do STJ também está superada.

34. Não, porque o risco do negócio é somente do empregador, de acordo com o art. 2º da CLT, e força maior não está entre esses requisitos. Ademais, o art. 7º, VI, da CF estabelece que somente por meio de negociação coletiva poderá haver redução salarial sem risco, assim, de lesão ao princípio da irredutibilidade e intangibilidade salarial.

35. Condenar a reclamada ao pagamento da equiparação salarial e designar perícia para apuração da insalubridade, como prevê o art. 195, § 2º, da CLT.

36. Sim, pois de acordo com o art. 769 da CLT, havendo omissão dela e não sendo incompatível com os princípios que norteiam o processo do trabalho, caberá a referida ação, prevista no art. 539 do CPC, que poderá ser aplicada no processo do trabalho, pautando-se, inclusive, pela Instrução Normativa 27/2005 do TST, relativa ao processamento de aludida ação.

37. Não, pois o art. 225 da CLT só admite horas extras excepcionais aos bancários, e a pactuação do referido acordo torna as horas suplementares necessárias. Ainda que assim não fosse, prevalece o entendimento da Súmula 199 do TST, no sentido de que a pré-contratação de horas extras é inválida já que se presume uma vontade viciada por parte do empregado habitual.

38. Sim, este é o caso de rescisão indireta do contrato, e o obreiro terá direito a todas as verbas rescisórias, de acordo com o art. 487, § 4º, da CLT.

39. Contraditar a testemunha logo após a sua qualificação e antes do compromisso.

40. As custas devem ser pagas apenas pelo empregador, pois no processo do trabalho não há sucumbência recíproca. Acolhido algum pedido, vencido é o empregador, que arca integralmente com as custas processuais, inteligência do art. 789 da CLT.

41. Sim. O empregador, como titular do poder diretivo, pode estabelecer os parâmetros para a prestação de serviço, observadas as regras mínimas sobre proteção do trabalho. A alteração das condições de trabalho, no entanto, não pode prejudicar os empregados com contrato em vigor, nos termos do art. 468 da CLT. Assim, as novas regras aplicam-se apenas aos empregados admitidos depois de sua edição, permanecendo sujeitos aos antigos e mais tolerantes critérios aqueles que foram admitidos antes, nos termos da Súmula 51 do TST.

42. Sim, pois a estabilidade relacionada com exercício de cargo sindical favorece apenas o trabalhador que exerce a atividade respectiva na empresa, como se extrai da Súmula 369, III, do TST.

43. Sim. As gorjetas integram a remuneração, mas não o salário. Este é sempre devido pelo empregador, garantido o pagamento pelo menos do salário mínimo.

44. O acordo celebrado perante comissão de conciliação constitui título executivo extrajudicial. O meio adequado para cobrar a importância nele prevista corresponde à ação de execução, processada nos termos dos arts. 876 e ss. da CLT.

45. Sim. De acordo com a Instrução Normativa 27, nas ações de competência da Justiça do Trabalho que não decorram da relação de emprego, como é o caso da hipótese levantada na questão, os honorários advocatícios são devidos pela parte sucumbente.

46. Não. A estabilidade sindical abrange apenas os dirigentes sindicais eleitos para cargo de direção e não os delegados sindicais designados, como se extraí da OJ 369 da SDI-1 do TST.

47. Não, embora o prazo de prescrição, depois de extinto o contrato de trabalho, seja de dois anos, não corre prescrição em prejuízo de menor, nos termos do art. 440 da CLT.

48. Não há como se considerar ambas as partes confessas. Assim, a ausência delas faz que o juiz tenha de resolver as questões de fato controvertidas, aplicando as regras sobre ônus da prova, inteligência dos arts. 818 da CLT e 373 do CPC e das Súmulas 9 e 74 do TST.

49. O litisconsórcio ativo é facultativo. Aceitando-se a formação do litisconsórcio, os reclamantes sujeitam-se ao limite legal de três testemunhas ao todo.

50. Trata-se do chamado regime de tempo parcial, que acarreta a proibição de prestação de horas extras (CLT, art. 59, § 4º) e a redução da duração das férias (art. 130-A da CLT).

51. Deverá consignar em juízo o crédito cobrado, a fim de que no processo se resolva quem é o seu legítimo credor, evitando-se o risco de pagamento incorreto.

52. A respeito da justa causa e os critérios para o seu reconhecimento, a demissão por justa causa, prevista no art. 482 da CLT, não obrigatoriamente prescinde de alguns pré-requisitos denominados de princípios da justa causa, tais como: taxatividade, imediatividade, *non bis in idem*, proporcionalidade, entre outros; sendo que no caso não foi observado o princípio da imediatividade, que denota que a punição deve ser imediata à falta cometida. Em relação à eleição sindical: inscrição e efeitos sobre o contrato de trabalho, desde o momento da inscrição do empregado para cargo de direção sindical, até um ano após o final do mandato, fica vedada a dispensa do empregado

nos termos do art. 543, § 3º, da CLT, sendo que sua demissão por justa causa só pode ser configurada após apuração do inquérito judicial.

53. Sim, conquanto a jurisprudência e a doutrina se dividam nesse sentido, a Súmula 122 do TST impõe revelia à empresa DELTA pela ausência de seu preposto, ainda que presente o advogado.

54. A decisão que indeferiu a concessão de liminar em mandado de segurança não será passível de impetração de novo Mandado de Segurança, ante o que dispõe a OJ 140 da SDI-2 do TST. Dessa forma, o remédio processual cabível para o presente caso se vincula à interposição de recurso ordinário ao TST no prazo de 8 dias, como determina a Súmula 201 do TST.

Já no que diz respeito à reintegração do empregado demitido sem justa causa no curso de seu mandato como dirigente sindical, referido procedimento pretendido de maneira liminar se enquadra no art. 659, X, da CLT, cuja jurisprudência vem entendendo a aplicabilidade de tutela provisória no presente caso.

55. O salário é a motivação básica do vínculo de emprego. Dele se extrai o conceito social do direito do trabalho, já que se trata do mecanismo de subsistência do empregado e de sua família.

Em razão disso, os ordenamentos jurídicos o protegem, fato este que passamos a comentar:

- irredutibilidade salarial: trazido pelo art. 7º, VI, da CF, é vedado em nosso país reduzir os salários do empregado, salvo se houver anuência sindical;
- intangibilidade salarial: descrito no art. 462 da CLT, é vedado efetuar descontos no salário do obreiro, "salvo quando este resultar de adiantamentos, de dispositivos de lei ou de contrato coletivo", cabendo também o desconto quando o empregado atenta ao patrimônio do empregador de forma dolosa.

56. Fará jus a saldo de salário, horas extras não compensadas ou pagas, férias proporcionais acrescidas de 1/3 conforme previsão constitucional e aos recolhimentos do Simples Doméstico.

57. Não, porque a anotação na carteira de trabalho não presume contrato escrito, não havendo nenhum tipo de formalidade essencial como acontece em vários contratos jurídicos. Observe-se, ademais, que o próprio art. 444 da CLT prevê o contrato de trabalho verbal. Quando a lei quis que o contrato fosse escrito e formal o fez expressamente, como no caso do contrato do aprendiz, art. 428 da CLT e dos jogadores de futebol, como se extrai da Lei 9.615/1998.

58. Não, o depósito recursal é devido somente pelo empregador, nos termos do art. 899, § 1º, da CLT, já que consubstancia uma regra de proteção no texto processual, voltada apenas ao benefício dos empregados.

59. Ainda que o art. 483, *d*, da CLT prerrogue como motivo de rescisão indireta o descumprimento contratual, claramente ensejado pela falta de pagamento de salários, o Decreto-Lei 368/1968 impossibilita o pedido do empregado, pois atesta que a mora salarial deve ser de três meses ou mais para configurar a referida rescisão.

60. a) O movimento não pode ser considerado como greve vez, pois sequer teve intervenção sindical ou deliberação em assembleia, como impõe a Lei de greve 7.783/1989. Contudo, o gabarito também aceitou como correto que o movimento é greve, a despeito da inobservância dos requisitos formais da lei de greve, já que se trata de movimento reivindicatório de cessação de abusividade patronal, pautada no art. 9º da CF e também no princípio da dignidade da pessoa humana.

b) O ato do empregado e seus colegas é legítimo diante da abusividade do empregador, já que se fundamenta no direito de resistência, no princípio da proteção e também no princípio da dignidade da pessoa humana.

61. A questão envolve a aplicação do instituto processual da perempção no Processo do Trabalho. Nos termos do art. 732, da CLT, o reclamante que, por duas vezes seguidas, dar causa ao arquivamento de que trata o art. 844, da CLT, ou seja, que não comparece à audiência inaugural da reclamação trabalhista, perde do direito de reclamar na Justiça do Trabalho pelo prazo de 6 meses. Espera-se medir a capacidade de o candidato analisar que na situação retratada não ocorreram dois arquivamentos. A primeira extinção decorreu de arquivamento por ausência do reclamante à audiência e o segundo de homologação de desistência. Assim, Reginaldo não deverá aguardar nenhum prazo caso queira mover nova reclamação, pois não se configurou a perempção. Quanto à segunda indagação, espera-se que o candidato identifique os dois casos de perempção previstos na lei trabalhista: dois arquivamentos seguidos, em virtude de ausência injustificada à audiência inaugural (art. 732, CLT), e quando o trabalhador efetua reclamação verbal e não comparece à Secretaria da Vara em cinco dias para reduzi-la a termo (art. 731, CLT).

62. a) De acordo com a norma prevista no art. 2º, § 2º, da CLT, sempre que uma ou mais empresas, embora cada uma delas com personalidade jurídica própria, estiverem sob a direção, controle ou administração de outra, constituindo grupo industrial, comercial ou de qualquer outra atividade econômica, serão, para os efeitos da relação de emprego, solidariamente responsáveis a empresa principal e cada uma das subordinadas. Dessa forma, a solidariedade das empresas que integram grupo econômico é ativa e passiva (solidariedade dual): ambas podem exigir de José a prestação de serviços, porque integram um grupo econômico empregador (empregador único) e são responsáveis solidárias pela satisfação dos créditos trabalhistas de José.

b) As empresas integrantes de grupo econômico consistem em "empregador único". Desse modo, a prestação de serviços a mais de uma empresa do mesmo grupo econômico, durante a mesma jornada de trabalho, não caracteriza a coexistência de mais de um contrato de trabalho, salvo ajuste em contrário, nos moldes da interpretação jurisprudencial pacífica contida na Súmula 129 do TST.

63. a) Sim. Cabimento de embargos de declaração, mandado de segurança OU reclamação correicional. Indicação do art. 897-A da CLT, da Lei 12.016/2009, do art. 709, II, da CLT ou regimento interno de cada tribunal, compatível com a 1ª parte da resposta.

b) Deserção significa ausência de preparo. O agravo está deserto porque o preparo deveria ser feito no ato de interposição do recurso. Indicação do art. 899, § 7º, da CLT.

64. a) Mencionar expressamente o art. 458, *caput,* da CLT, bem como o seu § 2º, I, que exclui determinadas prestações do âmbito salarial, como critérios normativos adequados à resolução do problema. Referir-se à distinção entre o caráter retributivo ou contraprestativo da prestação ("pelo" trabalho) e a natureza indenizatória ou instrumental da prestação ("para" o trabalho), a fim de atribuir natureza salarial apenas ao primeiro grupo.

b) Observar que, neste caso concreto, a grande distância entre o local de trabalho e a cidade mais próxima tornou imprescindível o fornecimento da habitação, sob pena de inviabilizar a realização do trabalho. Fazendo referência à Súmula 367, I do TST, afirmar que a habitação fornecida a João Carlos pela Engelétrica não possui natureza salarial, uma vez que possui natureza instrumental ("para" o trabalho), isto é, visa à melhor efetivação do serviço contratado.

65. a) Não há cabimento de preliminar no caso vertente. A vedação contida no art. 442, parágrafo único, da CLT não se aplica diante da utilização fraudulenta de sociedade cooperativa como intermediadora de mão de obra em favor do posto de gasolina (tomador dos serviços), sendo este último o real empregador. Incidência do art. 9º da CLT.

b) O examinando deve responder que não cabe o pedido de vínculo de emprego com a cooperativa (primeira reclamada), porque o posto de gasolina (segundo reclamado) é o real empregador, em razão da intermediação ilícita praticada pelos demandados. Também não cabe o pedido de reconhecimento da responsabilidade subsidiária do posto de gasolina, já que a sua responsabilidade é direta, na condição de verdadeiro empregador. Incidência da Súmula 331, I, do TST ou dos arts. 2º, 3º ou 9º da CLT.

66. a) Transferência de uma unidade econômico-jurídica e continuidade do negócio e/ou continuidade da prestação de serviços. Indicação dos arts. 10 ou 448 da CLT.

b) Não, pois ele não aproveitou nenhum dos empregados e tratava-se de delegação recebida do Estado.

67. A questão envolve os efeitos da falência e da solidariedade na ação trabalhista, sendo inúmeras as causas trabalhistas envolvendo as duas situações, o que desafia o conhecimento do futuro advogado. Em processos contra a massa falida, cabe à Justiça do Trabalho apenas a definição do *quantum debeatur,* com expedição final de certidão do valor apurado em liquidação, para habilitação no rol de credores da massa falida, no Juízo Universal (art. 6º, § 2º, da Lei 11.101/2005). Ocorre que há, nos autos, depósito recursal feito anteriormente à decretação da falência. Como a primeira indagação diz respeito especificamente ao prosseguimento da execução apenas quanto ao referido depósito recursal, em face do silêncio da lei quanto à resolução direta da situação-problema, admitem-se duas únicas possíveis respostas, desde que devidamente fundamentadas, a saber:

OPÇÃO 1: A execução deve prosseguir na Justiça do Trabalho apenas quanto ao depósito recursal, mediante a liberação ao reclamante, vencedor na ação, já que feito antes da decretação na falência (art. 899, §§ 1º, 4º e 5º, da CLT).

OPÇÃO 2: A execução deve prosseguir no Juízo Falimentar, nos termos do art. 6º, § 2º, da Lei 11.101/2005.

Relativamente à segunda indagação, a questão envolve a natureza do depósito recursal, como garantia da futura execução. Aqui também, em face do silêncio da lei quanto à resolução direta da situação-problema, admitem-se duas únicas respostas possíveis, desde que devidamente fundamentadas, a saber:

OPÇÃO 1: O pedido de liberação do depósito, que nos termos da lei pode ser levantado pelo vencedor do recurso, deve ser atendido, porque feito anteriormente à decretação da falência, em conta vinculada ao FGTS do empregado e com destinação de garantia da execução (art. 899, §§ 1º, 4º e 5º, da CLT).

OPÇÃO 2: O pedido de liberação do depósito não deve ser atendido, devendo ser carregado à massa, para distribuição entre os credores, observada a ordem legal de preferência (art. 6º, § 2º, da Lei 11.101/2005).

Finalmente, quanto à terceira indagação, espera-se que o examinando responda que a execução pode voltar-se, quanto ao excedente, contra a empresa responsável solidária, porque, em se tratando de solidariedade, o devedor pode dirigir-se contra qualquer devedor, indistintamente, nos termos do art. 2º, § 2º, da CLT c/c o 275 do CC e o 8º, parágrafo único, da CLT.

Como a outra empresa componente do grupo econômico, que figurou no polo passivo da relação processual na fase de conhecimento não é falida, responde pelos débitos por meio de execução na própria Justiça do Trabalho.

A possibilidade de apresentar mais de uma resposta válida, conferida ao examinando, desde que devidamente fundamentada, visa à aferição da sua capacidade de argumentação e de desenvolvimento de raciocínio lógico-jurídico adequado, os quais consistem em atributos indispensáveis ao advogado no exercício de suas atribuições quando da defesa dos interesses de seu cliente.

68. A questão visa, basicamente, analisar o conhecimento do examinando a respeito do instituto da prescrição trabalhista.

Entretanto, a fim de aprofundar o caráter plural e democrático do exame, não se objetivou restringir a resposta correta a uma única opção, mormente diante do caráter argumentativo do direito. Nesse passo, foi aberta a possibilidade de o examinando se posicionar a favor ou contrariamente à ocorrência da prescrição no caso concreto. De modo que o seu nível de pontuação dependeu tão somente da sua capacidade de justificar/fundamentar sua opção.

Dito isso, para que o examinando pontuasse integralmente a questão "a", ele deveria:

1 – Mencionar os prazos prescricionais trabalhistas, previstos no art. 7º, XXIX, da CRFB/1988 ou art. 11, I, da CLT, e observar que entre a data da dispensa e a do ajuizamento da ação passaram-se mais de seis anos; e, em seguida, acrescentar que o ajuizamento da demanda criminal não era causa de interrupção ou suspensão do decurso do prazo prescricional.

2 – No caso da opção contrária, afirmar que a controvérsia envolvendo a dispensa por justa causa foi submetida ao juízo criminal e que, nesse sentido, haveria a suspensão do prazo prescricional trabalhista; em seguida, acrescentar que o ajuizamento da demanda criminal era causa de suspensão do decurso do prazo prescricional, por força do art. 200 do CC, segundo o qual quando a ação se originar de fato que deva ser apurado no juízo criminal, não correrá a prescrição antes da respectiva sentença definitiva.

Já para a pontuação integral da questão "b", o examinando deveria:

1 – Genericamente, afirmar que não há vinculação jurídica entre o processo do trabalho e o processo criminal, uma vez que se trata de jurisdi-

ções independentes. Ademais, como o intuito era o de avaliar a ideia e não a literalidade da resposta, aceitou-se a colocação de noções semelhantes, tais como "competências distintas", "liberdade de convicção do juiz" ou "instituições independentes".

2 – Especificamente, em virtude das informações obtidas no caso concreto, afirmar que não há vinculação jurídica entre o processo do trabalho e o processo criminal, uma vez que, diante de uma sentença absolutória por falta de provas, o juiz do trabalho não está vinculado juridicamente a esse resultado, podendo analisar livremente a prova dos autos e, se convencido for, confirmar ou invalidar a justa causa referida.

69. ITEM A:

De acordo com o art. 114, II, da Constituição da República, com redação dada pela Emenda Constitucional 45/2004, compete à Justiça do Trabalho processar e julgar as ações que envolvam exercício do direito de greve.

Por sua vez, a Súmula Vinculante 23 do STF dispõe que a Justiça do Trabalho é competente para processar e julgar ação possessória ajuizada, em decorrência do exercício do direito de greve pelos trabalhadores da iniciativa privada.

No caso de que trata a questão, o interdito proibitório, que consiste em modalidade de ação possessória, foi ajuizado em razão do movimento grevista deflagrado por categoria profissional do setor privado.

Dessa forma, o examinando deve responder que a competência para julgamento é da Justiça do Trabalho, com fundamento no art. 114, II, da CRFB/1988, ou na Súmula Vinculante 23 do STF.

ITEM B:

Conforme a norma prevista no art. 6º, I, da Lei 7.783/1989, é assegurado aos grevistas, entre outros direitos, o emprego de meios pacíficos tendentes a persuadir ou aliciar os trabalhadores a aderirem à greve.

A realização de piquetes com utilização de carros de som é permitida pela ordem jurídica, como meio pacífico tendente a persuadir ou aliciar os trabalhadores a aderirem ao movimento.

É vedada, contudo, a prática de atos de violência moral e/ou material que possam vir a constranger direitos e garantias fundamentais de outrem, nos moldes do art. 6º, § 1º, da Lei 7.783/1989.

Desse modo, o examinando deve responder afirmativamente, alegando que o art. 6º, I, da Lei 7.783/1989 assegura aos grevistas o emprego de meios pacíficos tendentes a persuadir ou aliciar os trabalhadores a aderirem à greve.

ITEM C:

O examinando deve responder que procede a pretensão, fundamentando no sentido de que as manifestações e atos de persuasão utilizados pelos grevistas não podem impedir o acesso ao trabalho nem causar ameaça ou dano à propriedade ou à pessoa, nos termos do art. 6º, § 3º, da Lei 7.783/1989.

70. Espera-se que o examinando aborde a caracterização da revelia e os seus efeitos diante da questão apresentada. Respondendo à primeira indagação, o advogado do reclamante deve postular a decretação da revelia, com confissão do reclamado quanto à matéria fática. Quanto às razões do requerimento, ao contrário da Justiça Comum, na Justiça do Trabalho a revelia não decorre da falta de defesa, e sim da ausência do réu ou seu representante legal, sendo que a presença do advogado não elide a ausência do preposto, acarretando a revelia (interpretação do art. 844 da CLT, pela Súmula 122, do TST).

Quanto à segunda indagação, embora a revelia importe, nos termos do art. 844 da CLT, em confissão apenas quanto à matéria de fato, e a prescrição seja matéria de direito, o contrato somente teve fim dois anos após o ajuizamento, conforme constatado em audiência, pelo que não há prescrição bienal extintiva da ação a ser declarada (art. 7º, XXIX, da CF ou 11 da CLT), o que importaria o reconhecimento do pedido de horas extras e integrações. Contudo, como o reclamante postulou, com contrato ainda em curso, integração das horas extras também em parcelas decorrentes de uma terminação contratual que não havia se operado à época do ajuizamento da reclamação, essa parte do pedido não pode ser acolhida – e sequer conhecida. Assim, o pedido deverá ser julgado procedente, em parte, nos termos do art. 141 c/c o 492 do CPC.

71. a) Relativa à primeira indagação, espera-se que o examinando, ao abordar a discussão sobre a estabilidade de emprego dos dirigentes sindicais para a representação dos interesses da categoria, responda negativamente. No caso, trata-se de conselheiro fiscal, cuja discussão se pauta no exercício ou não da direção e representação do sindicato. Com fundamento no art. 522, § 2º, da CLT, as atividades do conselheiro fiscal limitam-se à fiscalização da gestão financeira do sindicato, não atuando na representação ou defesa da categoria. Exatamente interpretando tal dispositivo, o entendimento consubstanciado na OJ 365 da SDI I, do TST, é no sentido de não reconhecer direito à estabilidade ao conselheiro fiscal.

b) O remédio processual cabível para atacar a decisão do Juiz que deferiu a antecipação de tutela, antes da prolação de sentença, é o Mandado de Segurança, pois trata-se de uma decisão interlocutória. Na Justiça do Trabalho não é possível o Agravo de Instrumento, utilizado no Direito Comum contra decisões interlocutórias. No Processo do Trabalho as decisões interlocutórias são irrecorríveis de imediato (art. 893 da CLT). Admite-se a interposição de mandado de segurança, se presente os requisitos deste, caso a concessão ou a não concessão da tutela cause dano irreparável à parte ou seja concedida ou negada de forma abusiva. Neste sentido, a jurisprudência pacífica do C. TST, no inciso II da Súmula 414, in verbis: "No caso de a tutela antecipada (ou liminar) ser concedida antes da sentença, cabe a impetração do mandado de segurança, em face da inexistência de recurso próprio".

72. Espera-se que o candidato responda que, não obstante a incidência de regra geral da audiência trabalhista una, por se tratar de causa que tramita pelo rito sumaríssimo e com espeque nos art. 852-H, § 3º, da CLT, permite-se o adiamento da audiência, na hipótese de a testemunha convidada não comparecer espontaneamente. Espera-se que o candidato fundamente a contradita da testemunha com base na violação do art. 824 da CLT ou do art. 456 do CPC, que determinam a oitiva das testemunhas separadamente e de modo que uma não ouça o depoimento da outra. Quanto ao requerimento final, deve ser pelo candidato ressaltado, mais uma vez, a inexistência de regra específica na CLT sobre a substituição de testemunha, tornando-se possível a aplicação subsidiária do CPC. E a conclusão no sentido da afirmação da impossibilidade de substituição da testemunha Jussara Freire, no caso em exame, uma vez que não se trata das hipóteses contidas nos incisos do art. 451 do CPC, destacando que a parte deu causa ao vício e que o deferimento criaria uma violação arbitrária da isonomia de tratamento das partes litigantes.

73. a) Espera-se que o candidato responda que cabe ao empregado a prova da prestação das alegadas horas extras, pois o empregador negou que o reclamante as fazia. Em face da negativa, não se verifica a inversão do ônus da prova, cabendo ao reclamante a prova do fato constitutivo do direito alegado (art. 818 da CLT c/c o 373, I, do CPC).

b) Espera-se que o candidato responda que cabe à empresa a prova da autonomia, por ter admitido a prestação de serviços, mas apresentado fato impeditivo do reconhecimento do vínculo, o que lhe transferiu o ônus da prova, nos termos do art. 818 da CLT c/c o 373, II, do CPC).

c) Espera-se que o candidato responda que, no caso, não há que se falar em ônus da prova, porque não há mais prova a ser produzida em relação ao fato, posto que o próprio empregador, sem alegar fato impeditivo, modificativo ou extintivo do direito à equiparação, confessa a maior produtividade e perfeição técnica do trabalho desenvolvido pelo próprio reclamante. Incidência dos arts. 374, II, e 389, do CPC.

74. Quanto à indagação do item "a" espera-se que o examinando discorde da decisão do magistrado com espeque no art. 651, § 2º, da CLT. Quanto à indagação do item "b" espera-se que o examinando destaque que, apesar do caráter interlocutório da decisão em apreço, trata-se de decisão terminativa do feito, cabendo recurso de imediato, nos exatos termos do art. 799, § 2º, do texto consolidado. Complementando o raciocínio, destaca-se a incidência dos termos do art. 895, I, da CLT, o que faz recair no Recurso Ordinário (cujo prazo é de 8 dias) o manejo do recurso cabível.

75. a) Não. No tocante ao desconto, ela é inválida porque excede o poder do empregador, além de caracterizar. O desconto cuja imposição se pretende, por ser unilateral, viola o artigo 462 da CLT. Para a justificativa, espera-se medir a capacidade de o examinando informar que as normas benéficas, independentemente da sua origem, são válidas e aplicadas de plano ao contrato de trabalho. O mesmo, contudo, não se aplica a eventual desconto que esteja imposto em descompasso com a norma cogente, pois em princípio o salário é intangível e protegido contra subtrações indevidas – a exemplo do desconto pelo atraso imposto pelo empregador, tornando-o, nesse aspecto, pontual e cirurgicamente, ilegal e abusivo. Visa, ainda, medir a capacidade de o examinando nulificar apenas parte do regulamento, sem prejudicar a parte que beneficia os obreiros, além de identificar um bis in idem no desconto duplo (pelo atraso e o criado pelo empregador) que porventura fosse realizado.

b) Do poder diretivo, de comando, empregatício, regulamentar ou *jus variandi*. Justificativa: Espera-se medir a capacidade de o examinando identificar os poderes inerentes à figura do empregado e, especialmente, que ele não detém poder normativo, mas apenas regulamentar, que emana do seu poder diretivo, de modo que, com arrimo nele, poderá criar normas internas para dinamizar a sua gestão e eventualmente beneficiar (e apenas beneficiar, jamais prejudicar) os empregados, na medida em que se trata de ato unilateral.

76. a) O examinando deve responder que procede o pedido de pagamento dos valores correspondentes aos intervalos intrajornada não gozados pelo reclamante, haja vista a nulidade da cláusula coletiva. Isso porque a norma instituidora dos intervalos para repouso e alimentação possui natureza cogente ou de ordem pública, por versar sobre medida de saúde e de segurança do trabalho, não podendo ser objeto de negociação coletiva a sua redução ou supressão. Nesse sentido, o posicionamento contido na OJ 342, I, da SDI-1 do TST.

b) O examinando deve responder que a parcela prevista no art. 71, §4º, da CLT deve integrar a base de cálculo das verbas contratuais e resilitórias em razão de sua natureza salarial, nos exatos termos do entendimento uniformizado na OJ 354 da SDI-1 do TST.

77. a) Espera-se do candidato que, considerando a dúplice finalidade das férias (descanso anual para reposição de energias, com remuneração recebida antecipadamente para propiciar-lhe o efetivo gozo do direito), identifique o direito à dobra do pagamento por ter restado frustrada uma das referidas finalidades, eis que o pagamento foi efetuado somente em 10.05.2006, em que pese o descanso ter sido iniciado em 18.04.2006. Nos termos do art. 145, da CLT, o pagamento das férias deveria ter sido efetuado até 2 (dois) dias antes do início da fruição do direito, ou seja, até 16/04/2006. E, de acordo com a OJ 386 da SDI-I do TST [atual Súmula 450 do TST], em situações como esta, onde há o descumprimento do art. 145 da CLT, deve-se usar analogicamente o art. 137 da CLT, a fim de se determinar o pagamento em dobro das férias.

b) Espera-se aferir do candidato a compreensão de que o exercício do direito de despedir tem limites e que a ofensa a esses limites caracteriza abuso do poder empregatício.

78. Espera-se que o candidato identifique a incorreção da decisão em relação à lei vigente. A decisão foi incorreta, pois o princípio da territorialidade invocado pelo juiz, previsto na Súmula 207 do TST é regra geral, não se aplicando aos casos de transferência de empregados para trabalho no exterior. Em tais hipóteses, aplicável não a lei do lugar da prestação de serviços e sim a lei mais benéfica, no caso, a brasileira, nos termos do art. 3º, II, da Lei 7.064/1982.

79. a) Espera-se que o examinando identifique que João da Silva não ocupava cargo de confiança bancária, posto que não exercia função de direção, gerência, fiscalização, chefia ou equivalentes, muito menos outras funções de confiança previstas no art. 224, § 2º, da CLT, apesar de receber gratificação de função de 1/3 do salário do seu posto efetivo. Conforme o posicionamento contido na Súmula 102, VI, do C. TST, o caixa bancário, ainda que caixa executivo, não exerce cargo de confiança. Se perceber gratificação igual ou superior a um terço do salário do posto efetivo, ela remunera apenas a maior responsabilidade do cargo e não as duas horas extraordinárias além da sexta. Logo, João trabalhava 02 (duas) horas extras diárias (sétima e oitava horas), porque lhe seria aplicável a jornada de trabalho reduzida de 06 (seis) horas, prevista no artigo 224, *caput*, da CLT.

b) Espera-se que o examinando identifique que João da Silva, no exercício da função de gerente de departamento de pessoal prestava 02 (duas) horas extras diárias (nona e décima horas), pois exercia cargo de confiança bancário, nos termos do artigo 224, § 2º, da CLT. E, de acordo com o entendimento consubstanciado na Súmula 102, IV, do C. TST, o bancário sujeito à regra do art. 224, § 2º, da CLT cumpre jornada de trabalho de 8 (oito) horas, sendo extraordinárias as trabalhadas além da oitava. O gerente de departamento de pessoal, ainda que receba gratificação de função igual ou superior a 40% do salário efetivo não está incluído no regramento do art. 62, II, da CLT.

c) Espera-se que o examinando identifique que a reversão de empregado ocupante de função de confiança para o cargo efetivo resta autorizada pela norma do parágrafo único, art. 468, da CLT, estando assim contida no poder empregatício (jus variando). Todavia, a gratificação de função não poderia ter sido suprimida. Segundo a jurisprudência uniformizada no item I da Súmula 372 do C. TST, percebida a gratificação de função por dez ou mais anos pelo empregado, se o empregador, sem justo motivo, revertê-lo a seu cargo efetivo, não poderá retirar-lhe a gratificação tendo em vista o princípio da estabilidade financeira.

80. A compensação de eventual crédito deve ser apresentada com a defesa. A apresentada na hipótese não seria possível porque a dívida oriunda da fiança não tem natureza trabalhista. A compensação é o encontro de créditos recíprocos entre as mesmas partes - CCB, art. 368 –, enquanto dedução é a subtração do que já foi pago sob a mesma rubrica.

81. a) O cabimento do recurso denominado agravo de instrumento é restrito na seara do direito processual trabalhista e, no caso em comento, não cabe a interposição desta modalidade recursal, pois o recurso de revista foi admitido e encaminhado ao Presidente do Regional. Diferente seria se o recurso tivesse o seguimento negado.

b) A oposição de embargos de declaração tem sua previsão processual na CLT, no art. 897-A e também no art. 1.022 do CPC, sendo possível a sua oposição quando a decisão for omissa, obscura ou contraditória e, como preceitua a CLT, em havendo manifesto equívoco no exame dos pressupostos extrínsecos do recurso. Assim, verifica-se que não é cabível a oposição de Embargos de Declaração contra decisão de admissibilidade do recurso de revista.

82. a) A primeira punição é válida ante o descumprimento injustificado de ordem legal; a segunda punição é inválida, pois incabível dupla punição pela mesma falta (*non bis in idem*).

b) O empregado pode recusar-se ao cumprimento de ordem ilegal, valendo-se do direito de resistência (*jus resistentiae*), poderá, também, diante da situação, postular a resolução culposa do contrato (rescisão indireta), com base no art. 483, a, da CLT, pela imposição de cumprimento de ordem contrária à lei ou poderá pleitear a declaração de nulidade das punições. Em qualquer um dos casos, com as reparações patrimoniais e morais cabíveis.

83. a) A solução é o ajuizamento da Ação de Cumprimento, conforme art. 872, parágrafo único, da CLT, arts. 7º, § 6º, e 10 da Lei 7.701/1988 ou OJ 188 da SDI-1 do TST, considerando o entendimento da Súmula 246 do TST.

b) A prescrição é deflagrada a partir do trânsito em julgado da sentença normativa prolatada no dissídio coletivo, conforme entendimento consubstanciado na Súmula 350 do TST.

84. a) A sentença não estará submetida ao duplo grau de jurisdição porque a condenação é inferior a 60 (sessenta) salários mínimos sendo caso de aplicar-se a Súmula 303, I, a, do TST (com a redação dada pela Res. 211/2016 do TST): *I – Em dissídio individual, está sujeita ao reexame necessário, mesmo na vigência da Constituição Federal de 1988, decisão contrária à Fazenda Pública, salvo quando a condenação não ultrapassar o valor correspondente a: a) 1.000 (mil) salários mínimos para a União e as respectivas autarquias e fundações de direito público;*

OU o CPC, Art. 496:

Está sujeita ao duplo grau de jurisdição, não produzindo efeito senão depois de confirmada pelo tribunal, a sentença:

I – proferida contra a União, os Estados, o Distrito Federal, os Municípios e suas respectivas autarquias e fundações de direito público;

§ 3º Não se aplica o disposto neste artigo quando a condenação ou o proveito econômico obtido na causa for de valor certo e líquido inferior a:

I – 1.000 (mil) salários-mínimos para a União e as respectivas autarquias e fundações de direito público; II – 500 (quinhentos) salários-mínimos para os Estados, o Distrito Federal, as respectivas autarquias e fundações de direito público e os Municípios que constituam capitais dos Estados;

OU a Súmula 490 do STJ: *A dispensa de reexame necessário, quando o valor da condenação ou do direito controvertido for inferior a sessenta salários mínimos, não se aplica a sentenças ilíquidas.*

b) Para os Municípios, o pagamento das dívidas se fará por precatório quanto aos valores acima de 30 salários mínimos e por RPV (requisição de pequeno valor) nos valores inferiores a tal patamar.

CF/1988, Art. 100. *Os pagamentos devidos pelas Fazendas Públicas Federal, Estaduais, Distrital e Municipais, em virtude de sentença judiciária, far-se-ão exclusivamente na ordem cronológica de apresentação dos precatórios e à conta dos créditos respectivos, proibida a designação de casos ou de pessoas nas dotações orçamentárias e nos créditos adicionais abertos para este fim.*

(...)

§ 3º O disposto no caput *deste artigo relativamente à expedição de precatórios não se aplica aos pagamentos de obrigações definidas em leis como de pequeno valor que as Fazendas referidas devam fazer em virtude de sentença judicial transitada em julgado.*

OU ADCT, Art. 87. *Para efeito do que dispõem o § 3º do art. 100 da Constituição Federal e o art. 78 deste Ato das Disposições Constitucionais Transitórias, serão considerados de pequeno valor, até que se dê a publicação oficial das respectivas leis definidoras pelos entes da Federação, observado o disposto no § 4º do art. 100 da Constituição Federal, os débitos ou obrigações consignados em precatório judiciário, que tenham valor igual ou inferior a trinta salários mínimos, perante a Fazenda dos Municípios.*

No caso em exame, em razão do valor da condenação, Joana deverá receber o crédito por Requisição de Pequeno Valor (RPV) e Guilherme por precatório.

OJ-TP-9 Precatório. Pequeno valor. Individualização do crédito apurado. Reclamação trabalhista plúrima. Execução direta contra a Fazenda Pública. Possibilidade.

Tratando-se de reclamações trabalhistas plúrimas, a aferição do que vem a ser obrigação de pequeno valor, para efeito de dispensa de formação de precatório e aplicação do disposto no § 3º do art. 100 da CRFB/1988, deve ser realizada considerando-se os créditos de cada reclamante.

Instrução Normativa 32/2007 do TST:

Art. 3º. *Reputa-se de pequeno valor o crédito cuja importância atualizada, por beneficiário, seja igual ou inferior a:*

(...)

III – 30 (trinta) salários mínimos, ou o valor estipulado pela legislação local, se a devedora for a Fazenda Pública Municipal.

Art. 7º. *Na hipótese de reclamação plúrima será considerado o valor devido a cada litisconsorte, expedindo-se, simultaneamente, se for o caso: a) requisições de pequeno valor em favor dos exequentes cujos créditos não ultrapassam os limites definidos no art. 32 desta INSTRUÇÃO; e b) requisições mediante precatório para os demais credores.*

85. a) O empregador deve realizar o pagamento da comissão, pois não pode transferir para o empregado o risco do negócio, já que possui meios jurídicos hábeis para a cobrança da dívida em face do devedor inadimplente.

b) Nesse caso a empresa continuará pagando a comissão a cada mês, pois a ruptura do contrato não exclui o direito do empregado nem obriga o empregador a antecipar o pagamento, na forma da CLT, art. 466, § 2º “A cessação das relações de trabalho não prejudica a percepção das comissões e percentagens devidas na forma estabelecida por este artigo”.

86. a) O repouso semanal remunerado é causa de interrupção do contrato de trabalho e está previsto na CRFB/1988 (art. 7º, XV), art. 67 da CLT e Lei 605/1949. b) A política empresarial está equivocada, pois o repouso semanal deve ser aproveitado durante a semana, no período de 7 dias – e não após –, na forma da OJ 410 da SDI-1 do TST: "Repouso semanal remunerado concessão após o sétimo dia consecutivo de trabalho. Art. 7°, XV, da Constituição Federal. Violação. Viola o art. 7°, XV, da CRFB, a concessão de repouso semanal remunerado após o sétimo dia consecutivo de trabalho, importando no seu pagamento em dobro".

87. a) Quando o devedor não cumprir obrigações estabelecidas em sentença condenatória transitada em julgado, proferida pela Justiça do Trabalho, em acordos judiciais trabalhistas e acordos firmados perante o Ministério Público do Trabalho ou Comissão de Conciliação Prévia, na forma do art. 642-A da CLT. b) Ficará impossibilitada de participar de licitações, conforme Lei 8.666/1993, alterada pela Lei 12.440/2011.

88. a) O exercício da função de confiança, de acordo com a Lei e a doutrina, exige a conjugação do elemento subjetivo (poder de mando, controle, direção, gestão) e do objetivo (padrão salarial diferenciado ou gratificação de função, se houver, de no mínimo 40% do salário do cargo efetivo), conforme o art. 62, II, da CLT.

b) Jéssica fará jus às horas extras porque, como a gratificação recebida é inferior a 40% do salário, juridicamente não exerce cargo de confiança, tendo assim limite de jornada.

Ou, falta o elemento objetivo, conforme o art. 62, parágrafo único, da CLT.

89. a) Ainda é possível ao reclamante manifestar seu inconformismo, que deverá materializar-se num recurso ordinário adesivo, já que aplicável o art. 997 do CPC em sede trabalhista.

b) A empresa "X", por ser sociedade de economia mista, estará obrigada a efetuar o preparo, pois não é dele isento.

90. a) As multas previstas no instrumento normativo são válidas e aplicáveis em caso de descumprimento de obrigação prevista em lei, mesmo que a norma coletiva seja mera repetição de texto legal, na forma da Súmula 384, II, do TST.

b) Ocorreu o fenômeno jurídico da litispendência, previsto no art. 337, §§ 1° e 3°, do CPC.

91. a) Ele terá direito, pois a exigência do acordo coletivo não é aceita pela jurisprudência, conforme o teor da Súmula 451 do TST, sendo assim devido o pagamento da parcela de forma proporcional aos meses trabalhados, pois o Pedro, ex-empregado, concorreu para os resultados positivos da empresa.

b) Sim, o acréscimo patrimonial advindo em razão da participação nos lucros está sujeito à contribuição fiscal e, em tese, ao Imposto de Renda, conforme Lei 10.101/00, art. 3°, § 5°, ou Regulamento do Imposto de Renda, Decreto 3.000/1999.

92. a) A gratuidade de justiça está regulamentada no art. 790, § 3º, da CLT. A jurisprudência do TST admite que tal benefício seja requerido em qualquer tempo ou grau de jurisdição, desde que, na fase recursal, o seja no prazo alusivo ao recurso (OJ 269 da SDI-1 do TST), o que ocorreu no caso em exame.

Ou, sim, seria possível o deferimento de ofício da gratuidade, desde que presentes os requisitos do art. 790, § 3º, da CLT.

b) A jurisprudência consolidada preconiza que basta a simples afirmação do declarante, ou de seu advogado, quanto ao seu estado de miserabilidade para que se configure situação econômica que justifique a concessão de tal benefício, na forma da OJ 304 da SDI-I do TST. Sendo assim, tecnicamente está incorreta a decisão que denegou seguimento ao recurso porque, comprovado o preenchimento dos requisitos para sua concessão, poderia o Juiz de origem conceder a gratuidade, ou, ao menos, deixar o recurso ter seguimento para que o julgador de 2º grau decidisse sobre a concessão do benefício requerido em sede recursal.

93. a) Durante os primeiros 15 dias de afastamento por motivo de doença, o pagamento do salário competirá à empregadora, na forma do art. 60, § 3º, da Lei 8.213/1991, do art. 476 da CLT ou do Decreto 3.048/1999, art. 75.

b) O contrato ficará suspenso até que haja a recuperação, na forma do art. 475, da CLT.

94. a) A partir do acórdão proferido pelo TRT, que foi a 1ª que a arbitrou, ou a partir da decisão do TRT na forma da Súmula 439 do TST.

b) Não haveria julgamento *extra petita*, pois os juros incluem-se na liquidação, na forma da Súmula 211 do TST ou CPC, art. 322. Ou, são considerados pedidos implícitos, na forma da Súmula 211 do TST ou CPC, art. 322, §1º.

95. Sim, em razão da ausência de pagamento dos valores incontroversos e devidos na primeira audiência, a empresa está sujeita ao pagamento de 50% das verbas resilitórias, conforme o art. 467 da CLT que diz que em sendo o caso de rescisão de contrato de trabalho, havendo controvérsia sobre o montante das verbas rescisórias, o empregador é obrigado a pagar ao trabalhador, à data do comparecimento à Justiça do Trabalho, a parte incontroversa dessas verbas, sob pena de pagá-las acrescidas de 50%.

96. a) Nos termos do art. 457, *caput*, da CLT, a gorjeta é pagamento feito por terceiros, razão pela qual tem natureza remuneratória.

b) A pretensão procede. O valor das gorjetas integrará a base de cálculo dos depósitos do FGTS. Conforme dispõe o art. 15, *caput*, da Lei 8.036/1990, os empregadores ficam obrigados a depositar até o dia 7 (sete) de cada mês, em conta bancária vinculada, a importância correspondente a 8 (oito) por cento da remuneração paga ou devida, no mês anterior, a cada trabalhador. Logo, a base de incidência do FGTS é a remuneração do empregado, que inclui as gorjetas recebidas (art. 457, *caput*, da CLT, e Súmulas 63 e 354, do TST).

97. a) Sim, tratando-se de omissão no julgado, os embargos de declaração podem ter efeito modificativo, na forma do art. 897-A, da CLT e da Súmula 278, do TST.

b) Conforme o art. 897-A, § 2º, "eventual efeito modificativo dos embargos de declaração somente poderá ocorrer em virtude da correção de vício na decisão embargada e desde que ouvida a parte contrária, no prazo de 5 (cinco) dias".

98. a) Considerando que a Fazenda Pública terá o prazo em dobro, poderá opor embargos declaratórios em 10 dias, na forma da OJ 192 da SDI-I do TST, art. 1º, II ou III, do Decreto-Lei 779/1969 e art. 180, do CPC.

b) (1ª opção) 30 dias, na forma do art. 1º-B da Lei 9.494/1997, acrescentado pela Medida Provisória 2.180-35, de 24.08.2001, em vigor conforme o art. 2º da EC 32/2001.

(2ª opção) 5 dias, na forma do art. 884, § 1º, da CLT. Em 04.08.2005 o TST considerou, em incidente de uniformização, inconstitucional a Medida Provisória 2.180-35 quanto à fixação de prazo processual, por não ser medida de urgência (Processo TST-RR-70/1992-011-04-00.7, em 04.08.2005), e ante a perda da eficácia da liminar deferida em 28.03.2007 pelo excelso STF na ADC 11, que ultrapassou o prazo de 180 (cento e oitenta) dias previsto no art. 21, parágrafo único, da Lei 9.868/1999. O TST retomou os julgamentos suspensos, nas ações em que se discutia a constitucionalidade do prazo previsto no art. 884, da CLT.

99. a) A direção agiu corretamente, pois o prazo de licença dos professores é especial, de nove dias, sobrepondo-se à quantidade normal que é de três dias, na forma do art. 320, § 3º, da CLT.

b) O efeito será a interrupção do contrato de trabalho, de modo que os salários serão pagos pelo empregador.

Referências

ALMEIDA, Amador Paes de. *CLT comentada.* 3. ed. São Paulo: Saraiva, 2007.

______. *Curso prático de processo do trabalho.* 16. ed. São Paulo: Saraiva, 2007.

______. *Manual das sociedades comerciais.* 14. ed. São Paulo: Saraiva, 2007.

______. *Teoria e prática dos títulos de crédito.* 24. ed. São Paulo: Saraiva, 2007.

______. *Os direitos trabalhistas na falência e concordata do empregador.* São Paulo: LTr, 1999.

AZEVEDO, Álvaro Villaça. *Direito civil:* teoria geral das obrigações. 2. ed. São Paulo: Tribunal da Justiça, 1990.

CARRION, Valentin. *Comentários à Consolidação das Leis do Trabalho.* 30. ed. São Paulo: Saraiva, 2008.

______. *Nova jurisprudência em direito do trabalho.* São Paulo: Saraiva, 1998.

CATHARINO, José Martins. *Tratado jurídico do salário.* Rio de Janeiro: Freitas Bastos, 1972.

CESARINO JÚNIOR, Antônio Ferreira. *Direito social brasileiro.* 5. ed. Rio de Janeiro: Freitas Bastos, 1963.

CUEVA, Mario de La. *Derecho mexicano del trabajo.* 3. ed. Cidade dei México: Porrúa, 1980.

DELGADO, Maurício Godinho. *Princípios de direito individual e coletivo do trabalho.* São Paulo: LTr, 1989.

GOMES, Orlando; GOTTSCHALK, Nelson. *Curso de direito do trabalho.* 16. ed. São Paulo: Forense, 1978.

GONÇALVES, Emílio. *Curso de direito processual do trabalho.* 6. ed. São Paulo: LTr, 2003.

GUIMARÃES, Dárcio. Terceirização: atividade fim e atividade meio. *Suplemento trabalhista,* LTr, São Paulo, nº 172, 2000.

LEITE, Carlos Henrique Bezerra. *Curso de direito processual do trabalho.* 5. ed. São Paulo: LTr, 2007.

MALTA, Christóvão Piragibe Tostes. *Prática do processo trabalhista.* 34. ed. São Paulo: LTr, 2007.

MANRICH, Nelson. *Inspeção do trabalho.* São Paulo: LTr, 1987.

MARTINS, Sérgio Pinto. *Direito processual do trabalho.* 24. ed. São Paulo: Atlas, 2008.

_____. *Direito do trabalho.* 14. ed. São Paulo: Atlas, 2008.

_____. *CLT comentada.* 4. ed. São Paulo: Atlas, 2007.

MARTINS FILHO, Ives Gandra da Silva. *Manual esquemático de direito e processo do trabalho.* São Paulo: Saraiva, 2013.

MORAES FILHO, Evaristo de. *Apontamentos de direito operário.* São Paulo: LTr, 1998.

_____. *Tratado elementar de direito do trabalho.* Rio de Janeiro: Freitas Bastos, 1980. v. 1.

_____. *Contrato de trabalho.* São Paulo: LTr, 1944.

NASCIMENTO, Amauri Mascaro. *Iniciação ao processo do trabalho.* São Paulo: Saraiva, 2008.

_____. *Curso de direito do trabalho.* 3. ed. São Paulo: Saraiva, 2007.

_____. *Iniciação ao direito do trabalho.* 30. ed. São Paulo: LTr, 2007.

_____. *Teoria jurídica do trabalho.* São Paulo: LTr, 1999.

_____. *Compêndio de direito do trabalho.* São Paulo: LTr, 1998.

OLIVEIRA, Fábio Leopoldo de. *Introdução aos elementos ao estudo do trabalho:* elementos do Brasil. São Paulo: LTr, 1989.

ROCCO, Alfredo. *Princípio de direito comercial:* parte geral. São Paulo: Saraiva, 1990.

RODRIGUES, Plá. *Princípio de direito do trabalho.* 3. ed. São Paulo: LTr, 1980.

RUSSOMANO, Mozart Victor. *Comentários à CLT.* 13. ed. São Paulo: Forense, 1995.

_____. *O empregado e o empregador do direito brasileiro.* 7. ed. São Paulo: Forense, 1990.

SAAD, Eduardo Gabriel. *Curso de direito processual do trabalho.* 3. ed. São Paulo: LTr, 2005.

SÜSSEKIND, Arnaldo et al. *Instituições de direito do trabalho.* 21. ed. São Paulo: LTr, 2007.

TEXEIRA FILHO, Manoel Antônio. A *execução no processo do trabalho.* 6. ed. São Paulo: LTr, 1998.

TORRINHA, Francisco. *Dicionário latino-português.* 2. ed. Porto: Porto Editora, s/d.

VÁRZEA, Afonso. *História do comércio.* São Paulo: Livraria Francisco Alves, 1938.

VILHENA, Paulo Emílio Ribeiro de. *Relação de emprego.* São Paulo: Saraiva, 1978.

Gráfica: Santuário – 2016/01

Cod.: 616040